新版 学童保育ハンドブック

～これだけは知っておきたい！
学童保育の基礎知識と運営～

ぎょうせい

はじめに

　学童保育（放課後児童クラブ）は入所児童数が増えつづけています。保護者が就労などにより、日中在宅していない家庭にとっては必要不可欠な学童保育ですが、自治体や学童保育現場によって実施状況はさまざまであり、大きな格差があるのが現状です。

　学童保育は1997年にようやく児童福祉法に児童福祉事業として位置づけられ、市町村には「利用の促進の努力義務」が課せられました。そして、2015年の「子ども・子育て支援新制度」の施行にあわせて、各市町村が行う「地域子ども・子育て支援事業」に位置づけられ、厚生労働省令「放課後児童健全育成事業の設備及び運営に関する基準」（以下「省令基準」）および「放課後児童クラブ運営指針」が策定されました。市町村は「省令基準」を参考にして、最低基準となる条例を定めています。

　2023年４月のこども家庭庁発足にむけて、2022年、こども家庭庁を創設するための関連法が成立しました。同日に成立した議員立法「こども基本法」には、子どもの権利の保障がかかげられ、子どもが意見を表明する機会の確保などが明記されています。

　こども家庭庁発足を機に、こども政策や予算、財源に社会的な関心も集まり、国においてもさまざまな会議体が動き出しました。そして2023年末には、「こども大綱」「こども未来戦略」「子どもの居場所づくりに関する指針」があいついで閣議決定されました。

　学童保育の必要性や役割、子どもたちはどのように過ごしているのか、指導員の役割や仕事内容、学童保育がどのように運営されるのかなど、学童保育のあり方が大きく問われています。

　この本は、学童保育がこれまで積み上げてきたこと、確かめてきたことを、項目ごとに整理してわかりやすく解説した本です。

　そして、学童保育の制度や内容がどのように変わるのかについても解説しました。学童保育をはじめて利用する方、はじめて指導員になった方、行政の担当者になった方など、これまで学童保育を知らなかった方々に理解していただきたいと願ってつくりました。また、指導員をされている方、子どもを通わせている保護者の方からの、「学童保育のことが一冊でわかる本がほしい」という強い要望にも応えたいと思っています。

　本書が、学童保育に関心をもつ多くの方々に読まれ、よりよい学童保育を実現するために活用されることを願っています。

全国学童保育連絡協議会

もくじ

STEP 3

学童保育での子どもたちの生活
〜学童保育の生活を知りたい人、学童保育の生活で
大切にしたいことを確かめたい人のために〜

STEP 4

学童保育との出会い、つきあい方
～入学前の子どもがいる保護者、学童保育に
通わせている保護者が知っておきたいこと～

STEP 5

指導員の仕事と働く環境
～みんなで考えたい、子どもも安心できる
"学童保育で働く環境"～

資料編

各地の学童保育連絡協議会の連絡先一覧

全国学童保育連絡協議会の紹介

保護者の手記

指導員の手記

装丁・本文デザイン：工藤公洋

DTP・図表作成：G-clef（山本秀一、山本深雪）

イラストレーション：加藤淳一

STEP 1

学童保育ってなあに
〜学童保育に
興味・関心をもっている
みなさんへ〜

Q1 〉学童保育ってなんですか？

　学童保育は「安心して働きつづけたい」、「子どもに豊かな放課後を過ごさせたい」という保護者の切実な願いから生まれました。

　学童保育は、児童福祉法に「この法律で、放課後児童健全育成事業とは、小学校に就学している児童であつて、その保護者が労働等により昼間家庭にいないものに、授業の終了後に児童厚生施設等の施設を利用して適切な遊び及び生活の場を与えて、その健全な育成を図る事業をいう」（第６条の３の２項）と定められた事業です。ここでいう「労働等」には、保護者の疾病や介護・看護、障害等も含まれます。保護者の就労などにより保育を必要とする小学生の放課後および土曜日や春休み・夏休み・冬休みなどの学校長期休業中の生活を保障すること、保護者が安心して働きつづけられること、そしてその家庭を守ることという役割を担っています。

　2023年５月現在、全国1,632の市区町村に２万4,493か所、３万6,094もの「支援の単位」があります。保育所の待機児童問題を受け、国は「保育の受け皿を増やし、待機児童を解消すること」を重要政策に掲げています。保育所を卒所した子どもがつぎに必要とするのは学童保育です。学童保育の必要性は年々高まっています。

　▶ **いろいろな呼び名があります**

　「学童保育」という呼び名は、保護者・指導員による運動から生まれた言葉です。いまはひろく一般的に使われています。『広辞苑』（第７版）には、「日中保護者が家にいない家庭の学齢児童を、放課後や休暇中に保育すること。1997年児童福祉法改正により、放課後児童健全育成事業として法制化」とあります。

　自治体によって、「学童保育クラブ」、「学童クラブ」、「子どもクラブ」、「児童クラブ」、「留守家庭児童会（室）」、「児童育成会（室）」、「育成室」、「子どもルーム」、「児童ホーム」など、呼び名はさまざまです。

　国（制度開始時は厚生省（当時）所管。2023年４月からはこども家庭庁が所管）は、この事業を「放課後児童健全育成事業」とし、学童保育の対象児童のことを「放課後児童」、学童保育のことを「放課後児童クラブ」と呼んでいます。

Q2 〉なぜ学童保育が必要なのですか？

　小学生の子どもは、放課後の時間を、家庭のほかに、塾や習いごとに通う、学校施設を利用した居場所づくり事業や「全児童対策事業」に参加する、スポーツ少年団や子ども会に参加する、児童館で遊ぶなどして過ごしています。

　まず、「とくに学童保育をつくらなくてもこれらの場所を活用すればよいのではないか」という意見について考えてみましょう。就労しているなどにより、保護者が日中家庭にいない間、子どもたちには一緒に生活する大人（指導員^{（注）}）の援助と、毎日安心して生活できる場所が必要です。行っても行かなくてもよい、いつ帰ってもよいところだと、一定の時間をそこで過ごすことはできても、継続した毎日の生活の場にはなり得ません。子どもがどこでなにをしているのかわからなくては、保護者も心配です。

　つぎに、子どもの放課後生活の特質について考えてみましょう。とくに、低学年の子どもにとっては、いっときの留守番とは異なり、継続して毎日一定の時間を自分たちだけで生活することには、さまざまな困難がともないます。事故やケガ、病気などに子どもだけで対処することはできませんし、友達とのトラブルや学校でのさまざまな出来事を自分1人で受けとめるのはむずかしいこともあります。身のまわりのことや生活時間のコントロールをはじめ、自己管理しなければならないことが生活のなかにはたくさんあります。お昼ごはんやおやつを食べることも必要です。

　さらに、今日の地域社会は子どもにとって安全な環境にあるとはいえず、危険や子どもの健やかな成長を阻むような要因も増えています。

　学童保育と、「すべての児童を対象にした遊び場・居場所づくり事業」という、役割の異なる2つの事業はそれぞれに実施される必要があります。「全児童対策事業」や「放課後子供教室」は、保護者が就労などにより家庭にいない子どもたちに毎日の「生活の場」を提供する学童保育の代わりにはなり得ません。

（注）学童保育で子どもにかかわる職員の総称。資格名称は「放課後児童支援員」。

▶ 児童館

　児童館は、児童福祉法第40条に規定された児童厚生施設の１つで、地域において「児童に健全な遊びを与えて、その健康を増進し、又は情操をゆたかにすることを目的とする」（児童福祉法第40条）児童福祉施設です。大型児童館、児童センター、小型児童館などの種類があります。

　2020年10月現在の児童館数は、4,398か所（厚生労働省「放課後児童クラブ・児童館等の課題と施策の方向性」社会保障審議会児童部会放課後児童対策に関する専門委員会とりまとめ）あります。

▶ 児童館と学童保育

　市町村によっては「児童館で留守家庭児童対策を行っている」というところがあります。しかしその実態は、つぎのようにさまざまです。
○児童館のなかに学童保育の専用施設があり、職員もそれぞれ配置されているところ
○実質、学童保育として利用され、その他の子どもの利用はほとんどないところ
○保護者の就労等にかかわらず、かばん置き場だけを設けているところや、登録だけをして、特別にはなにも対応していないところ

　全国学童保育連絡協議会（以下、全国連協）は、児童館内で学童保育を実施する場合、「子どもたちの継続した生活を保障できるように、専任の指導員と専用の部屋を設けること」が必要だと考えています。厚生省（当時）は長い間、「留守家庭児童対策は児童館で行う」という方針でしたが、1991年度から留守家庭児童対策は児童館活動とは別に必要な事業として位置づけるようになり、「放課後児童対策事業」という補助制度をつくりました。以後、児童館で留守家庭児童対策を実施する場合は、放課後児童クラブ専用室の増築費を予算化しています。そして、1998年度からは、児童福祉法の第６条の３第２項に学童保育（放課後児童クラブ）を位置づけ、第40条の児童館（児童厚生施設）とは明確に区別しています。

▶ 「全児童対策事業」とは

　地方自治体が独自に実施している、余裕教室等の学校施設を活用した放課後事業です。開設日数や時間、開設場所、内容はそれぞれの自治体によって違いがあります。

　いくつかの自治体では、施設・設備や職員配置、子どもへの対応など、学童保育を必要とする子どもの放課後の生活を守る内容が備えられていないにもか

かわらず、「全児童対策事業」に、学童保育を統合・吸収してしまっているところもあります。

　さらに近年では、17時まではすべての子どもを対象とした無料の遊び場提供事業を行い、17時以降は有料の留守家庭児童対策事業を行うことで、学童保育の代替にしようとしている自治体もあります。

　自治体によっては、開設日数や時間、開設場所、内容が不十分であり、本当の意味での「すべての児童の遊びや異年齢の交流を通じた健全育成事業」とはなり得ていません（その意味を込めて、全国連協ではカッコ付きで「全児童対策事業」と呼んでいます）。

▶ 「新・放課後子ども総合プラン」「放課後子供教室」とは

　国は、2018年9月、文部科学省生涯学習政策局長・文部科学省初等中等教育局長・文部科学省大臣官房文教施設企画部長・厚生労働省子ども家庭局長の連名で、「新・放課後子ども総合プラン」を発表しました。

　これは、国が2014年に発表した「放課後子ども総合プラン」の進捗状況や、児童福祉や教育分野における施策の動向もふまえ、「放課後児童クラブの待機児童の早期解消」、「放課後児童クラブと放課後子供教室の一体的な実施の推進等」を目的とし、小学校に就学している「全ての児童の安全・安心な居場所の確保を図ること」などを内容とした、新たな放課後児童対策のプランです。

　「放課後児童クラブ」については、国全体の目標として、「2021年度末までに約25万人分を整備し、待機児童の解消を図る。その後、女性就業率の更なる上昇に対応できるよう整備を行い、2019年度から2023年度までの5年間で約30万人分の整備を図る」ことをあげていましたが、最終年度までに達成されませんでした。

　「放課後子供教室」は、文部科学省が行っている「全国の小学校区において、放課後や週末等に小学校の余裕教室等を活用して、地域の方々の参画を得て、子どもたちとともに勉強やスポーツ・文化活動、地域住民との交流活動等の取組を実施することにより、子どもたちが地域社会の中で、心豊かで健やかに育まれる環境づくりを推進する」事業（放課後子ども教室推進事業実施要綱より）です。2022年度時点で、全国で1万7,129教室が実施されていました。

Q3 学童保育で子どもたちは どのように過ごしていますか？

　子どもたちは学童保育に、「ただいま」と帰ってきます。「ただいま」、「おかえり」というやりとりには、学校や家庭の生活のなかでさまざまな思いを抱いて学童保育に帰ってくる子どもたちが安心できる雰囲気のなかで過ごしてほしいという願いを込めています。

　多くの場合、1年生から順次、帰ってきます。指導員は、子どもの声や顔色、表情などに気をつけて、からだや気持ちの状態を把握します。普段と異なるときは、その子の状況に応じて、なにがあったか尋ねる、ときにあえて言葉にはせずに様子をうかがうなどします。具合の悪い場合には、静かに休ませて、症状に応じて保護者に連絡をとります。子どもたちは、仲間と、あるいは1人で、遊んだり、くつろいだり、おしゃべりをしたり、宿題をしたり……、と思い思いに過ごします。

　子どもたちがそろう頃になると、おやつの時間です。おやつが終わると、再び遊びの時間です。帰宅時は、保護者のお迎え、途中まで指導員が送っていく、子どもたちだけで帰るなど、地域や学童保育によって対応が異なります。

　春休み、夏休み、冬休みなどの学校長期休業中や、土曜日、学校の行事の振り替え休業日などは、朝からの一日保育になります。一日保育や給食がない日は、学童保育で昼食（お弁当など）を食べます。

　放課後や学校休業日の生活は、子どもが自らの過ごしかたを考え、自分で決定していく時空間であり、子どもの成長・発達に欠かせない大切な時間です。学童保育の生活の中心は遊びです。一人ひとりの子どもと指導員との信頼関係、子どもたちの相互の関係性をもとに、子どもたちの意見を聞きながら、日常の生活の流れや見通しを一緒につくります。

Q4 国の制度に学童保育はどのように位置づけられていますか？

　学童保育は1997年にようやく児童福祉法に位置づく事業になりました。2012年「子ども・子育て支援法」により、学童保育は、各市町村（特別区を含む。以下同じ）が行う「地域子ども・子育て支援事業」に位置づけられました。

　そして、国は2014年に厚生労働省令「放課後児童健全育成事業の設備及び運営に関する基準」（以下「省令基準」）を公布し、これに基づいて各市町村が条例を定めました（以下「条例基準」）。また、国は2015年に「放課後児童クラブ運営指針」（以下「運営指針」）を策定しました。2015年4月以降、各地の学童保育は、「条例基準」と「運営指針」に基づいて運営されています（くわしくは「国の制度を知る①学童保育の法的根拠」68ページ、「国の制度を知る②学童保育に対する国の交付金・補助金」71ページ参照）。

▶覚えておきたい児童福祉法（抜粋）

【事業】

第6条の3第2項

　この法律で、放課後児童健全育成事業とは、小学校に就学している児童であつて、その保護者が労働等により昼間家庭にいないものに、授業の終了後に児童厚生施設等の施設を利用して適切な遊び及び生活の場を与えて、その健全な育成を図る事業をいう。

▶学童保育に関する国の施策の変遷を知ろう

1966年

　文部省（当時）が「留守家庭児童会補助事業」を開始する。しかし、1970年にこの事業を廃止し、「校庭開放事業」に統合

1973年

　全国学童保育連絡協議会（以下、全国連協）が、国の制度化を求める第1回目の国会請願（8万余の署名）

1974年

　衆議院予算委員会、文教委員会で学童保育が取り上げられる。参議院社会労働委員会での質問に厚生大臣が制度化を約束

1976年

　厚生省（当時）「都市児童健全育成事業」を開始（健全育成事業の一環として、児童館が整備されるまでの間、過渡的に、ボランティアによる地域の自

主的な活動である児童育成クラブ（学童保育）を援助する補助事業）

1978年

第3回目の国会請願を衆議院で採択

1979年

第4回目の国会請願を参議院で採択（衆議院は解散）

1985年

第5回目の国会請願を両院で採択

1990年

全国連協が政府（内閣総理大臣、厚生大臣）に要請行動（100万余の要望署名を添付）

1991年

厚生省が「放課後児童対策事業」を開始（「都市児童健全育成事業」の「児童育成クラブ」は解消）

1994年

中央児童福祉審議会の部会が学童保育の法制化を意見具申。全国連協が厚生省に法制化に関する要望書提出。政府が「今後の子育ての支援のための施策の基本方向」（エンゼルプラン）を策定したのを受けて厚生省・大蔵省・自治省（当時）が「緊急保育対策等5か年事業」策定（放課後クラブを1999年に9,000か所まで補助する計画）。全国連協が「一人ひとりの声を国に届ける」運動を展開（厚生省に2,700人の保護者・指導員の声を届ける）。

1995年

厚生省が「コミュニティー児童館」事業（学童保育専用の施設への補助）創設。厚生省が「地域児童育成計画指針」（地方版エンゼルプラン指針）策定

1996年

中央児童福祉審議会基本問題部会が学童保育の法制化の必要性を盛り込んだ中間報告をまとめる。全国連協が『学童保育の制度確立を―私たちの提言―』をまとめ、厚生省などへ要望。また内閣総理大臣と厚生大臣に「学童保育のよりよい制度化」を要望、署名を提出（署名数65万余名）。

1997年

第140回国会で児童福祉法等の一部改正により学童保育が「放課後児童健全育成事業」として法制化される（1998年4月1日から法制化施行）。

2007年

厚生労働省が「放課後児童クラブガイドライン」策定

2012年

「子ども・子育て支援法」成立、「児童福祉法」改定

2014年

厚生労働省が厚生労働省令「放課後児童健全育成事業の設備及び運営に関する基準」策定

2015年

厚生労働省が「放課後児童クラブ運営指針」策定。新制度施行

（学童保育数と国の補助金と施策の推移は162ページの資料2参照、学童保育の略史は204ページの資料7参照）

Q5 学童保育はどのように運営されていますか?

どんなところが学童保育を運営できる?

　児童福祉法では、「市町村は、放課後児童健全育成事業を行うことができる」(第34条の8)、「国、都道府県及び市町村以外の者は、内閣府令で定めるところにより、あらかじめ、内閣府令で定める事項を市町村長に届け出て、放課後児童健全育成事業を行うことができる」(第34条の8②) とされています。

　学童保育の運営を担う組織・団体などを「運営主体」といいます。「市町村以外の者」とは、社会福祉協議会、保護者会・父母会、地域運営委員会、法人、民間企業、個人などのことをさします。

　「地域運営委員会」は、学校長、自治会長、民生・児童委員などの地域の役職者と、学童保育の保護者会・父母会の代表などで構成されている、学童保育の運営のための組織です。

　「市町村以外の者」が事業を行う学童保育の多くは、市町村からの「委託」、「代行」によって行っていたり、「補助」を受けたりして運営されています。

運営形態もいろいろある

・公営(直営)……市町村が学童保育事業を直接実施することです。
・委託……市町村が実施する責任をもつ事業を、契約に基づいてほかの事業者に依頼して運営する形態です。委託内容、委託費項目とその額などは、さまざまなのが実情です。
・補助……市町村以外のところが行っている事業に対して、市町村が資金の一部を出す(行政用語で、助成金・補助金という)ことです。
・代行……市町村が運営している「公の施設」の管理運営の仕事を、条例に基づいて、ほかの団体(民間企業も含む)に行わせることです。代行させる団体を、「指定管理者」といいます。

・自主運営……保護者と指導員の協力で、保育料や事業活動などによって運営費をまかなっている「自主運営」の学童保育もあります。

指定管理者制度とは

　地方自治法に定められている、行政が住民の生活のために行ってきた「公の施設」の管理運営の仕事を、ほかの団体（民間企業も含む）に代行させることができるとした制度です。「公の施設」とは、図書館や体育館、公園、児童館、公営病院、公営プールなど、住民が利用するために条例によって設置・管理に関する事項が定められた施設のことです。

　指定管理者制度では、①指定管理者になれる団体（代行先）には制約がないこと（営利企業でもよい）、②自治体と指定管理者との関係は「代行」であり、指定管理者の裁量の範囲が広くなること、③指定期間を定めて「代行」させること（数年ごとに代行先の変更が求められ、指定期間が満了すれば、代行先を選び直す）などが法律で決められています。

　「児童福祉事業である学童保育に指定管理者制度を導入することは、法的に問題がある」として、指定管理者制度が導入されている児童館などの施設のなかで実施している学童保育を「委託事業」としている自治体もあります。また、指定管理者の選定を非公募（随意指定、特命指定ともいう）で行うなどして、「事業の継続性」を維持している自治体、学童保育に指定管理者制度を導入したものの、直営に戻したという自治体もあります。

　運営形態・運営主体を問わず、いずれの学童保育も、市町村の「条例基準」を遵守することが定められています（児童福祉法第34条の8の2③）。

　また、「省令基準」には、「放課後児童健全育成事業者」の責務が記されています。市町村に公的責任を果たさせながら、各運営主体が事業内容の向上をはかっていくことが求められます。

　全国連協では毎年、全国1,741すべての市町村を対象とする悉皆調査を行っています。この調査によると、運営主体の割合として、公営と社会福祉協議会、地域運営委員会、保護者会・父母会、NPO法人による運営

が減少し、民間企業、その他法人による運営が増えています。この調査は、市町村に放課後児童健全育成事業を行う届け出がされた数を集計しており、民間企業などが「学童保育」と称してビジネスとして展開しているものや、放課後児童健全育成事業に該当しないものは、この調査結果には含まれていません。

　また、実際の運営にあたっては、「運営指針」をふまえた運営が求められます（「資料4　放課後児童健全育成事業の設備及び運営に関する基準」176ページ、「資料5　放課後児童クラブ運営指針」181ページ参照）。

Q6 学童保育に必要な条件はなんですか？

　学童保育に通う一人ひとりの子どもが、学童保育を「安心できる毎日の生活の場」ととらえて、必要とする期間、自ら進んで通いつづけられるためには、次の条件が必要です。

条件1　子どもの生活圏に、子どもの生活の場に必要な内容を備えた専用の建物または部屋がある

　学童保育は、子どもが学校から歩いて安全に通える範囲にあることが重要です。

　保育園や幼稚園とは異なり、子どもは保護者の送り迎えで学童保育に行くわけではありません。寒い日も雨の日も自ら毎日学童保育に通い、夕方、家に帰るのですから、学校や家から遠いところにあるのでは、無理が生じてきます。また、学童期になれば学校の友達との交流もあります。このようなことから、学童保育は子どもの通う小学校区内にあることが重要です。

　あわせて、子どもたちに継続した生活の場を保障するために、安心してのびのびと過ごせる専用の施設（部屋）も必要です。

　日によって帰る場所が違ったり、子どもが学校から帰る時間に学童保育所が閉まっていたり、また、退出を急がされたりしては、子どもの安心できる「生活の場」にはなりません。学童保育では、子どもたちが遊んだり、宿題をしたり、くつろいだり、おやつを食べたり、体調が悪いときには静養したり、ときには行事の取り組みなどをしたりしながら過ごしています。そのなかでは、身のまわりの整理整頓、衣服の調整、清潔の維持、休息などの基本的生活に属することなども行っています。

　したがって、学童保育の施設には、安全・衛生が確保され、生活全般にかかわることが円滑に行えるよう、基本的な生活内容を保障できる機能を備えた、つぎのような空間が必要です。

【くつろいで過ごすことのできる生活室、台所設備、トイレなど、基本的な生活行為のための空間】

　たとえば…

・　寝転がる・お絵かき・おしゃべり・読書・工作など、静的な遊びができる空間

・　オニごっこ・ボール遊び・コマ・けん玉など、動的な遊びができる空間

・　静養するための空間

　※くわしくは27ページを参照してください。

　そして、子どもが安心して充実した生活をおくるためには「子ども集団の規模の上限を守ること」が不可欠であり、そのことをふまえて、学童保育施設について考えることが求められます。

　子どもは、見知った者同士のなかでこそ安心して過ごすことができますし、「相手のことを把握する能力」は年齢によって差があります。「大きな施設であれば、人数が多くても大丈夫」ということには決してなりません。また、「指導員が一目で見渡せるように」など、大人の都合だけではなく、「子どもが心地よく過ごせているのか」などを判断基準にして、施設のあり方を考えていくことが求められます。

条件2　専任・常勤の指導員が常時複数配置されている

　学童保育の生活のなかで、子どもたちは常に同じ場所にいて同じ行動をとっているわけではありません。たとえば、外で遊ぶ子もいれば、室内で遊ぶ子もいます。さらに、室内で遊んでいるといっても、工作をしていたり、本を読んでいたり、ごっこ遊びをしていたり、友達とおしゃべりをしていたりと、その行動や内容はさまざまです。室内で一緒に過ごす指導員も、遊びに直接かかわっていたり、おやつの準備をしていたり、連絡帳に記入していたりと、さまざまなことを同時に行う場合もあります。また、学童保育の運営を円滑に行うための実務を指導員が担っている現場も少なくありません。そのため、指導員は、役割や実務内容、場所などを分担して子どもにかかわることが多くあります。

　このほかにも、学童保育では、①安全を守る場面、ケガへの対応やい

さかいなどの場面では、個々の子どもへの対応と子ども全体への対応を同時に行う必要があること、②個別に特別な援助が必要な場合があること、③小学1年生から6年生までの子どもの発達・特性を継続的に把握したかかわりが求められることなどから、専門的な知識と技能を身につけた指導員が専任として常時複数配置され、互いに連携と協力をはかりながら保育を行うことが必要です。

条件3　保護者の労働日・労働時間が基本的に保障されるように開所されている

　子どもたちが学童保育で過ごす時間は、平日は下校時から夕方までですが、土曜日や夏休み・冬休み・春休みなど学校長期休業中は、朝から夕方まで一日中です（年間約1,680時間に及びます）。このように、保護者の労働日・労働時間・通勤時間も含めて、基本的に保障される適切な開所日・開所時間が求められます。

条件4　保護者の協力のもとに、子どもと地域の実態に即した創意ある生活をつくる

　子どもたちに継続した生活の場を保障するためには、子どもと地域の実態に即した創意ある生活をつくることが求められます。そのためには、保護者会・父母会と指導員の連携と協力関係が不可欠です。

条件5　子どもたちの生活内容を充実させるために指導員の研修内容を充実させ、労働条件を改善し、社会的地位の向上をはかる

　指導員には、子どもたちが安心して生活を送ることができるよう、適切にかかわるための専門的な知識・技能が求められ、それを保障する研修が不可欠です。あわせて、子どもとの安定的なかかわりが継続できるよう、指導員の長期的に安定した雇用の確保は欠かせません。
　「省令基準」と「運営指針」の双方に、学童保育の実施に必要な内容が盛り込まれています。

▶厚生労働省令「放課後児童健全育成事業の設備及び運営に関する基準」の概要

第1条　趣旨

第2条　最低基準の目的

第3条　最低基準の向上

第4条　最低基準と放課後児童健全育成事業者

第5条　放課後児童健全育成事業の一般原則

第6条　放課後児童健全育成事業者と非常災害対策

第7条　放課後児童健全育成事業者の職員の一般的要件

第8条　放課後児童健全育成事業者の職員の知識及び技能の向上等

第9条　設備の基準

第10条　職員

第11条　利用者を平等に取り扱う原則

第12条　虐待等の禁止

第13条　衛生管理等

第14条　運営規程

第15条　放課後児童健全育成事業者が備える帳簿

第16条　秘密保持等

第17条　苦情への対応

第18条　開所時間及び日数

第19条　保護者との連絡

第20条　関係機関との連携

第21条　事故発生時の対応

附則

　第1条　施行期日

　第2条　職員の経過措置

▶厚生労働省「放課後児童クラブ運営指針」の概要

第1章　総則

　1．趣旨

　2．放課後児童健全育成事業の役割

　3．放課後児童クラブにおける育成支援の基本

第2章　事業の対象となる子どもの発達

　1．子どもの発達と児童期

　2．児童期の発達の特徴

　3．児童期の発達過程と発達領域

　4．児童期の遊びと発達

　5．子どもの発達過程を踏まえた育成支援における配慮事項

第3章　放課後児童クラブにおける育成支援の内容

　1．育成支援の内容

　2．障害のある子どもへの対応

　3．特に配慮を必要とする子どもへの対応

　4．保護者との連携

　5．育成支援に含まれる職務内容と運営に関わる業務

第4章　放課後児童クラブの運営

　1．職員体制

　2．子ども集団の規模（支援の単位）

　3．開所時間及び開所日

　4．利用の開始等に関わる留意事項

　5．運営主体

　6．労働環境整備

　7．適正な会計管理及び情報公開

STEP 2

学童保育の
施設と運営

～市町村、学童保育関係者は
おさえておきたいこと～

「学童保育を運営する」とはどういうこと?

　狭い意味でいえば、施設を確保し、指導員を雇用し、保護者から集めた保育料と公的な補助金を資金に、児童福祉法、厚生労働省令「放課後児童健全育成事業の設備及び運営に関する基準」（以下、「省令基準」）、「省令基準」に基づいて市町村が定めた条例の枠組みのなかで「運営」することです。

　学童保育の歴史をふり返ると、保育所を卒園して小学校になった子どもたちの放課後の行き場がなく、保育所が卒園児を受け入れる、保護者たちが共同運営で学童保育をはじめるなどの取り組みが見られました。制度や施策、補助金もないなかでの運営は困難が多く、地域によっては、近隣の学童保育が集まってつくった連絡会で交流し、はげましあいながら、安定的・継続的な運営のために、公的保障を求めて行政への働きかけを続けてきました。

　1997年に児童福祉法に位置づいたことは意義深く、これによって、学童保育施策の必要性に対する自治体の理解が進み、公立公営の学童保育が増えた地域もありました。

　その後も、市町村、社会福祉協議会、地域運営委員会、保護者会・父母会など、多様な組織・団体などが運営を担い、NPO法人、社会福祉法人、その他の法人にも広がりを見せてきました。また、運営形態も公営、委託、補助、代行とさまざまです。また、1つの市町村のなかにさまざまな運営主体が混在するところがあるなど、多様化しています。

　学童保育は、国や自治体が徐々に施策の拡充を図ってきた側面はあるものの、自治体や学童保育現場によって実施状況はさまざまであり、地域格差が大きな問題となっています。

　どのような運営主体であれ、学童保育の当事者である子ども・保護者・指導員の願いを大切に、学童保育の公共性・公務性を重視し、自治体の関与・公的責任を求めながら、保育内容や保護者とのかかわりを含めた、広い意味での「運営」に取り組んでいく必要があります。

のびのびと過ごせる場にするために

　学童保育が、一人ひとりの子どもにとって「ほっとできる」、「安心感がもてる」、「自分の居場所である」ところであるためには、施設・設備や環境を整備することも大切です。子どもがのびのびと放課後の生活を過ごすにはどんな条件や設備が必要でしょうか。

こんな施設にしましょう

1　専用の施設

　毎日帰っていくところが一時借用の部屋であったり、日々変わったりするのでは、子どもの生活の場にはなり得ません。毎日継続した生活ができる、専用の施設が必要です。

2　生活室、台所設備、トイレなど、基本的な生活行為のための空間

　学童保育では、子どもたちが遊んだり、宿題をしたり、くつろいだり、おやつを食べたり、体調が悪いときには静養したり、ときには行事の取り組みなどをしたりしながら過ごしています。身のまわりの整理整頓、衣服の調整、清潔の維持、休息などの基本的生活に属することなども行っています。したがって、学童保育の施設には、安全・衛生が確保され、生活全般にかかわることが円滑に行えるよう、基本的な生活内容を保障できる機能を備えた空間が必要です。

　生活室では、みんなでおちついておやつを食べたり、宿題に取り組んだりします。トイレ、手洗い場、台所設備など、基本的な生活内容を保障する機能を備えていること、子ども一人ひとりの専用の靴箱やランドセルを置くロッカーなどを設置することが必要です。

3　遊びを保障する空間

　○　寝転がる・お絵かき・おしゃべり・読書・工作など静的な遊びができる空間

　○　オニごっこ・ボール遊び・コマ・けん玉など動的な遊びができる空間

　子どもの遊びには、お絵かきやおしゃべりなどの静的な遊びと、オニごっこやボール遊びなどの動的な遊びがあります。したがって、室

内・屋外の双方に、子どもが遊ぶことのできる空間を確保し、環境を整えます。室内では、おちついた雰囲気のなかで工作、お絵かき、手芸などの遊びに集中して楽しめるよう、子どもの動きや興味関心に応じて空間を確保し、必要な設備や備品を整えます。屋外の遊び場は、敷地内の、建物に隣接した場所にあるとよいのですが、ない場合は、学校などと連携して校庭や体育館を利用する、近隣の公園などを活用することなども必要です。

4　静養するための空間

　子どもが体調を崩したり、ケガをしたりした場合に、横になって身体を休めることのできる空間、感情をコントロールできなくなった場合などに気持ちを静めることのできる空間が必要です。

必要な設備を用意しましょう

　学童保育は、学校から帰ってきて生活する場所ですから、一人ひとりの子どもたちにランドセルを置くロッカーや個人の所有物もしまえるスペース、靴箱が必要です。

　夕方までの数時間を過ごすため、トイレや手洗い場や水飲み場、おやつや食事をつくるための台所と炊事設備も必要です。

　保護者や学校などとの連絡、また、緊急時の連絡のために専用の電話は必需品です。指導員が事務をするためのスペースも確保しましょう。

多様な実態ながら考えたいこと

　学童保育はさまざまなところで実施されています。

　開設場所でもっとも多いのは学校施設（敷地）内です。これは、①独立した施設を確保するのが困難なこと、②地域の公共施設内で学童保育の専用室として使用できる可能性のある場所や建物が、学校と児童館以外にはあまり多くないこと、③遊び場の環境も含めて放課後の生活をそのまま学校で過ごすことが望ましいという考えがあることなどが反映されていると考えられます。

　保護者が建てた独立専用施設や民家・アパートの借用が少なくないのも、現在の学童保育の特徴です。施設が公的に保障されていないところでは、保護者たちが自力で確保しなければならず、保護者・指導員に多

大な負担がかかります。

改善の課題を明らかにしましょう

　まずは、現状の施設や環境が、子どもたちの放課後の生活を守り、豊かな生活を送ることができるものになっているかを保護者と指導員で考え、改善する努力をしましょう。施設・設備の問題は、子どもたちの生活環境、指導員の労働環境そのものにかかわってきます。施設や子どもたちの生活環境を改善していくうえで、指導員の役割は重要です。

① 　施設・設備、備品等の施設内容、運営・管理の実際、立地条件、近隣の遊び場、地域環境などについてあらためて調べてみましょう。

　つくるときにはあれこれ調べて考えあっていても、何年か経つと、そのとき検討されたことがどうなったのか、現場はどうなっているのかが検証されずにいることもあります。

　まず調べること・知ることが必要です。この場合、つぎのことを大切にしましょう。

② 　子どもとの会話や遊び、生活の様子から推し測り、それを保護者・指導員の目で確かめてみましょう。

③ 　指導員からの報告をもとにして、指導員と子どもたちの生活をつくる視点を共有しながらとらえてみましょう。

④ 　すべての保護者が現状を知るように努めましょう。

▶ 「私たちが求める学童保育の設置・運営基準」の「施設・設備」に関する項目の概要

全国学童保育連絡協議会の提言「私たちが求める学童保育の設置・運営基準」(2012年9月、改訂版) より

〈施設・設備〉

(1) 学童保育の施設

　　子どもが「毎日の生活の場」として過ごす施設であるという基本をふまえ、学童保育の施設は、衛生・安全面が配慮された資材を用い、建築基準法に定める耐震（静岡県基準）・耐火建築の施設とする。

(2) 学童保育に必要な施設・設備

　　学童保育の施設・設備には、生活室、プレイルーム、静養室、事務室、障害児用を含むトイレ、玄関、台所、倉庫等収納スペース、手洗い場、足洗い場、温水シャワー、物置、電気・給排水設備、冷暖房設備、屋外の遊び場、避難口、換気、日照・採光設備等を設け、衛生及び安全が確保された施設とする。ただし、学校内や児童館併設の場合でも生活室と静養室、事務室、台所設備は専用とする。その他、生活に必要な備品を備える。

(3) 施設の広さ、設備の内容

　① 生活室は、子ども1人につき1.98㎡以上確保し、生活に必要な用具を備える（用具としては、個人のカバン置場、机、図書など）。

　② プレイルームは、子ども1人につき1.98㎡以上確保し、遊具を備える。ただし、生活室と共用する場合は、子ども1人につき3.96㎡以上確保する。

　③ 静養室は8㎡以上とし、子どもが休養できる設備、備品を備える。

　④ 事務室は、個人情報等を扱うことも配慮した構造とし、事務机、キャビネット、書棚、印刷機、パソコン・プリンター、災害時優先の指定を受けた電話・ファクシミリ及び携帯電話を備え、指導員の更衣コーナー（更衣ロッカー）を設ける。

　⑤ トイレは、男子用女子用をそれぞれ確保し、便器は定員に応じた数を設ける。

　⑥ 玄関は、くつ箱、傘置き場を備えると共に、子どもが安全に出入りできる広さを確保する。

　⑦ 台所は、湯茶、補食としてのおやつを提供できる設備とすること。備品として、冷蔵庫、食器棚、保管庫、食器洗浄機及び調理器具・食器などを備える。

　⑧ 子どもの生活に必要な備品や遊具、行事等に必要なものが収納できる倉

　庫等の収納設備を設ける。

⑨温水シャワー室を備える。

⑩屋外の遊び場として、児童遊園に準じて330㎡以上のボール遊びができる
　広さがある、専用もしくは近くに同程度の広さで遊べる場所を確保する。

⑪子どもの生活に支障がないよう、施設は「バリアフリー新法」を適用し
　たものとする。

⑫非常口、非常警報設備及び消火設備を設ける。

▶ **学童保育の開設場所** (2023年5月1日現在)

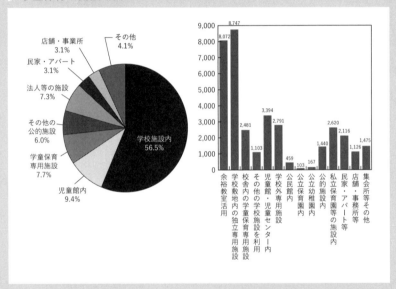

全国学童保育連絡協議会調査

▶ 学童保育施設についての国の考え

　学童保育は、児童福祉法において「児童福祉事業」と位置づけられています。そのため、学童保育独自の施設（建物・部屋など）が必要であるにもかかわらず、児童福祉法では「児童厚生施設等の施設を利用して」事業を行うとされています。実施要綱でも、これまでは「小学校の余裕教室や小学校敷地内の専用施設のほか、児童館、保育所、団地の集会室などの社会資源を活用して実施すること」とされていました。また、学童保育に必要な施設・設備の基準なども定められていませんでした。2006年度まで学童保育の施設整備に対する国からの補助金はありませんでした。

2007年度からは施設整備費が創設されました。また、施設の広さも、厚生労働省令「放課後児童健全育成事業の設備及び運営に関する基準」において、学童保育には生活の場、静養する場としての専用区画が必要とされ、その広さは子ども一人当たり1.65㎡以上とされました。

　施設整備費は、「子ども・子育て支援整備交付金（放課後児童クラブ整備費）」から、創設費（学校敷地内や外に独立専用施設を建設）が予算化され、また、余裕教室などを学童保育に転用するための改築費などが「放課後子ども環境整備事業」で予算化されています。国は2014年7月に策定した「放課後子ども総合プラン」において、学童保育の利用児童を5年間で30万人増やす目標を定め、受け入れに必要な施設を確保するため学校施設を徹底活用する方針を打ち出し、2018年9月に策定した「新・放課後子ども総合プラン」も方針を引き継いでいます（厚生労働省令の基準は176ページ、国の交付金・補助金は71ページ参照）。

学校施設の利用を考えてみる

転用して使用するときは…

　現在ある学童保育の５割以上が小学校のなかにあります。学校のなかにある学童保育には、大きく分けて、①学校敷地内の独立施設、②校舎内の専用施設、③余裕教室の利用、④余裕教室以外の利用があります。

　①と②の場合は、学童保育としての一定の条件整備がされている場合が多いのですが、③や④の場合は、余裕教室、PTA室や生徒会室、なかには体育館の一角などを年度ごとに借用している、何年間かの期限つきで専用に使っているのが現状です。③と④は、原状復帰して返せる状態で使わなければならない場合が多く、学童保育としての条件整備は不十分になりがちです。

　従来、余裕教室を学童保育に転用する際、その校舎が国の補助金を受けて建設されたものであれば、市町村は文部大臣（当時）に対して「財産処分」の手続きをする必要がありました。文部省（当時）は1991年以降、この手続きを簡略化し、転用した旨を文部科学省に報告するものとし、承認を得る必要をなくしました。また、学校建設に際して自治体が受けた補助金も、返還する必要はありません。文部科学省はこのように、余裕教室の学童保育への転用を積極的に推進する立場に立っています。

　以上のことから、現在、転用手続きをせずに余裕教室を「一時的利用」している自治体もありますが、学童保育に必要な施設・設備を整えるためには、転用手続きをする必要があります。

　2014年度からの「放課後子ども総合プラン」（学校施設を活用して厚生労働省管轄の学童保育の推進と文部科学省管轄の放課後子供教室事業を推進する計画）、2018年度からの「新・放課後子ども総合プラン」のなかで、学校施設を積極的に学童保育施設として活用することが掲げられています。市町村でも、学童保育担当部局と教育委員会が連携しながら、学校施設を学童保育施設として活用をすすめていくことが期待されています。

生活する施設としては一長一短

　学校内で学童保育を実施することについては、賛否を交えてさまざまな意見があります。

　学校は子どもたちの生活圏にあります。広い校庭があり、校舎は頑丈に安全に造られています。近所への騒音問題も比較的少ないですし、学童保育へ帰るまでも事故などの心配もなく安全で、移動時間も短くてすみます。指導員からは、「学校の先生との連絡が取りやすい」、「学校にあることで社会的な信頼度が高まった」という声も聞きます。

　一方、1教室分では狭いこと、ガス・水道・電話などの設置を制限されること、学校管理の都合で保育時間や開所日が制限される場合があること、学校内にあるため放課後の解放感を感じにくいこと、他学年の授業の妨げにならないようにすること、などがよく指摘されます。

　これらの状況は、それぞれに根拠や背景がありますが、学校内の学童保育がよいか悪いかだけを議論するのはあまり建設的とはいえません。すでに全体の5割以上の学童保育が学校内にあることや、これからも増えていくことを考えると、子どもの生活の場としてふさわしい施設や設備を備え、改善していくためにはどうするかという視点が必要です。

　実際に、2教室分を使う、廊下部分も使えるように改修する、使用する部屋を1階の角部屋にする、校舎とは壁で完全に区切って専用の玄関を設ける、台所や専用電話を設置する、管理を学校から切り離すなど、すでに工夫している学童保育は数多くあり、教育委員会と学童保育担当所管が連携すれば、改善できることも少なくありません。改善にあたっては、その内容によって現場での話しあいですむものなのか、所管にかかわるものなのかなど、相談の窓口を確かめましょう。学校のなかにあるため、学校や教育委員会の問題だと思っていたことでも、担当所管の学童保育についての認識や方針によるものだったということもあります。また、担当所管と教育委員会など、行政内部で話しあったほうが解決しやすい場合もあります。なお、学校の建て替えや新設時には、生活の場である学童保育のための施設をはじめから組みこんで設計してもらうことも大切です。いずれにしても、関係者全員と話しあうこと、教職員と日常不断に話しあえる関係や雰囲気をつくっておくことが大切です。

最適な環境のための 子どもの集団の規模は?

子どもの人数が増えると生じる問題点

　年々増加する入所児童数に対応する形で施設が増設されない地域・学童保育では、子どもの人数が大幅に増え、「大規模化」がすすみます。

　子ども集団の規模の上限を超えて大規模化した学童保育では、子どもたちが「騒々しくおちつけない」、「ささいなことでケンカになる」、「気のあう数人の子どもだけで過ごしてしまう」、「自分たちと交じらない子どもを冷やかす」などの現象が起こります。また、指導員の目が全体に行きとどかなかったり、子どもの声に耳をかたむけられなかったりして、適切に子どもにかかわることが困難になります。「一斉に行う活動を中心に生活を組み立てることになりがち」、「遊びや活動を制限せざるを得ない」、「事故やケガが増える」などの課題も生じ、子どもたちに深刻な影響を与えます。

　国民生活センターは2008年度に「学童保育の安全に関する調査研究」を行い、2009年に報告書を出しています。そこでは、「子ども同士がお互いの安全に気配りすることができないために起こる出会い頭の事故やケガ、トラブルが多く発生していること」、「指導員がヒヤリ・ハットを把握する余裕がない状況も生まれていること」、「児童数が多い施設で発生したケガ・事故は治療が長引く傾向にあること」が指摘されています。

　指導員の数は増やさず、子どもの人数のみを増やした場合、問題はより深刻です。仮に指導員を増やしたとしても、毎日の生活のなかで担当する子どもを決めるわけにはいかず、指導員にとっては、どうしても一人の子どもにかかわる(気にかける)時間や心のゆとりが少なくなります。

複数校区から通う現状と増設の取り組み

　小学校区ごとの学童保育の設置がなく、複数校区から子どもが通ってきているところも少なくありません。なかには、指導員が車やタクシー

で毎日、子どもを迎えに行っているところもあります。複数の小学校区から子どもが通ってくる学童保育では、学校によって行事や休業日が異なるため、それらにあわせて指導員の体制を調整しなければなりません。

　子どもにとっては、学校の友達と切り離された放課後の生活を送ることになります。さらには、遠い距離を歩いたり、バスや電車に乗って毎日通ったりすることは、低学年、とくに1年生には大変な負担となり、危険もともないます。自分の小学校区にないため、学童保育に子どもを通わせることをあきらめている家庭も少なくありません。こうした地域では1小学校区1学童保育をめざして新設の取り組みをしなければなりません。

基礎的な生活単位は「おおむね40人以下」で複数設置が必要

　子どもたちが安全で安心して毎日生活できる環境にするためには、一緒に生活する子どもの人数規模の上限の設定が必要です。

　2007年に策定された厚生労働省の「放課後児童クラブガイドライン」では、「集団の規模については、おおむね40人までが望ましい」とする一方で、「最大70人までとすること」とされていましたが、2014年に策定された厚生労働省令「放課後児童健全育成事業の設備及び運営に関する基準」（以下「省令基準」）では「支援の単位を構成する児童の数は、おおむね40人以下とする」と定めました。

　待機児童を出さず、かつ、必要としている子どもたちが学童保育を利用できること、1つの学童保育の基本単位を「おおむね40人以下」とするためには、1小学校区内に複数の学童保育（支援の単位）を設置していくことが望ましいでしょう。

運営その①開所日・開所時間

　学童保育は、基本的に、保護者の労働日・労働時間や通勤実態に見合って開所されることが必要です。

開所日

　平日はもちろんですが、土曜日、春休み・夏休み・冬休みなどの学校長期休業中、運動会の代休日などの1日休業日も学童保育が開所されなければ、子どもたちの生活の場を保障することはできません。

　学童保育の施設として公共施設の一部を使用している場合、その施設の休館日にあわせて学童保育も閉所（閉室）せざるを得ないケースも発生します。子どもが安心して放課後の生活を過ごすためには、こうした点の改善が必要です。

○春休み・夏休み・冬休みなど

　春休み・夏休み・冬休みなどの学校長期休業中は、ほとんどの地域で学童保育は開所されています。

　とくに春休みは、学校と学童保育の生活を同時にはじめなければならない時期です。子どもの負担や保育所との接続、保護者の就労保障を考え、ほとんどは、4月1日から新1年生を受け入れています。

○土曜日の開所

　学校が休みの土曜日には朝から開所します。しかし、全国の2割の学童保育では土曜日の開所は行われていません。市内の数か所のうち1か所だけ開所する拠点方式にしている自治体もあります。土曜日に閉所されてしまうと、1人で過ごさなくてはならない子が出てきます。

○国が定める「開所時間及び日数」は年間250日以上

　「省令基準」や実施要綱では、「その地方における児童の保護者の就労日数、小学校の授業の休業日その他の状況等を考慮し、年間250日以上開所すること」となっており、平日と長期休業日は開所することを基本としています。土曜日は開所日数に応じて補助金が加算される仕組みとし、土曜日開所も促進しています。

開所時間

　学童保育の開所時刻は、「下校後」からとなっているところが多くあり、指導員の勤務開始時刻もこの時刻になっているところがあります。しかし、指導員は、子どもと保護者に直接かかわる仕事とともに、学童保育を円滑に運営するためのさまざまな仕事も担っており、保育時間前後の勤務の保障が不可欠です。子どもが帰ってくる前に準備して、迎えられるようにしておくことが大切です。

　１日休業日や春休み・夏休み・冬休みなどの学校長期休業中には、朝から開所されていることが必要です。学校の登校時間が１つの目安になるでしょう。

　閉所時刻は、保護者の通勤時間への配慮が求められます。

　保護者の勤務形態が多様になり、長時間労働・長時間通勤が実態として増えている今日、開所時刻の見直しが求められています。とくに近年、子どもが被害にあう事件が起きているなかで、保護者のお迎えを求める自治体が増えています。その場合は、19時くらいまでの開所が必要です（国の補助金には、長時間加算もあります。71ページ参照）。「もっと遅くまで開所してほしい」という要望が多くなっている一方で、開所時間の延長により、子どもの生活時間との関係が課題となっています。

　指導員は、子どもが帰ったあとも後片づけや日誌の記入を行います。指導員同士の打ちあわせやおたよりを書く時間、事務をする時間も必要です。子どものいる時間＝勤務時間では十分な仕事はできません。

▶ **学童保育の開所時間**

平日の終了時刻	2018年調査（回答数1,839）	
	学童保育数	割合
16：00〜16：59	1	0.05%
17：00〜17：59	42	2.28%
18：00〜18：59	970	52.75%
19：00〜19：59	777	42.25%
20：00〜20：59	28	1.52%
21：00〜	11	0.60%
無回答	10	0.54%

全国学童保育連絡協議会の2018年調査から。割合は項目ごとに四捨五入しているため、合計は100％にならない。

運営その②必要経費・保護者負担

運営に必要な経費

　学童保育を運営するためにどのような経費が必要でしょうか。また保護者負担はどのように考えたらよいでしょうか。

○施設整備費

　学童保育には子どもたちが生活する専用の施設が必要です。新しく建設する場合は、土地代と建築費がかかります。賃貸物件を使用する場合には、賃貸料がかかります。既存の建物でも学童保育として使えるように改装する必要がある場合は、改装費がかかります。

○設備・備品費

　保護者と指導員との連絡、緊急の場合の学校や病院への連絡などのために、電話はなにをおいても備えたいものです。

　それ以外の設備・備品は、その学童保育の環境や建物の構造や広さによって異なりますが、必要と考えられるおもなものを列記します。

・　台所と炊事設備と食器、台所用品、冷蔵庫
・　トイレ、手洗い場、冷・暖房器具
・　具合が悪くなったときなどに横になれるベッドや寝具、できれば静養室の設置
・　ランドセルを置くロッカーや個人の所有物もしまえるスペース、靴箱
・　おやつを食べる、宿題などができるテーブル
・　指導員用の事務机やロッカー、印刷機

○指導員人件費

　学童保育の子どもたちの生活を守るために複数の専任指導員の人件費（賃金、一時金、退職金、交通費など）が必要です。

　指導員の勤務時間は、子どもたちが学校から帰ってきてから帰宅するまでの時間だけでなく、保育準備や後片づけ、研修、保護者会・父母会への参加にかかる時間も換算します。それらを保障する費用が人件費です。社会保険などの経費も計上します。

○運営費等

　日常の運営費としては、水道・光熱費など施設の維持・管理に要する費用、通信事務費、教材費、行事費、戸外保育の交通費や観劇などの費用、おやつ代などがあります。

保護者の負担

　市町村によっては、公立公営で学童保育を実施していて、必要経費のすべてを公費でまかなっているところから、まったく公的負担をしていないところまであります。保護者の負担は行政がどういう施策のもと、どれだけ費用を負担しているかによって異なります。

　保護者が運営している学童保育では、高い保育料でも運営費をまかなうことが困難で、バザーや物品販売に取り組んでいるところもあります。保護者負担が高額なため払えず、学童保育を必要としていても通えない子どももいます。

　こうした問題を解決するために、必要経費やそれを確保するうえでの困難を具体的に明らかにしながら、公的に保障されるよう行政に要望していくことが必要です。

　公立公営の場合の保護者負担額は、地方財政法第27条の４、施行令第52条に定められているように、少なくとも指導員の人件費を含めない額であることが必要です。

▶ **地方財政法**

（市町村が住民にその負担を転嫁してはならない経費）

第27条の４　市町村は、法令の規定に基づき当該市町村の負担に属するものとされている経費で政令で定めるものについて、住民に対し、直接であると間接であるとを問わず、その負担を転嫁してはならない。

　施行令第52条で、市町村が住民にその負担を転嫁してはならない経費は「市町村の職員の給与に要する経費」とされています。

運営その③学童保育の安全対策

　学童保育では、保育中の安全対策とともに、学校から学童保育、学童保育から自宅への帰宅時の安全対策を十分に行います。

保育中の安全対策における重要な2つの視点

　子どもにとって学童保育は、「安心して安全に生活できるところ」、「ケガや事故に遭遇したときには適切に対処してもらえるところ」です。子どもが自らの身を守る力（感覚・判断力・身体能力）は、年齢や発達、環境や社会状況などにともなって変化します。このことをふまえて、一人ひとりの状態を見極め、生活や遊びのなかでその力を育てていけるよう、気持ちや思いを尊重しつつ支えていきます。

　学童保育で子どもの安全を守ることを考える際、「成長過程にある子どもの、遊びや生活における『危険』を考える」視点、「『安心・安全』を守る方法について、子どもたちと一緒に考え、つくりあげることの必要性」という視点から、あらためて確かめておきましょう。

　そして、子どもの安全を守るためには、「子ども集団の規模の上限」を守る必要があります。子どもの人数がとても多い学童保育では、安全確保が困難です。また、「指導員が、一人ひとりの子どもを理解し、信頼関係を築くこと」、「日常的な安全指導、子どもが自ら危険を回避できるような援助をすることが求められること」から、「専任の指導員を常時複数配置すること」が欠かせません。

○遊びや生活における子どもの「危険」そのものについて考える視点

　安全の確保が強調されすぎると、子どもへの禁止事項が多くなり、子どもにも指導員にも余裕がなくなって、子どもが安心してのびのびと過ごせる環境を奪ってしまうことがあります。子どもたちの遊びを必要以上に管理することで生じる不利益についても熟慮が必要です。

○子どもの発達の特性を理解し、子どもとともに安心・安全を考え、つくりあげる視点

　学童期の子どもの安全確保に関する発達の特性や、子どもにとっての視点から「安心・安全」を考えると、指導員から一方的に子どもた

ちに与えるものではなく、子どもとともにつくりあげる視点が大切です。子どもたちにわかりやすく課題を提起し、子どもたちの意見をていねいに聴き、安心・安全に過ごすための手立てを一緒に考えていく姿勢で臨みます。

　そのためにも、子どもたちの日常の生活の様子を把握しておくこと、記録に残すこと、指導員間で情報を共有することが必要です。

　しかし、その一方で、「子どもにはケガはつきもの」となんの手立てもせずにいて、大きな事故が生じてしまったという例も耳にします。

子どもにとっての安全を考えよう

　実際に子どもが生活している学童保育の現場で、子どもの安全を守るうえで大切にしたい視点をいくつか示します。子どもが安全を実感できて、安心して過ごせる場になるためには、つぎのことが求められます。

① 過ごす場の使い方やそこで過ごす際の簡潔かつ最小限のルールがわかるように説明されていて、子ども自身が理解している。

　→その場でどのようにふるまうことができ、なにが制約されているのかを知らないと、不安やおちつかない行動につながります。逆に制約が多すぎると、窮屈さを感じることや反発につながります。

② その場にいる大人が、子どもから見て、信頼でき、あてにできる存在になっている。

　→指導員は子どもにとって「そばにいても安心して過ごすことができ、困ったときには助けてくれる存在」であることが求められます。

③ 子ども自身が見通しを持って遊びや物事に取り組める。

　→見通しが持てずに、指示を待って行動しなければならない状況は、自主性を欠き、なげやりな行動につながりがちです。また、頻繁な指示や注意は子どもの注意力のバランスを崩し、かえって事故が起こりやすくなることがあります。

　なお、学童保育の生活のなかでは、わがままがぶつかりあう、感情の高ぶりをコントロールできなくなるなどして、いさかいやケンカが起こることもあります。そのときに、お互いを傷つけることなくおさめる、関係を修復する方法を見つけるなどができるような力

を育てていきましょう。

④　「予想できない危険」にさらされる不安がなく、「起きる可能性のある危険」について子ども自身が知り得たうえで挑戦（判断）できるようになっている。

　→すべての学童保育でていねいに取り組むべきこととして、子ども自身が予測できない危険をあらかじめ取り除くために、施設・設備や周辺環境の安全のための日常的な点検が挙げられます。

　　子ども自身が遊びや活動に挑戦することを支えるのも指導員の仕事です。その際には、子どもたちの発達、状況や気持ちに応じて、「どのような危険をともなうか。危険を取り除くにはどのような手立てが必要か」を子どもと話しあったり、指導員間で検討したりすることが大切です。

⑤　事故やケガが起きた場合に、適切に対処され、子ども自身も被害を最小限にする努力ができる。

　→事故やケガへの迅速かつ適切な対応は、被害を最小限にとどめることにつながります。そのためにも、事故が起きないようにするだけでなく、起きたときを想定した訓練を行うことがとても大切です。

　学童保育での安全を考える際には、遊びや生活のなかで、ときには時間をかけて、子ども自身が自らの身を守る力を育てていくことができるよう、「習得できていること」、「これから学習すること」、「管理・保護すること」の3つの要素を見極めた大人のかかわりが求められます。

　また、「子どもたちを安全に見る」ということは、「ケンカを止める」「転んだときに薬をつける」のみならず、日々の生活を通して、子ども自身が危険から身を守ることができるよう、ていねいに働きかけていくことです。

　学童保育から友達の家へ遊びに行く、近くの公園へ出かけて友達と遊ぶ、通院する、塾や習いごとに出かけるなど、学童保育から子どもが外出する機会はさまざまです。子どもの安全に責任をもつ学童保育には、一定の規制（ルール）や安全管理が必要です。外出そのものを禁止するのではなく、万全な準備をすることで対応しましょう。

外出先から帰ってくる時間や出先への連絡方法、保護者への連絡方法など、あらかじめ、保護者や子どもたちと話しあって取り決めておき、そのつど保護者との連絡や確認をていねいに行うことが大切です。

火災や、地震などの自然災害についても、どのような対処をするのか、手順や方法を確認し、防災訓練・避難訓練を行う必要があります。

学童保育の拡充、家庭・学校・地域・関係機関との連携

小学校区内に学童保育がないところが、小学校区数のうち、11.7%あります（全国学童保育連絡協議会（以下、全国連協）調べ。2023年5月現在、2,201校区）。小学校区内に学童保育がないために他校区にある学童保育に通う子どもが多数いることは、安全面から見ても大きな問題です。学童保育は、必要とされる小学校区内すべてに設置されることが必要です。

子どもの安全は、学童保育の努力だけで守れるものではありません。日頃から、家庭や学校、地域、警察や関係機関と連携をしておきましょう。とくに、学校に対しては、学童保育の行事の予定や生活の流れを伝えるなどをし、かかわりを大事にしたいものです。帰宅経路沿いの地域の方々とのつながりは、子どもたちが安心して学童保育に通うことができるうえでの大きな支えにもなります。

地域全体で子どもが安全に生活できるようになっていることも大切です。危険な場所がないか、街灯の設置や車の危険はないかなど、行政や警察も含めて地域ぐるみで安全な街づくりに取り組んでいきましょう。

安全計画の策定が義務づけ

2022年11月、厚生労働省子ども家庭局子育て支援課より、事務連絡「放課後児童クラブ等における安全計画の策定に関する留意事項等について」が発出されました。2023年4月1日から、学童保育と児童館においても、各事業所・施設が安全に関する事項について計画を策定することが義務づけられました。

これに伴い、「放課後児童健全育成事業の設備及び運営に関する基準」に新たに「安全計画の策定等」（第6条の2）が加えられました。おもな内容はつぎのとおりです。

◎　「設備の安全点検、職員、利用者等に対する事業所外での活動、取組等を含めた放課後児童健全育成事業所での生活その他の日常生活における安全に関する指導、職員の研修及び訓練その他放課後児童健全育成事業所における安全に関する事項についての計画」を策定し、「安全計画に従い、必要な措置を講じなければならない」

◎　「職員に対し、安全計画について周知する」とともに、「研修及び訓練を定期的に実施しなければならない」

◎　「利用者の安全の確保に関して保護者との連携が図られるよう、保護者に対し、安全計画に基づく取組の内容等について周知しなければならない」

◎　「定期的に安全計画の見直しを行い、必要に応じて安全計画の変更を行うものとする」

　学童保育は子ども・子育て支援法において、市町村事業に定められています。「安全計画」は、各学童保育と市町村が連携をはかり、学童保育の役割を果たせる実効性のある計画となるよう策定します。

　また、ここ数年、全国各地で自然災害があいついでいます。災害時には、市町村の基本方針をもとに、地域の特性をふまえた対応が求められますので、学童保育・保護者が協力して、市町村・学校などの関係機関・地域組織と連携した対応の仕組みを確立することが必要です。

運営その④学童保育と事故

　事故は、日頃から十分注意をしていたとしても起こり得ます。どのような程度のケガであっても、本人や家族にとっては心配なものです。骨折や手術を要するようなケガの場合は、治癒するまで長期間かかりますし、後遺症の心配などもあります。

事故を未然に防ぐために

　事故やケガはちょっとした不注意から生じる場合も少なくありません。未然に防ぐために日頃からつぎのようなことに気をつけましょう。

・　子どもたちが遊ぶ際に危険が想定されるものをあらかじめ取り除いておく。室内や遊び場で、遊具や備品などが危険な使われ方をされないよう気を配り、配置を工夫するなど対策をする。

・　遊びや活動のなかで想定される危険への対応を準備して取り組む。ナイフ・包丁などの刃物や千枚通しなどの道具は管理を徹底し、安全な使い方を習得させるようにする。

・　事故につながる危険のある遊びやふざけについては、ただ禁止するだけでなく、「なぜやってはいけないか」という理由も含めて、くり返し子どもたちに伝え、理解させる。

万が一事故が起きてしまったら

　日頃から注意していても事故は起きてしまうことがあります。起きてしまってからあわてないために、保護者会・父母会で保護者と指導員でよく話しあい、あらかじめ、総会などの場で「対処の仕方」についてきちんと確認しておくことが大切です。

　「この程度なら……」という指導員の判断が思わぬ結果をまねいたり、保護者とのトラブルになったりすることが多くあります。事故が起きてしまったら、保護者に事実を速やかかつ正確に伝え、誠意をもって対処しましょう。緊急時の保護者の連絡先と、救急病院の連絡先は常に電話機のそばに用意しておきましょう。「省令基準」では、学童保育での「事故発生時の対応」が、つぎのように定められています。

> 第21条　放課後児童健全育成事業者は、利用者に対する支援の提供
> 　　により事故が発生した場合は、速やかに、市町村、当該利用者の
> 　　保護者等に連絡を行うとともに、必要な措置を講じなければなら
> 　　ない。
> 2　　放課後児童健全育成事業者は、利用者に対する支援の提供によ
> 　　り賠償すべき事故が発生した場合は、損害賠償を速やかに行わな
> 　　ければならない。

　なお、重大事故が起きた場合には、学童保育の事業者（運営主体）から、市町村・都道府県を通じて、国に報告を行うことになっています(注)。

(注)「放課後児童健全育成事業（放課後児童クラブ）における事故の報告等について」2015年3月27日「雇児育発0327第1号厚生労働省雇用均等・児童家庭局育成環境課長通知」

▶ 保険についての基礎知識

　学童保育への来所途中や帰宅時に起きる事故やケガ、保育中に起きる事故の補償のために保険に加入しておきます。

　学童保育の所管や運営形態によって加入している保険はさまざまですが、基本的には「傷害保険」、「賠償責任保険」のいずれかです。

○傷害保険…児童が急激かつ偶然な外来の事故によってその身体に被った傷害に対して「死亡・後遺障害保険金」、「入院保険金」、「通院保険金」などが支払われます。

○賠償責任保険…施設の欠陥や指導員の過失などによって発生した事故について、施設設置者や指導員が法律上の賠償責任を負い、賠償金の支払いや負担する費用、見舞い金などを補填する保険です。

　また、父母会（保護者会）行事などのイベントの際に加入する「レクリエーション保険」もあります。

◎ 施設設置者が備える保険

　学童保育のような子どもを対象とした施設では、ちょっとした不注意から生じる事故が発生することも少なくありません。学童保育の運営形態は、公設公

営、公設民営、民設民営などさまざまですが、ほとんどのところでは、施設の運営管理者や指導員が法律上の賠償責任を問われた場合に対応できる民間の賠償責任保険に加入しています。

◎指導員・子どもを対象とした保険

　民間の保険会社や財団が学童保育を対象とした保険制度をつくっています。制度により、補償内容は異なりますが、おおむね「傷害保険」と「賠償責任保険」の2本立てになっています。また、保険によっては、指導員が子どもと一緒に加入できるようになっているものもあります。

　補償の特徴として、ケガに加え、熱中症、細菌性・ウイルス性食中毒が対象となるものや、学校・自宅と学童保育の往復途上の事故も対象としているものがあります。また、学童保育の活動が近所の公園等で行われる場合も、それが学童保育の通常の活動の範囲であれば対象となります。

　ほとんどの学校では、授業中などの学校の管理下における子どもの災害（負傷、疾病、障害または死亡）に備えて、独立行政法人日本スポーツ振興センターの「災害共済給付制度」に加入しています。授業中、課外活動中、通学中などに負傷した場合は、当該給付制度により、高額な補償が提供されています（例：死亡見舞金2,800万円）。学校管理下外で行われる学童保育の活動は、学校生活の延長上にあるといえますので、給付内容が大きく見劣りしない保険制度を活用することを検討してはいかがでしょうか。

＜学童保育向け保険制度の問い合わせ先＞
●スポーツ安全保険
公益財団法人スポーツ安全協会　電話03-5510-0022
［幹事保険会社］東京海上日動火災保険　公務第2部文教公務室
　　　　　　　　　電話03-3515-4346
●一般財団法人児童健全育成推進財団　電話03-3486-2821

運営その⑤対象児童・優先利用

　2016年9月、厚生労働省は、「放課後児童健全育成事業の事務手続に関する留意事項について」という課長通知を出しました。これは、2015年から、児童福祉法に定められた学童保育の対象が「小学校に就学しているおおむね10歳未満の児童」から「小学校に就学している児童」に変更されたことにともない、ニーズの増加が見込まれることなどをふまえて、「放課後児童健全育成事業の優先利用に関する基本的考え方」を明らかにしたものです。この通知では、「優先利用の対象として考えられる事項」として、以下が挙げられています。

① 　ひとり親家庭（＊母子および父子並びに寡婦福祉法に基づく配慮義務がある）

② 　生活保護世帯（就労による自立支援につながる場合など）

③ 　主として生計を維持する者の失業により、就労の必要性が高い場合

④ 　虐待又はDVのおそれがあることに該当する場合など、社会的養護が必要な場合

⑤ 　児童が障害を有する場合

⑥ 　低学年の児童など、発達の程度の観点から配慮が必要と考えられる児童

⑦ 　保護者が育児休業を終了した場合
　　［例］
　　・ 育児休業取得前に放課後児童クラブを利用しており、利用を再度希望する場合
　　・ 育児休業取得前に放課後児童健全育成事業の類似の事業（児童福祉法上の「放課後児童健全育成事業」として事業を実施しない類似の事業）を利用しており、放課後児童クラブの利用を希望する場合
　　・ 育児休業を取得しており、復帰する場合

⑧ 　兄弟姉妹（多胎で生まれた者を含む）について同一の放課後児童クラブの利用を希望する場合

⑨ 　その他市町村が定める事由

※このほか、保護者の疾病・障害の状況や各世帯の経済状況（所得等）を考慮することも考えられる。

※市町村の判断により、人材確保・育成や就業継続による全体へのメリット等の観点から、放課後児童支援員等の子どもの利用に当たって配慮することも考えられる。

※あわせて、保育士、幼稚園教諭、保育教諭の子どもの利用に当たって配慮することも考えられる。

学童保育を開設する
〜保護者が開設を考える場合〜

学童保育を設置するためにできること

　自分の子どもが通う小学校区に学童保育がない場合は、どうしたらよいでしょうか。

　保育所の送り迎えなどのとき、まわりの保護者に声をかけてみましょう。あなたと同じように、子どもが小学校に入学した後、放課後をどのように過ごさせようかと悩んでいる保護者がいるかもしれません。何人か集まったら、まずは「学童保育」について調べてみましょう。そして、「みんなで力をあわせて学童保育をつくりませんか」と声をかけてみてください。仲間づくりのはじまりです。

　そして、近隣の小学校区に学童保育があるのか、ある場合はどこが運営しているのかなどを市町村に問いあわせてみましょう。近くに学童保育がある場合は、実際に見学し、話を聞くことはとても参考になります。1か所だけでなく、異なる運営形態の学童保育をいくつか見学できればなおよいでしょう。

　保育所や学校にも協力してもらい、学童保育を必要としている子どもがどのくらいいるかを調べてみます。同時に、どのような放課後の生活をわが子に保障したいのか、どんな学童保育を求めるのか、施設・設備や指導員などについて、具体的に話しあい、話しあったことを要望としてまとめ、要望書として市町村に提出しましょう。

　児童福祉法では、市町村は放課後児童健全育成事業を行うほか、事業者との連携をはかるなど利用の促進に努め（第21条の10）、必要としている家庭が利用できるように、情報の収集・提供、相談、助言、あっせん、調整（第21条の11）を行わなければならないとされています。このことを市町村に伝えながら、要望が実現するように働きかけていくことが大切です。

市町村の回答ごとの働きかけ方

　要望に対する市町村の回答の内容によって、それ以降の働きかけの仕方は分かれます。

1　市町村が保護者の要望に応えて開設する場合

　「市町村が責任をもってつくります」との回答があれば、保護者の要望にそった内容を備えた学童保育になるよう、引きつづき働きかけていきます。

2　市町村では開設せず、保護者による運営を補助する場合

　「皆さんがつくるならば補助金を出します」、「市町村としてはなにもしない」との回答だった場合は、引きつづき、市町村につくってほしいと要望しながらも、まずは自分たちでつくりはじめることも検討します。

　どちらにしても、1回や2回の要望や話しあいではよい結果が得られない場合もありますので、あきらめずに、同じ願いをもつ人の輪を広げながら要望をつづけてみましょう。

3　議会への働きかけが必要になる場合も…

　場合によっては、議会に働きかけることも必要になります。そのときはすべての議員に同じようにお願いしましょう。また、よい返事が得られても、議員まかせにしないことが肝心です。さらに、地域の人々に自分たちの要望を知らせ、理解を得る努力も必要です。

　大切なのは、同じ願いをもつ保護者が一致して行動できるように、話しあいながらすすめることです。役割や作業はみんなで分担しあって、子ども連れでも参加できるよう工夫しましょう。あせらず、あきらめず、ねばりづよく取り組み、願いを実現させていくことが大切です。

施設や指導員を確保したあとも

　ハローワークや求人情報などを通じて、指導員の採用が決まったら、子どもたちの生活や保護者の願いをしっかり伝え、学童保育について理解してもらうことが大切です。雇用主として指導員を雇用する責任がありますし、あらかじめ教諭や保育士の資格をもっている方でも学童保育にかかわるのははじめてかもしれないからです。

　同様に、施設が確保できたあとも、生活内容づくりに保護者と指導員がともにかかわっていくことが必要です。

　保護者同士も、指導員の雇用・労働条件やこれまでの学童保育をよくする活動で大切にされてきたことなどを学びながら、学童保育の生活に求められることなどを話しあって、きちんと伝えられるように準備しましょう（「指導員の仕事を知ろう」140ページ参照）。

学童保育を開設する
～個人・事業者が開設を考える場合～

　個人・事業者が学童保育の開設を考えている場合はどのようにしたらよいでしょうか。

　まず、開設するのは、児童福祉法に基づき、行政からの補助金を受けて運営していく「放課後児童クラブ」なのか、放課後の小学生を対象にした独自のビジネスを展開するつもりなのかを明確にします。

行政からの補助金で「放課後児童クラブ」を開設する場合

　前者の場合の必要な手続き・資格について、簡単に説明します。

① 　児童福祉法に規定された「放課後児童健全育成事業」として、こども家庭庁所管の補助金を行政から受けて運営する場合には、市町村に届出をします。

② 　「省令基準」に則って、各市町村が定めた条例に基づいた運営が必要となるため、詳細は開所予定地の市町村の担当課に確認してください（厚生労働省令「放課後児童健全育成事業の設備及び運営に関する基準」は176ページ参照）

③ 　学童保育には「放課後児童支援員」という有資格者を置くことが定められています。これは、保育士・社会福祉士・幼稚園や小中高の教諭などの有資格者、大学で一定の決められた課程を履修した者、高卒で2年以上児童福祉事業に従事した者など、国が定めた9項目に該当する者（2018年4月から、「5年以上放課後児童健全育成事業に従事した者であって、市町村長が適当と認めたもの」が加えられて10項目）が、都道府県知事等が行う16科目24時間の「放課後児童支援員認定資格研修」を修了することにより与えられる資格です。

④ 　学童保育の集団のなかで子どもに保障すべき遊びおよび生活の環境や運営内容の水準を明確化するため、「放課後児童クラブ運営指針」（以下「運営指針」）が定められています。「省令基準」「運営指針」には、運営主体（放課後児童健全育成事業者と表記）の責任と役割が示されています。よく確認しましょう。

行政からの補助金を受けず、ビジネスを展開する場合

　後者で、行政からの補助金を受けず、放課後の小学生を対象にビジネスを展開したい場合は、先のような手続きは必要ありません。しかし、子どもたちの安全・安心な生活に責任をもつには、専門的な知識・技能を備えた指導員が継続的・安定的に子どもにかかわること、同様に、運営者も継続的・安定的に運営することが不可欠です。

自治体には「自治体施策を充実させる」役割がある

自治体に求められる役割を知ろう

　2012年に制定された「子ども・子育て支援法」では、「市町村は、……地域子ども・子育て支援事業として、次に掲げる事業を行う」として、学童保育事業を「地域子ども・子育て支援事業」（通称、「市町村事業」）に位置づけています。そして、市町村に学童保育の整備計画を含む「地域子ども・子育て支援事業計画」の策定を義務づけて、計画的に推進することとなりました。また、市町村が、学童保育の整備も含めた子育て支援策を推進していくために、住民や関係者を参画させた「子ども・子育て会議」を開き、事業計画の策定や着実な推進などを行うことも努力義務とされています。

　また、2012年に改定された児童福祉法では、市町村の学童保育施策に関して、おもにつぎの点が定められました。

・　国としての学童保育の基準を省令で定め、それに基づいて市町村が条例で基準を定める。

・　市町村以外の者が実施する場合には事前に市町村への届出が必要（公立公営の場合は必要ない）。

・　市町村長には、条例で定めた基準の維持のために、実施者に報告を求め、検査などを行うことができる。

・　市町村は、必要に応じて必要な措置を積極的に講じ、多様な事業者の能力を活用した学童保育の実施を促進し、供給を効率的かつ計画的に増大させる。

・　市町村は、学童保育に関して、情報の収集・提供、相談、助言、あっせん、調整を行う。

　そして、国は「省令基準」を公布し、これに基づいて各市町村が条例を定めました。また、国は「運営指針」を策定しました。

　「省令基準」には、つぎのような内容が定められています。

（最低基準の目的）

第２条　法^{（注）}第34条の８の２第１項の規定により市町村が条例で定める基準（以下「最低基準」という。）は、利用者が、明るくて、衛生的な環境において、素養があり、かつ、適切な訓練を受けた職員の支援により、心身ともに健やかに育成されることを保障するものとする。

（最低基準の向上）

第３条　市町村長は、その管理に属する法第８条第４項に規定する市町村児童福祉審議会を設置している場合にあってはその意見を、その他の場合にあっては児童の保護者その他児童福祉に係る当事者の意見を聴き、その監督に属する放課後児童健全育成事業を行う者（以下「放課後児童健全育成事業者」という。）に対し、最低基準を超えて、その設備及び運営を向上させるように勧告することができる。

２　市町村は、最低基準を常に向上させるように努めるものとする。

（注）児童福祉法

　市町村には、条例で定めた基準にそって実施されるよう、条件整備をはかりながら最低基準を守り、さらに基準の内容を向上させていく役割があります。そして市町村長は、学童保育を行う者（事業者）に基準を超えて設備や運営を向上させるよう勧告することができます。また、市町村には、公有財産の貸し付けなどを積極的に行い、必要な家庭が利用できるよう学童保育の整備を計画的にすすめていく役割も課せられています。

運営は条例基準と運営指針にそう

　条例で定めた基準に基づいて市町村が実施することに加えて、「運営指針」にそった運営が求められます。

　厚生労働省の通知では、「平成27年４月からは、省令基準を踏まえて策定される各市町村の条例に基づいて放課後児童クラブが運営されること

になるため、その運営の多様性を踏まえつつ、放課後児童クラブにおいて集団の中で子どもに保障すべき遊び及び生活の環境や運営内容の水準を明確化し、事業の安定性及び継続性の確保を図っていく必要があることから、今般、『放課後児童クラブガイドライン』を見直し、別紙のとおり、事業者（運営主体）及び実践者向けの『放課後児童クラブ運営指針』を新たに策定」したと述べられており、「各市町村においては、本運営指針に基づき管内の放課後児童クラブが適正かつ円滑に事業運営されているかを定期的に確認し、必要な指導及び助言を行うなど、放課後児童クラブの一定水準の質の確保及びその向上が図られるよう」、尽力することを求めています。

条例基準の向上をはかり、必要な財政措置をおこなう

　よりよい学童保育をつくっていくうえでは、市町村の学童保育の施策の改善が欠かせません。「運営指針」にそった運営を行ううえでも、市町村が定めた基準の向上をはかること（「市町村は最低基準を常に向上されるように努めるものとする」）、学童保育の役割を果たすために直接的に仕事を担っている指導員の勤務体制の整備、安定的な雇用、処遇の向上などをはかることも必要です。

　すべての市町村では、「市町村子ども・子育て支援事業計画」において学童保育の整備計画が作成されています。市町村は学童保育の実施主体として、必要なすべての地域に整備していくこと、必要とする家庭が安心して利用できるように計画的に学童保育を整備していくことが求められます。

▶ 市町村の役割と児童福祉法（抜粋）

第21条の10　市町村は、児童の健全な育成に資するため、地域の実情に応じた放課後児童健全育成事業を行うとともに、当該市町村以外の放課後児童健全育成事業を行う者との連携を図る等により、第6条の3第2項に規定する児童の放課後児童健全育成事業の利用の促進に努めなければならない。

第34条の8　市町村は、放課後児童健全育成事業を行うことができる。

② 国、都道府県及び市町村以外の者は、内閣府令で定めるところにより、あらかじめ、内閣府令で定める事項を市町村長に届け出て、放課後児童健全育成事業を行うことができる。

第34条の8の2　市町村は、放課後児童健全育成事業の設備及び運営について、条例で基準を定めなければならない。この場合において、その基準は、児童の身体的、精神的及び社会的な発達のために必要な水準を確保するものでなければならない。

② 市町村が前項の条例を定めるに当たつては、内閣府令で定める基準を参酌するものとする。

③ 放課後児童健全育成事業を行う者は、第1項の基準を遵守しなければならない。

第34条の8の3　市町村長は、前条第1項の基準を維持するため、放課後児童健全育成事業を行う者に対して、必要と認める事項の報告を求め、又は当該職員に、関係者に対して質問させ、若しくはその事業を行う場所に立ち入り、設備、帳簿書類その他の物件を検査させることができる。

第56条の7

② 市町村は、必要に応じ、公有財産の貸付けその他の必要な措置を積極的に講ずることにより、社会福祉法人その他の多様な事業者の能力を活用した放課後児童健全育成事業の実施を促進し、放課後児童健全育成事業に係る供給を効率的かつ計画的に増大させるものとする。

学童保育の設置・運営基準について知ろう

まずは2007年の学童保育のガイドラインから

　1997年の児童福祉法改定によって法制化された学童保育ですが、当時は、①国と自治体の公的責任があいまい、②最低基準がつくられていない、③予算措置があいまいで補助金も少ない、などの問題点がありました。

　学童保育は小学生の子どもたちが年間を通して生活する施設であるにもかかわらず、施設・設備や職員などについての最低基準が定められておらず、安全面や子どもの成長・発達にかかわる条件整備が不十分かつ地域や各学童保育による大きな格差が生まれていました。

　全国連協は、2003年に提言「私たちが求める学童保育の設置・運営基準」をまとめ、国や自治体に学童保育の最低基準を定めるよう要望してきました。

　2004年頃からの入所児童数の急激な増加、学童保育の必要性の高まりのなかで、国会でも基準づくりの課題が取り上げられ、2007年10月に厚生労働省は「放課後児童クラブガイドライン」を作成しました。しかし、これは、法的な拘束力のある最低基準ではなく、学童保育を「生活の場」としている児童の健全育成を図る観点から、「質の向上に資する」ことを目的に、「望ましい方向を目指すもの」でした。

児童福祉法の改定によって基準が定められた

　学童保育を必要とする家庭は多く、政府も「新待機児童ゼロ作戦」や「子ども・子育てビジョン」などで学童保育の整備目標を掲げてきました。

　あわせて、学童保育の基準をつくることが検討され、2012年8月の児童福祉法の改定で、国として省令で学童保育の基準を定めることになり、市町村は国の基準に基づいて条例で基準を定めることになりました。国の定める基準のうち、指導員の資格と配置基準については、市町村が「従うべき基準」（国の基準に従い、定めるもの）とされ、その他は「参酌（参考）基準」（参考にしたうえで地域の実情に応じて、異なる内

容を定めることが許容されるもの）とされました。

　「省令基準」は、2014年4月30日に公布されました。これを受けて市町村は、2015年3月末までに条例で基準を定めました。ほとんどの市町村は、「国の省令に準ずる」として基準を定めているため、「省令基準」と同じ内容になっていました（市町村のなかには、いくつかの項目に経過措置を設けているところもありました）。

「省令基準」、条例基準の問題点と「最低基準の向上」

　ところで、「省令基準」には、いくつかの問題点があります。

　たとえば、当初は「従うべき基準」とされていた指導員の資格と配置基準も2020年に参酌化され、2023年現在、すべての基準が「参酌基準」となっています。学童保育の専用の施設や部屋や設備が必要なのに「専用区画」というとてもあいまいな規定になっていること、また、広さは「子ども一人当たり1.65㎡以上」とたいへん狭いものとなっていること、指導員の資格が、基礎資格をもつ者が都道府県知事等の実施する認定資格研修を修了することで付与される認定資格となっていること、有資格者を複数配置しなければならないとはなっていないこと、生活の基本となる集団の規模が「おおむね40人以下」とあいまいなこと、などです。

　市町村が制定した基準でもほとんどのところで同様の問題点を抱えています。「省令基準」と条例基準には、「市町村は、最低基準を常に向上させるように努めるものとする」と規定されており、今後は基準の向上がはかられる必要があります。

運営指針と基準に基づいた実施が求められる

　国は、「省令基準」の交付がされたことから、これまでの「放課後児童クラブガイドライン」を廃止して、新たに「運営指針」を策定し、今後の学童保育の運営や実施にあたって基本とすべきものとしました。

　保育所でも、国が定めた保育所の基準とともに、「保育所保育指針」を公布して、保育所運営の基本としています。

　国は、「省令基準及び運営指針にそって一定水準の質を確保した放課後児童クラブの全国展開を図る」ことを「子ども・子育て支援新制度」のねらいの1つとしています。

「従うべき基準」の参酌化と広がる地域格差

「従うべき基準」の参酌化

　学童保育は、国や都道府県・市町村が徐々に施策の拡充をはかってきた側面はあるものの、「参酌基準」である集団の規模や広さなどには不十分な実態が残されていたり、資格と配置基準が「従うべき基準」であっても、市町村や学童保育現場によって指導員の仕事内容や処遇がさまざまだったりと、地域格差が大きな課題となっていました。

　「子どもが好きなら」、「子育て経験があれば」という条件での職員募集もいまだに見られ、実際に働いてみてはじめて仕事内容や責任の重さに気づき、また、賃金や社会保障などの処遇が見合わないことを知るなどして離職する指導員も後を絶ちません。新制度施行から2年で、一部の地方自治体や地方三団体（全国知事会、全国市長会、全国町村会）から、離職者の多さや人手不足の解消策を「従うべき基準」の廃止や緩和に求める提案があり、「地方分権の議論の場」での検討を経て、2019年5月に「第9次地方分権一括法」が成立し、指導員の資格と配置基準も参酌化されてしまいました。

参酌化にともなう条例改正等の状況とその影響

　参酌化にかかわって、2019年10月3日付厚生労働省子ども家庭局長通知「放課後児童健全育成事業の設備及び運営に関する基準の一部を改正する省令の施行について」と、同日付子育て支援課長通知「放課後児童健全育成事業の質の確保及び向上に向けた取組の推進について」が発出されています。局長通知の「留意事項」には、自治体への拘束力を弱めただけで、「基準の内容は変わるものではない」という記述がありますが、「従うべき基準」の参酌化と、「省令基準」の附則に定められていた「職員の経過措置」が2020年3月31日で終わることにともない、条例を改定した市町村もあります。

　2023年3月の全国こども政策主管課長会議の資料において、「条例改正」の状況等の調査結果が報告されています（「省令基準」の参酌化に

伴う条例改正等の状況について。2022年4月1日時点。前回調査は2021年7月時点、前々回調査は2020年9月時点）。学童保育を実施している1,629自治体のうち、649自治体で「人員配置・資格要件」基準を変更しています（複数回答。前年比27増）。

　具体的な改正内容はつぎのとおりです。

・　放課後児童支援員（以下、支援員）等の員数に関する改正……64自治体（前年比20増）
・　支援員の資格要件に関する改正……11自治体（前年比増減なし）
・　「放課後児童支援員認定資格研修」修了要件の経過措置延長……622自治体（前年比17増）
・　職員の専任規定に関する改正……2自治体（前年比1減）

　放課後児童支援員等の員数について、国の基準（放課後児童支援員の複数配置が原則）とは異なる規定を設けた64自治体の基準内容と自治体数の内訳はつぎのとおりです。

・　支援員の1人配置を可とする……46自治体（前年比14増）
・　補助員の2人以上を可とする……5自治体（前年比1増）
・　支援員を置かず補助員の1人配置を可とする……7自治体（前年比2増）
・　その他……6自治体（前年比3増）

　厚生労働省は、2021年3月8日付で、子ども家庭局長通知「『放課後児童健全育成事業の設備及び運営に関する基準』と異なる基準を定める場合の留意事項について」を発出し、つぎのように注意喚起しています。

> 「事業をいかなる体制で運営する場合であっても、子どもの安全の確保について最大限留意することが必要」
> 「必ず利用児童の安全確保方策について条例等により定めるとともに、それによる対策を講じられたい」
> 「放課後児童支援員としての全国共通の認定資格を付与するためには、設備運営基準第10条第3項に規定する要件を満たす必要があることにご留意願いたい」

参酌化にともなう補助基準額の設定

　厚生労働省は、人員配置・資格要件基準の参酌化にともない、職員配置に応じた補助基準額を設定しました。ここでは、常時職員1名配置にも補助が設けられています。「指導員が一人だけで保育を行う状況が継続的にある」状態は、「その場そのときの直接的な安全を確保すること」、「緊急時の対応」に多くの困難が生じたり、「子どもの生活空間が狭められる」、「一斉活動が増えて活動が制限される」などの状況が起こったりします。また、「一人ひとりにていねいにかかわること」ができず、子どもを多角的に理解することに大きな困難が生じます。

　この基準緩和は、一部の市町村の都合を優先させたもので、「子どもの最善の利益」を守るという児童福祉法の理念に逆行するものです。「第9次地方分権一括法」には「施行後3年」の見直しを行うという附則が付されており、全国連協および地域連協を中心に国会請願署名等さまざまな取り組みを行いましたが、2023年3月、国は「引き続き参酌すべき基準とする」という結論を出しています。

学童保育の連絡協議会

連絡協議会とはこんな組織

　それぞれの学童保育の保護者会・父母会（以下、保護者会）がさらにまとまることで、より大きな力を発揮することができます。そのためにあるのが、学童保育連絡協議会（「学童クラブ連絡協議会」、「学童保育の会」などの名称が使われている地域もあります。以下、連絡協議会）です。連絡協議会は、その地域と全国各地の学童保育をよりよいものへと発展させるために、交流・学習・研究をとおして取り組みをすすめる組織です。その名が示すとおり、情報交換や交流・連絡を通じて、「これまで培ってきた学童保育をよりよくする運動・取り組みの成果」や「国や自治体の施策」を学習し、それらをふまえて仲間のなかで合意を形成し、課題解決の手立てをともに考え、学童保育を発展させていく役割を担っています。

市町村の学童保育連絡協議会の役割

　市町村の連絡協議会は、「ほかの学童保育や保護者会はどのように運営しているのか知りたい、交流したい」という保護者・指導員の思い・願いと、それぞれの学童保育や保護者会の共通の課題（補助金の増額や施策改善など）を取りまとめて行政に要望していく必要性から生まれました。公営や民営などの運営形態にかかわらず、学童保育や保護者会、保護者・指導員などによって構成されています。

　そして、それぞれの課題などを交流・共有し、改善に向けて情報交換を行い、個々の要望をまとめて行政に届けることなどを通じて、学童保育の改善に取り組んでいます。

指導員とともにすすめよう

　指導員の仕事内容を確立し、質を高め、労働条件を改善するためには、「指導員の組織」が大切です。

　指導員が、実践を交流したり（子どもの様子や自らのかかわりを報告

して、つぎのかかわりに見通しをもつために意見交換をすること）、研修をすすめたりするために、「指導員会」を結成する地域が多くあります。地域の連絡協議会のなかには、指導員会やその代表が組織的に位置づけられているところもあります。地域の連絡協議会は、組織員会を組織のなかに位置づけることも含めて、「指導員の組織」と連携をはかり、協力しあいながら運動をすすめます。

さまざまな事情により、やむなく保護者だけで保護者連絡協議会をつくっている地域もありますが、指導員の組織の代表者などの参加も働きかけ、それぞれの自主性を守りながら、協力して運動をすすめられるように努力しましょう。

都道府県の学童保育連絡協議会の役割

都道府県の連絡協議会は、市町村の連絡協議会で構成されています。そのおもな役割は、各市町村の学童保育関係者が情報交換を行い、学びあう場を設けることです。

都道府県には、教育や福祉などの面で市町村の地域間格差を是正していく役割、格差是正のために都道府県独自に補助金制度を設けるなどして市町村を応援・指導する役割、国の施策を具体化して推進する役割があります。

都道府県の連絡協議会は、都道府県の予算や施策を改善させるための要望をまとめ、都道府県の施策の改善を求める取り組みをしています。また、都道府県の連絡協議会は、全国各地の連絡協議会とともに全国学童保育連絡協議会（以下、全国連協）を構成し、国への働きかけをすすめる役割も担っています。

連絡協議会をつくろう

市区町村に2つ以上の学童保育があり、連絡協議会がまだ結成されていないようでしたら、ぜひ連絡協議会をつくりましょう。

情報を交換しあい、力を合わせることで、より充実した学童保育をつくる力が生まれます。さらに、行政に対して要望する際にも大きな力となります。つくるにあたっては、まず、お互いに連絡を取りあい、情報交換や交流会の場を設けましょう。

都道府県の連絡協議会に相談すれば援助してもらえます。もし都道府県の連絡協議会がなければ、近くの市区町村にある連絡協議会に力を借りましょう。

連絡協議会は、学童保育を少しでもよくしていくという目的で一致した団体です。構成メンバー間の対等平等の関係を大事にし、お互いの意見を尊重し、民主的に運営していくことが大切です（「国の制度を知る③市町村・都道府県の役割と責任」81ページ参照）。

全国学童保育連絡協議会

「全国連協」は、「学童保育の普及・発展をはかる」、「学童保育の内容充実のための研究を進める」、「国や自治体に施策を充実させる」、「制度化の運動を推進する」ことを目的として、1967年に保護者と指導員が結成した学童保育の専門団体です。

全国学童保育研究集会（毎年1回、秋頃に開催）や、全国学童保育指導員学校の開催、刊行物の発行などを通じて、指導員の研修活動と学童保育関係者の交流・学習にも積極的に取り組んでいます。全国連協が機関誌として編集・発行している月刊誌『日本の学童ほいく』は、2024年4月号で通巻572号を迎えました。

なお、市町村や都道府県の連絡協議会と全国連協は、相互の連携・協力で学童保育をよりよくしていくための取り組みを行う関係にあり、「上部組織」「下部組織」ではなく、平等な関係の組織です。また、未加盟のところも含め、すべての学童保育を視野に入れて取り組みをすすめることを大切にしています（212ページ参照）。

国の制度を知る①
学童保育の法的根拠

学童保育の法制化をたどってみよう

　学童保育は、戦後の1948年頃から大阪や東京で誕生し、全国に広がりはじめました。

　学童保育の法的な根拠は、日本国憲法（第25条、第27条など）や児童福祉法（第1条、第2条など）にありましたが、学童保育そのものを直接定めた法律がないなかで、働く保護者たちの切実な願いと運動によって、自治体が学童保育を実施したり、父母会運営の学童保育に補助をしたりするなどしておこなわれてきました。

　そして、1985年の男女雇用機会均等法成立、1990年の1.57ショック（1989年の合計特殊出生率が1966年の丙午の年を下回る）、1991年の育児休業に関する法律の成立の流れのなかで、ようやく学童保育の全国的な整備・拡充が国の政策課題となってきました。

　1997年6月に児童福祉法が一部改定され、学童保育は「放課後児童健全育成事業」という名称で、児童福祉法に位置づけられました。児童福祉法施行令や実施要綱なども定められ、1998年4月1日から施行されました。

　児童福祉法に基づく児童福祉事業になった学童保育は、同時に、国が定める社会福祉事業の1つとなりました。このことによって、国のさまざまな規制や優遇措置がとられることになります。

　学童保育は社会福祉法のなかで「第二種社会福祉事業」に位置づけられています。

子ども・子育て支援法と児童福祉法改定により制度が変わる

　1997年に法制化された学童保育でしたが、①市町村の責任が「児童の利用の促進の努力義務」というあいまいなものであること、②施設や職員などに関する「最低基準」が定められていないこと、③財政措置が明確でなく、奨励的な予算補助であり、金額も少ないこと、などの問題点

がありました。

　2012年8月に制定された子ども・子育て支援法では、学童保育は市町村が実施主体となって実施する「地域子ども・子育て支援事業」の1つに位置づけられました。そして、児童福祉法の改定によって、国が省令で基準を定め、市町村も条例で基準を定めることになりました。

　市町村は、基準の維持に努力し、さらに整備がすすめられるよう市町村は公有財産などを積極的に活用することなども定めています。

　また、財政措置は子ども・子育て支援法などにおいて、市町村が支弁するものとなり、国は市町村に「子ども・子育て支援交付金」「子ども・子育て支援整備費交付金」などの財政措置を行うことになったなど、学童保育の制度が大きく変わりました。

　さらに、基準の策定を受けて厚生労働省雇用均等・児童家庭局長名で通知された「運営指針」では、学童保育の目的・役割をより詳しく明確にしています（厚生労働省「放課後児童クラブ運営指針」181ページ参照）。

　▶ **児童福祉法** (抜粋)

　児童福祉法は、児童の福祉に関する基本法です。児童福祉の理念、原理、育成の責任を定め、その理念のもとに、児童福祉の機関、福祉の措置および保障、事業および施設、費用等について定めています。

（児童福祉の理念）

第1条　全て児童は、児童の権利に関する条約の精神にのつとり、適切に養育されること、その生活を保障されること、愛され、保護されること、その心身の健やかな成長及び発達並びにその自立が図られることその他の福祉を等しく保障される権利を有する。

（児童育成の責任）

第2条　全て国民は、児童が良好な環境において生まれ、かつ、社会のあらゆる分野において、児童の年齢及び発達の程度に応じて、その意見が尊重され、その最善の利益が優先して考慮され、心身ともに健やかに育成されるよう努めなければならない。

②　児童の保護者は、児童を心身ともに健やかに育成することについて第一義的責任を負う。

③　国及び地方公共団体は、児童の保護者とともに、児童を心身ともに健やか

に育成する責任を負う。

（原理の尊重）

第3条　前2条に規定するところは、児童の福祉を保障するための原理であり、この原理は、すべての児童に関する法令の施行にあたつて、常に尊重されなければならない。

▶学童保育（放課後児童健全育成事業）の目的

　児童福祉法第6条の3第2項には、この事業の目的・趣旨や対象とする児童についての規定が記されています。それによると、「保護者が労働等により昼間家庭にいない」「小学校に就学している児童」を対象として、「遊び及び生活の場を与えて、その健全な育成を図る」ことがこの事業の目的です。

　学童保育を「生活の場」として位置づける児童福祉法改正がされるまで、厚生労働省や少なくない自治体では、この「保護者が昼間家庭にいない」小学生児童の放課後や長期休業中の対策は、「児童館で行う健全育成対策で十分である」と考えてきました。また現在でも、いくつかの自治体では「学校の余裕教室を利用したすべての児童を対象とした遊び場づくり」で「保護者が昼間家庭にいない」小学生児童の対策もできると考えています。しかし、この法律によって「保護者が昼間家庭にいない」児童には、児童福祉の観点からの固有の制度が必要であることが法的にも明確になりました。

　「省令基準」では、「放課後児童健全育成事業における支援」について次のように明確に示されています。

第5条　放課後児童健全育成事業における支援は、小学校に就学している児童であって、その保護者が労働等により昼間家庭にいないものにつき、家庭、地域等との連携の下、発達段階に応じた主体的な遊びや生活が可能となるよう、当該児童の自主性、社会性及び創造性の向上、基本的な生活習慣の確立等を図り、もって当該児童の健全な育成を図ることを目的として行われなければならない。

国の制度を知る②
学童保育に対する国の交付金・補助金

　学童保育への国の補助金は、必要経費の2分の1を保護者が負担することを前提に決められており、残りの2分の1を、基本的には国と都道府県と市町村（特別区を含む）が各3分の1ずつ負担することになっています（「補助率3分の1」といいます）。

　学童保育は、2015年4月から、「子ども・子育て支援法」に定められた「地域子ども・子育て支援事業」の13事業のうちの1つに位置づけられ、その予算は内閣府から「子ども・子育て支援交付金」として市町村に交付されています。

　また、運営費の補助額は学童保育の子ども集団の規模、開所日数や時間などによって、「支援の単位」ごとに決められます。

　こども家庭庁が2023年12月に発表した資料「放課後児童クラブ関係予算案のポイント」には、2024年度の放課後児童クラブ関係予算、1,366億円の内容について、つぎのように記されています。

○保護者が労働等により昼間家庭にいない小学校に就学している児童に対し、授業の終了後等に小学校の余裕教室、児童館等を利用して適切な遊び及び生活の場を与えて、その健全な育成を図るために要する運営費及び施設整備費に対する補助。

○実施主体：市町村（特別区を含む）

※市町村が適切と認めた者に委託等を行うことができる

　以下の資料は、「放課後児童健全育成事業実施要綱」、「子ども・子育て支援交付金交付要綱」、「子ども・子育て支援施設整備交付金交付要綱」をもとに全国連協が作成しました。

1. 運営費等1,223億円（前年度1,046億円）子ども・子育て支援交付金
（内閣府所管）
(1) 放課後児童健全育成事業（運営費）（1支援の単位当たり年額）

・補助基準額　※それぞれ年間開所日数250日以上、児童数36〜45人の場合

① 設備運営基準どおり放課後児童支援員等を配置した場合　486.8万円（前年度473.4万円）

② 放課後児童支援員1名のみの配置とした場合　408.8万円（前年度397.8万円）

③ 職員複数配置かつ設備運営基準に基づく放課後児童支援員を配置しない場合　432.2万円（前年度421.6万円）

④ 職員1名配置かつ設備運営基準に基づく放課後児童支援員を配置しない場合　345.2万円（前年度337.0万円）

2023年度放課後児童健全育成事業の補助単価

運営費における常勤職員配置の改善（放課後児童健全育成事業）

成育局　成育環境課

1. 施策の目的

○ 保護者が労働等により昼間家庭にいない、小学校に就学している児童に対し、授業の終了後等に小学校の余裕教室、児童館等を利用して適切な遊び及び生活の場を与えて、家庭、地域等との連携の下、発達段階に応じた主体的な遊びや生活が可能となるよう、当該児童の自主性、社会性及び創造性の向上、基本的な生活習慣の確立等を図り、その健全な育成を図る。

2. 拡充内容

○「こども未来戦略」を踏まえ、放課後児童クラブの安定的な運営を図る観点から運営において、現行の補助基準額に加え、「常勤の放課後児童支援員を2名以上配置した場合」の補助基準額を創設する。

【現行の補助要件】
①国の設備運営基準どおり放課後児童支援員（常勤・非常勤問わず）を2以上配置した場合、
②放課後児童支援員を1名のみ配置した場合（小規模の場合など）、
など、職員の配置状況に応じた補助を行っている。

【拡充イメージ（児童数36〜45人、年間開所日数250日以上の例）】

	補助要件	放課後児童支援員	補助基準額（案） （1支援の単位当たり年額）
創設	常勤の放課後児童支援員を2名以上配置した場合	＊2名とも常勤	6,552千円
① （現行）	放課後児童支援員（常勤・非常勤問わず）を2名以上配置（※）した場合	＊常勤・非常勤問わず	4,868千円
② （現行）	放課後児童支援員（常勤・非常勤問わず）を1名のみ配置した場合	＊常勤・非常勤問わず	4,088千円

※ ①の場合、放課後児童支援員2名のうち1名は補助員に代えることができる。

3. 実施主体等

【実施主体】市町村（特別区及び一部事務組合を含む）　※ただし、市町村が適切と認めた者に委託等を行うことができるものとする。
【補助率】国1/3、都道府県1/3、市町村1/3

出典：こども家庭庁「令和6年度こども家庭庁予算案のポイント」（2023年12月22日）

(2) 放課後子ども環境整備事業（1事業所当たり年額）

① 放課後児童クラブ設置促進事業

ア　放課後児童健全育成事業を新たに実施するために必要となる小学校の余裕教室、民家・アパート等の既存施設の改修（耐震化等の防災対策や防犯対策を含む。）を行った上、必要に応じ設備の

整備・修繕及び備品の購入を行う事業並びに開所準備に必要な経費（礼金・賃借料〈開所前月分〉）の補助を行う。その際に、放課後子供教室と一体的に実施する場合に必要となる小学校の余裕教室の改修（耐震化等の防災対策や防犯対策を含む。）を行った上で、必要に応じ設備の整備・修繕及び備品の購入を行う事業の補助を行う。[（※）次世代育成支援対策推進法に基づく市町村行動計画への一体型の目標事業量等の記載を補助要件とする]【補助基準額】1,300万円（前年度1,300万円）

イ　開所準備経費（礼金・賃借料〈開所前月分〉）を含まない場合（アを除く）【補助基準額】1,200万円（前年度1,200万円）

ウ　開所準備経費を含む場合（アを除く）【補助基準額】1,260万円（前年度1,260万円）

② 放課後児童クラブ環境改善事業

　ア　放課後児童健全育成事業を新たに実施するために必要な設備の整備・修繕及び備品の購入を行う事業並びに開所準備に必要な経費（礼金・賃借料〈開所前月分〉）の補助を行う。[（※）次世代育成支援対策推進法に基づく市町村行動計画への一体型の目標事業量等の記載を補助要件とする]

　　（ア）小学校の余裕教室を活用して放課後児童健全育成事業所を設置するとともに放課後子供教室と一体的に実施する場合【補助基準額】200万円（前年度200万円）

　　（イ）幼稚園、認定こども園等を活用する場合【補助基準額】500万円（前年度500万円）

　イ　開所準備経費（礼金・賃借料〈開所前月分〉）を含まない場合（アを除く）【補助基準額】100万円（前年度100万円）

　ウ　開所準備経費を含む場合（アを除く）　補助基準額：160万円（前年度160万円）

③ 放課後児童クラブ障害児受入促進事業

　既存の放課後児童健全育成事業を実施している場合において、障害児を受け入れるために必要な改修、設備の整備・修繕及び備品の購入を行う事業の補助を行う。【補助基準額】100万円（前年度100万円）

④　倉庫設備整備事業

　　放課後児童健全育成事業を新たに小学校の余裕教室等において実施するため、教材等の保管場所として使用されている余裕教室等に代わる保管場所の確保に必要な倉庫設備の整備を行う事業の補助を行う。【補助基準額】300万円（前年度300万円）

(3)　クラブ支援事業（1支援の単位当たり年額）

①　障害児受入推進事業

　　放課後児童健全育成事業における障害児の受入れを推進するため、障害児を受け入れるために必要な専門的知識等を有する放課後児童支援員等を配置する事業の補助を行う。【補助基準額】200.9万円（前年度200.9万円）

②　放課後児童クラブ運営支援事業［（※）次世代育成支援対策推進法に基づく市町村行動計画への一体型の目標事業量等の記載を補助要件とする］

　ア　賃借料補助…放課後児童健全育成事業を、学校敷地外の民家・アパート等を活用して、平成27年度以降に新たに実施した、又は実施する場合に必要な賃借料（開所前月分の賃借料及び礼金を含む）の補助を行う。【補助基準額】337.4万円（前年度306.6万円）

　イ　移転関連費用補助…学校敷地外の民家・アパート等から、児童の数の増加に伴い、より広い場所に移転することで受入児童数を増やす場合は、防災対策としてより耐震性の高い建物に移転する等の場合に、その移転に係る経費（移転前の実施場所に係る原状回復費を含む。）の補助を行う。【補助基準額】250万円（前年度250万円）

　ウ　土地借料補助…学校敷地外の土地を活用して、放課後児童健全育成事業を新たに実施する際に必要な土地借料の補助を行う。【補助基準額】610万円（前年度610万円）

　・補助対象：施設整備費の対象となる市町村、社会福祉法人、学校法人、公益法人、特例法人、株式会社、NPO法人等以外の民間団体等

③　放課後児童クラブ送迎支援事業

　　授業終了後の学校から学校敷地外の放課後児童クラブへの移動時

や、放課後児童クラブからの帰宅時に、地域において子どもの健全育成等に関心を持つ高齢者や主婦等による児童への付き添いや、バス等による送迎の補助を行う。【補助基準額】53.6万円（前年度52.1万円）待機児童が100人以上発生している自治体の場合：107.3万円

(4) 放課後児童支援員等処遇改善等事業（1支援の単位当たり年額）

　　保育所との開所時間の乖離を縮小し、保育の利用者が就学後も引き続き放課後児童クラブを円滑に利用できるように、18時半を越えて開所する放課後児童クラブにおいて、（ i ）家庭、学校との連絡及び情報交換等を行い、いずれかの業務に従事する職員（※1）を配置する場合に、当該職員の賃金改善に必要な経費の補助を行う。※1　職員は当該全ての業務に主担当でなくともよい。

　　（ ii ）または（ i ）に加え、地域との連携、協力等を行い、いずれかの業務に従事する職員（※2）を配置し、うち1名以上を常勤職員（※3）とする場合に、当該職員の賃金改善を含む常勤職員を配置するために必要な経費の補助を行う。※2、3　職員及び常勤職員は（ i ）の業務や地域との連携協力等全ての業務の主担当でなくともよい。

　　【補助基準額】（ i ）167.8万円（前年度167.8万円）、（ ii ）315.8万円（前年度315.8万円）

(5) 障害児受入強化推進事業（1支援の単位当たり年額）

　　障害児受入推進事業による職員1名の加配に加え、障害児3人以上の受入れを行う場合に、追加で職員1名を加配するための経費の補助を行うとともに、医療的ケア児に対する支援に必要な専門職員（看護師等）の配置等に要する経費の補助を行う。

①　障害児を3人以上受け入れる場合

　ア　障害児を3人以上5人以下受け入れる場合　【補助基準額】205.9万円（前年度200.0万円）

　イ　障害児を6人以上8人以下受け入れる場合

　　（ア）職員を1人配置　【補助基準額】205.9万円（前年度200.0万円）

　　（イ）職員を2人以上配置　【補助基準額】411.8万円（前年度400.0万円）

ウ　障害児を9人以上受け入れる場合

　　　（ア）職員を1人配置　【補助基準額】205.9万円（前年度200.0万円）

　　　（イ）職員を2人以上配置　【補助基準額】411.8万円（前年度400.0万円）

　　　（ウ）職員を4人以上受け入れる場合　【補助基準額】617.7万円（前年度600.0万円）

　②　医療的ケア児を受け入れる場合

　　　（ア）看護職員等を配置　【補助基準額】406.1万円（前年度406.1万円）

　　　（イ）看護職員等が送迎支援等を実施　【補助基準額】135.3万円（前年度135.3万円）

（6）小規模放課後児童クラブ支援事業

　　19人以下の小規模な放課後児童健全育成事業所に放課後児童支援員等を複数配置するための補助を行う。【補助基準額】64.3万円（前年度62.5万円）

（7）放課後児童クラブにおける要支援児童等対応推進事業（1事業所当たり年額）

　　要支援児童等（要支援児童、要保護児童及びその保護者）の対応や関係機関との連携強化等の業務を行う職員の配置するための補助を行う。【補助基準額】136.9万円（前年度133.0万円）

（8）放課後児童クラブ育成支援体制強化事業（1支援の単位当たり年額）

　　遊び及び生活の場の清掃等の運営に関わる業務や子どもが学習活動を自主的に行える環境整備の補助等、育成支援の周辺業務を行う職員の配置等に必要となる費用の補助を行う。【補助基準額】150.0万円（前年度145.1万円）

（9）放課後児童クラブ第三者評価受審推進事業

　　放課後児童クラブが第三者評価機関による評価を受審するために必要となる費用の補助を行う。【補助基準額】30.0万円（前年度30.0万円）

（10）放課後児童クラブ利用調整支援事業（1市町村当たり年額）

　　放課後児童クラブを利用できなかった児童等に対する、他の放課後

児童クラブや児童館などの利用あっせん等を行うために必要となる費用の補助を行う。【補助基準額】425.8万円（前年度411.3万円）

(11) 災害時放課後児童クラブ利用料支援事業

令和6年能登半島地震により、放課後児童クラブを臨時休業等させた場合等において、市町村が保護者へ減免等する利用料相当額の一部を補助。【補助基準額】1支援の単位当たり月額28.0万円

(12) 放課後児童支援員キャリアアップ処遇改善事業

放課後児童クラブに従事する放課後児童支援員について、勤続年数や研修実績等に応じた賃金改善に必要な経費の補助を行う。

（ア）放課後児童支援員を対象に年額13.1万円（月額約1万円）

（イ）経験年数が概ね5年以上の放課後児童支援員で、一定の研修を修了した者を対象に（ア）と合わせて年額26.3万円（月額約2万円）

（ウ）経験年数が概ね10年以上の事業所長（マネジメント）的立場にある放課後児童支援員を対象に（イ）と合わせて年額39.4万円（月額約3万円）

※1支援の単位当たりの基準額は、91.9万円を上限とする

(13) 放課後児童支援員等処遇改善事業（月額9,000円相当賃金改善）

支援の単位ごとに次により算出された額の合計額

11,000円×賃金改善対象者数（※）×事業実施月数

※「賃金改善対象者数」とは、賃金改善を行う常勤職員数に、1ヶ月当たりの勤務時間数を就業規則等で定めた常勤の1ヶ月当たりの勤務時間数で除した非常勤職員数（常勤換算）を加えたものをいう。当該年度において、賃金改善が行われている又は賃金改善を行う見込みの職員数により算出すること。

ただし、新規採用等により、賃金改善対象者数の増加が見込まれる場合には、適宜賃金改善対象者数に反映し、算出すること。なお、補助基準単価には、当該賃金改善に伴い増加する法定福利費等の事業主負担分を含んでいる。

2．施設整備費143億円（前年度159億円）子ども・子育て支援整備交付金（内閣府所管）

(1) 創設及び改築

市町村が、子ども・子育て支援法に基づく市町村子ども・子育て支援事業計画に位置付けた放課後児童クラブの整備を行うための経費に対する補助を行う。また、待機児童が発生している市区町村等におけ

る施設整備費の国庫補助率嵩上げを継続する。

　実施主体：市区町村

　補助対象事業者：市区町村、社会福祉法人、学校法人、公益法人、株式会社、NPO法人等

　ア　学校敷地内で放課後子供教室と一体的に実施する場合　6259.6万円（前年度6259.6万円）［※次世代育成支援対策推進法に基づく市町村行動計画への一体型の目標事業量等の記載を補助要件とする。］

　イ　学校敷地外で地域のこどもと共に過ごし交流する場を一体的に整備する場合：6259.6万円（　－　万円）

　ウ　上記以外の場合：3129.8万円（前年度3129.8万円）

　エ　賃借料加算：727.1万円（前年度727.1万円）

　オ　特殊付帯工事費：1883.3万円（前年度1883.3万円）

　カ　解体撤去工事費：166.1万円（前年度166.1万円）

　キ　仮設設備整備工事費：247.3万円（前年度247.3万円）

(2) 拡張

　次のいずれかに該当する整備を対象とする。ただし、一の支援の単位の児童数が71人以上である放課後児童クラブの整備は補助の対象外とする。

　ア　受け入れる児童の増を図るために、既存の放課後児童クラブの延面積の増加を図る整備。

　イ　既存の放課後児童クラブが狭隘であるため、受け入れる児童の増は行わずに、既存の放課後児童クラブの延面積の増加を図る整備。

　ウ　既存の放課後児童クラブに児童の体調が悪い時などに休息するための静養スペースがないため、既存の放課後児童クラブの延面積を増加させて、新たに静養スペースを設ける整備。

　・本体工事費　地方厚生（支）局長が必要と認めた額とする。ただし、創設に係る基準額の2分の1を上限とする。

　・賃借料加算　727.1万円（前年度727.1万円）

　・特殊付帯工事費　1883.3万円（前年度1883.3万円）

(3)　大規模修繕
- 本体工事費　地方厚生（支）局長が必要と認めた額とする。
- 特殊付帯工事費　地方厚生（支）局長が必要と認めた額とする。
  1883.3万円（前年度1748.7万円）
- 仮設施設整備工事費　地方厚生（支）局長が必要と認めた額とする。

補助率
【公立の場合】国3分の1、都道府県3分の1、市区町村3分の1
【民立の場合】国9分の2、都道府県9分の2、市区町村9分の2、社会福祉法人等3分の1
注：放課後児童クラブや保育所等の待機児童が発生している、又は待機児童解消加速化プランに参加している場合は、補助率のかさ上げを実施（平成28年度〜）

【公立の場合】国3分の2、都道府県6分の1、市区町村6分の1
【民立の場合】国2分の1、都道府県8分の1、市区町村8分の1、社会福祉法人等4分の1

　2023年度補正予算に「放課後児童クラブ整備促進事業」を計上。現行の施設整備費の国庫補助率嵩上げ後の自治体負担分の一部に対する補助。自治体のさらなる負担軽減を図ります。補助率10分の10。

放課後児童クラブ整備促進事業を活用した場合の補助割合

市町村による設置（公立）の場合

従来の補助率	国（拠出金）1/3	都道府県 1/3	市町村 1/3
かさ上げ後	国 2/3		都道府県 1/6 市町村 1/6
放課後児童クラブ整備促進事業	国 2/3		促進事業による支援 国 10/10 都道府県 1/12 市町村 1/12

1/6相当

社会福祉法人などによる（民立）の場合

従来の補助率	国（拠出金）2/9	都道府県 2/9	市町村 2/9	設置者 1/3
かさ上げ後	国 1/2	都道府県 1/8	市町村 1/8	設置者 1/4
放課後児童クラブ整備促進事業	国 1/2	促進事業による支援 国 10/10 都道府県 1/16 市町村 1/16		設置者 1/4

1/8相当

放課後児童対策の推進9億円の内数（前年度9億円の内数）

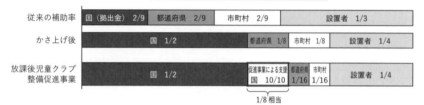

３．放課後児童対策の推進　9億円の内数（１１億円の内数）

放課後の子どもの居場所の確保や、放課後児童クラブの育成支援の内容の質の向上を図るなど、放課後児童対策を推進する。

Ⅰ　子どもの居場所の確保

1．児童館、公民館等の既存の社会資源を活用した放課後の子どもの居場所の確保

○　待機児童が解消するまでの緊急的な措置として、待機児童が10人以上の市町村における放課後児童クラブを利用できない主として4年生以上の児童を対象に、児童館、公民館、塾、スポーツクラブ等の既存の社会資源を活用し、放課後に安全で安心な子どもの居場所を提供する。

※実施主体：市区町村　補助基準額（案）：1,042千円（1,021千円）【+21千円】　補助率：1／3

2．小規模・多機能による放課後の子どもの居場所の確保

○　地域の実情に応じた放課後の子どもの居場所を提供するため、小規模の放課後児童の預かり事業及び保育所や一時預かり、地域子育て支援拠点などを組み合わせた小規模・多機能の放課後児童支援を行う。

※実施主体：市区町村　補助基準額（案）：1,042千円（1,021千円）【+21千円】　補助率：1／3

Ⅱ　育成支援の内容の質の向上

1．放課後児童クラブの質の向上【「若手保育士や保育事業者等への巡回支援事業」の中で実施】

○　利用児童の安全確保や、子どもの自主性、社会性等のより一層の向上が図られるよう、放課後児童クラブを巡回するアドバイザーを市区町村等に配置する。

※実施主体：都道府県、市区町村　補助基準額（案）：4,064千円（4,064千円）【±0千円】　補助率：1/2

2．放課後児童支援員の人材確保【「保育士・保育所支援センター設置運営事業」及び「保育人材等就職・交流支援事業」の中で実施】

○　放課後児童支援員の専門性向上と質の高い人材を安定的に確保するため、保育士・保育所支援センター等において、放課後児童支援員として就労を希望する者に対し、求人情報の提供や事業者とのマッチングを行う。また、同センターと連携し、市区町村において就職相談等の支援を行う。

※実施主体：都道府県、市区町村　補助基準加算額（案）：1,217千円（1,190千円）【+27千円】　補助率：1/2

28

出典：厚生労働省「全国児童福祉主管課長会議」（2021年3月）

国の制度を知る③
市町村・都道府県の役割と責任

市町村の役割と責任

　学童保育について、都道府県や市町村にはどのような役割や責任があるのでしょうか。

　2012年に制定された「子ども・子育て支援法」は、住民に身近な市町村に今後の子育て支援について、多くの責任と役割を持たせたしくみとされています。

　学童保育については、「地域子ども・子育て支援事業」（通称「市町村事業」）の1つとして、市町村が実施主体になると位置づけられています。また、市町村が策定して推進する「地域子ども・子育て支援事業計画」にも、学童保育の整備計画を盛り込むことになっています。

　児童福祉法の第21条の10では、「市町村は、児童の健全な育成に資するため、地域の実情に応じた放課後児童健全育成事業を行うとともに、当該市町村以外の放課後児童健全育成事業を行う者との連携を図る等により、第6条の3第2項に規定する児童の放課後児童健全育成事業の利用の促進に努めなければならない」と定められています。

　つまり、市町村には「児童の利用の促進」をはかる努力義務があるということを示しています。具体的にいえば、市町村にはまず、「自ら本事業を行う」責任があります。また、相談、助言、連携などをはかり、「利用の促進」に努めなければなりません。もし当該の市町村内に学童保育がなかった場合、「利用の促進」をはかるためには、まず、市町村自らが実施する責任があるでしょう。

　つぎに、①「利用に関し相談に応じ、及び助言を行う」、②「地域の実情に応じた放課後児童健全育成事業を行う」、③「当該市町村以外の放課後児童健全育成事業を行う者との連携を図る」こととされています。

　さらに市町村には、「地域の実情に応じて放課後児童健全育成事業を行う」ことも含めて、「この事業の推進にあたっては、利用者のニーズに対応し」ておこなうように市町村の取り組みを促しています。

また、2012年の児童福祉法の改定によって、行政以外の者が学童保育を実施する場合には事前の市町村への届け出が義務づけられました。また、市町村は国の「省令基準」にしたがって条例で最低基準を定めています。市町村長には、この基準が維持されるよう、さまざまな努力が求められることになりました。（「子ども・子育て支援法」、改定された「児童福祉法」の条文等は164ページ参照）。

都道府県の役割と責任

　これまで都道府県の役割は、国の補助金の3分の1の財政負担をすること、つまり、国と市町村の間にあっていわば「パイプ役」でした。しかし、1997年の法制化によって、学童保育は社会福祉事業の1つとなり、都道府県知事への届け出が義務づけられ、都道府県知事はこの事業に対する監督責任を負うことになりました（社会福祉法第69条）。

　具体的には、都道府県知事にはこの事業が社会福祉法の目的にそって営まれるようにする監督責任があるため、つぎの権限があります。①必要とする事項の報告を求め、調査をすることができる（社会福祉法第70条）、②事業を制限し、停止を命令することができる（同第72条）。

　また、多くの都道府県は、いままで国の国庫補助の対象となっていなかった児童数20人以下や10人以下の学童保育への運営費補助や、施設整備費の補助、障害児受け入れのための補助など、都道府県単独の補助事業をおこない、県内の学童保育の水準の向上などに努めています。

　国の補完的な施策が多いのですが、すべての都道府県で単独施策をつくり、学童保育を増やしたり、市町村の施策を改善させたりすることも学童保育を発展させる大きな力となります。市町村まかせにせず、県として学童保育の水準を確保し、引き上げていくことも重要な役割です。埼玉県では、設置・運営基準に見合った学童保育にするために、毎年、運営基準に基づく実態調査を行い、ホームページで公表しています。

　「子ども・子育て支援法」の制定によって、都道府県には広域自治体として、国の基本指針をふまえて「人材確保・人材養成」を含んだ「都道府県子ども・子育て支援事業支援計画」を策定することが義務づけられました。また、市町村が行う事業が健全かつ円滑に運営されるよう、必要な助言・援助等をおこなうことになっています。

国の制度を知る④
こども家庭庁創設と学童保育

こども家庭庁ができるまでの背景

　2023年4月のこども家庭庁発足にむけて、2022年にこども家庭庁を創設するための関連法が成立しました。同日に成立した議員立法「こども基本法」は、子どもの権利の保障をかかげ、子どもが意見を表明する機会の確保などを明記しました。

　こども家庭庁の発足と引き継ぎにあたり、厚生労働省は2022年6月、4年ぶりに社会保障審議会児童部会「放課後児童対策に関する専門委員会」（以下、専門委員会。座長・柏女霊峰・淑徳大学総合福祉学部教授）を再開し、2023年3月にとりまとめ（報告書）を公表しています。

　全国連協は、同年3月、厚生労働大臣あてに、「専門委員会とりまとめを受けて、こども家庭庁において今後の施策を検討するにあたっての緊急申入書」を提出しました。ここでは、とりまとめにある「放課後児童クラブの待機児童対策について」を切り口に、「懸念すること」、「今後の施策についての要望」を申し入れました。

　こども家庭庁発足を機に、こども政策に社会的な関心も集まり、国においてもさまざまな会議体が動き出しました。そして、2023年末には、「こども大綱」、「こども未来戦略」、「こどもの居場所づくりに関する指針」があいついで閣議決定されました。

　しかし、「こども大綱」（「こども家庭審議会」で審議、「こども政策推進会議」が答申）では、学童保育が「居場所づくり」の項目に含まれており、常に公的責任を求めてきた学童保育がさまざまな居場所づくりの事業や取り組みに埋没してしまわないかを懸念しています。また、「省令基準」、「運営指針」に記された内容が担保できるような仕組みなどについても言及されていません。また、「『生活の場』を保障するために求められる指導員の専門職としての力量」、「保護者の参画」という視点が不足しています。

　「こどもの居場所づくりに関する指針」（「こどもの居場所部会」で議

論、「こども家庭審議会」が答申）では、第2章で「こどもの居場所」を総論として定義していますが（学童保育をはじめ、個々の事業のあり方については記述がありません）、私たちがかねてより主張している「（学童保育では）子どもを支える大人の存在・かかわりが重要であること」「子どもとかかわる大人が専門的な知識や技能、力量、倫理観を最低限身につけるべき」などにはふれられていません。

　一方で、学童保育にかかわって、2024年度予算に「運営費における常勤職員配置の改善（放課後児童健全育成事業）」が予算計上されました。私たちはこの動きに大いに期待しています。「こども未来戦略」をふまえて、安定的な運営を図る観点から、運営費の補助金に「常勤の放課後児童支援員を2名以上配置した場合」の補助基準額を創設するものです。

　放課後児童健全育成事業の運営費は、現在、指導員の配置状況に応じて4通りの補助基準額が設けられており、これは2024年度も継続されます。このたびの「常勤の放課後児童支援員を2名以上配置した場合」の補助金を得るには、市町村が予算化（議会で承認を得る）が必要です。国・都道府県・市町村の負担割合は3分の1ずつのため、学童保育関係者は各自治体に実現に向けて働きかけていく必要があります。

　その際、指導員には子どもがいない時間にも担うべき仕事があること、「運営指針」に示されている内容を確実におこなうことの必要性を、日々の保育実践に基づき、ていねいに説明し、理解を得ることが大切だと考えています。

保護者の手記

親子の幸せを育む学童保育に出会って

北海道札幌市　保護者　佐藤敦子

チャランケとの出会い

　私は、従業員10人ほどのクリニックで事務の仕事をしながら、小学5年生のひとり娘を育てています。夫は公務員で、残業はしない主義のため、夫婦で協力しあい、娘をのんびりお姫様のように育てています。育児休業期間に週20時間の時短勤務となり、現在もその勤務時間で働いています。娘が学校から帰る時間には在宅していることも多いのですが、長期休みの過ごし方などを考え、学童クラブチャランケ（以下、チャランケ）への入所を決めました。

　チャランケとはアイヌ語で「話しあって解決する」という意味です。子ども、指導員、保護者、それぞれお互いがお互いに話しあうことを大切にしようと名づけられ、2022年で開設10周年を迎えました。6つの小学校から28人が集まっており、同じ保育園の出身が多いので、保護者同士のつながりも濃く、みんなで子育てをするという環境にあり、私にとっても心強い場所です。

　本が大好きな娘は、休日は家で過ごすことが多いので、学童保育に行くことで外遊びをしたり、いろんな人と関われたりしているのは、とてもありがたいことです。開設してくれた先輩たち、日々関わってくれる指導員や、運営に携わってくれる保護者に感謝しています。

やりたいことを思いきり

　チャランケの恒例行事の1つに、毎年2月に市民が参加する「モエレ山爆走そり大会」への参加があります。段ボールで好きな形のソリをつくり、スピードやデザイン、パフォーマンスを競いあう大会で、子どもたちが6、7人のグループに分かれて参加します。

　2022年2月、コロナ禍のなかでこの大会が2年連続の中止となってしまいました。そこで、近所の公園でチャランケ独自のソリ大会を開催することにしました。

　冬休み明け、ソリづくりのために、学童保育にたくさんの段ボールが集められました。すると、それを見つけた娘を含めた4年生の女の子たちが、「ベビーカーをつくろう！」とひらめきました。箱を組みあわせて座るところをつくり、新聞紙でつくった赤ちゃんを乗せて遊んでいたところ、今度は1年生の女の子たちが「お寿司屋さんをやりたい！」と、段ボールや新聞紙、折り紙でお寿司やお皿をつくりはじめました。

　段ボールで硬貨や紙幣をつくり、コピー用紙を細長く切ったお品書きを壁に貼り、「いらっしゃい！　いらっしゃい！」とお寿司屋さんに呼び込みます。お迎えに行った私も割引券をもらってマグロとサーモンをいただき、「またきてね」と送り出

してもらえる立派なお店になりました。

　お店は毎日とても繁盛したようで、数日経つと人手が足りなくなったらしく、娘は「人材派遣会社」を起業し、「社長」として寿司職人の派遣を行うようになりました。お姫様から社長へと華麗なる転身です。

　会社の看板もつくり、業務の内容をまとめ、人を見つけては、寿司職人に育てあげます。「社長仲間」もいて、互いに協力しあったり競走したり……、毎日夢中になって遊んでいました。この遊びは、つぎの日も、そのつぎの日もつづき、娘は3週間ほど「社長」業を務めあげ、最初につくったベビーカーは、わが家に飾られることで遊びが終了しました。

　異学年が交流することで遊びが広がり、つづいていく様子は、見ている私も楽しかったです。そして、「社長」を真剣に務める娘の姿は本当に輝いていました。「お母さんもお仕事がんばるからね」と言いながら、はげましあって、窮屈な「新型コロナウイルス感染症」の「まん延防止措置期間」を乗り越えました。

　「楽しそう！　これやりたい！」とひらめいたときにそれを実行できる経験は、とても大切なことだと思いました。やりたいことを思いきりできるからこそ、日々のやりたくないことも我慢できるのだろうなと思いましたし、自分たちでひらめいたことだからこそ、さまざまに展開し、つづけていけるのだろうなとも思いました。その後、子どもたちは集めなおした段ボールで立派なソリをつくり、大会も無事に開催され、北海道の冬を満喫していました。

ともに子育ての楽しさを感じて

　夏休みには川や山へも遊びに行き、北海道の短い夏を満喫します。とくに大きな活動として、4年生からはじまるサイクリングキャンプがあります。2022年9月、4・5・6年生で片道36キロのサイクリングキャンプへ行くことになりました。寝袋などの大きな荷物は保護者が車で運び、子どもたちはお弁当と水筒など必要最低限の荷物で走ります。往復72キロの長距離ははじめてで、娘は準備の時点から「大丈夫かな」と不安を口にしていました。

　出発直前、娘は見送りに行った私にギューッと5秒ほど抱きついた後、顔をあげ、「よし、行く！」と気持ちを切り替えて旅立ちました。自分のやり方で自らをはげまし、覚悟を決めた様子に成長を感じるとともに、母の存在がまだまだ大切な時期なのだとも感じました。一緒に行く仲間に負けたくないという気持ち、新しい挑戦への不安、両方が入り混じった状況は学童保育だからこそつくりだせるものだと思います。

　成長とともに親にできることは、早寝早起きのリズムづくりと、しっかりご飯を食べさせて体力をつけることくらいかと思っていましたが、がんばりたいと思ったときに、そっと背中を押してあげることも大切な役割だなと感じました。

　1泊2日の道のりを、上り坂にも向かい風にも負けず、自転車を漕ぎとおした娘は、日に焼けて充実した笑顔で、自信をつけて帰ってきました。

　そんな学童保育での生活なので、仲間との絆、指導員への信頼はとても強いものになっています。先日、学校の図書館の貸し出し数ベスト10が発表になり、なんと娘が前期1位になりました。賞状をもらってきたとき、たまたま私も学童保育にいて、その報告を一番に聞くことができたのですが、そこに私がいなければ、まちがいなく指導員に一番に伝えていたでしょうし、これまでにも、うれしい報告を真っ先にする相手が私じゃなかったことがあったんだろうなと気づいてしまいました。

　母として少しさびしかったのもあり、「お母さんがいなかったら、指導員のゆきちゃんに最初に賞状を見せていたよね？」と娘に聞いてしまいました。すると「あたりまえじゃん！　学校から帰るとこはチャランケなんだから！」との返事。私はとてもうれしくなりました。チャランケに帰ることがあたりまえになっている生活、家族同様に大切なつながりがある人たちがいること、子どもの育つ環境として最高だとうれしく思いました。

　指導員から新しいゲームを教わった日の帰り道には、私を圧倒する勢いでルールを説明し、試合の流れや、仲間の様子をくわしく話してくれました。「これで勝ったんだよ！　私ってすごくない？」と言う娘に、「すごい！　すごい！　すごーい！」と答えつつ、家にたどり着きます。後日、指導員から「試合に勝ってすごくよろこんで、お母さんに教えてあげようって言っていたんだよ」と聞き、うれしくなりました。子育ての楽しさを共有できるよろこびがあるのだなと感じるときでもあります。

母が教えてくれたこと

　職場では、私がはじめて産休育休を取得しました。上司の理解はありましたが、私の勤務年数が一番長かったこともあり、同僚たちは大きな不安を抱いたようです。10か月の休暇で勤務に戻ること、その間の自宅からのサポートなどを約束して理解を得ることができました。

　休業に入るとき、お母さんとしての先輩である同僚が、「3歳までがかわいいから、大切に過ごしてね」という言葉で送り出してくれました。当時は休業に入る申し訳なさもあり、留守を守ってくれる同僚に感謝はありましたが、その言葉にはなんだか違和感を感じていました。

　実家で母にその話をしたところ、母は力強く、「3歳までがかわいいなんてことはない。私にとっては、これから母になろうとする、35歳のいまのあなたが一番かわいい」と言ってくれ、思いがけずもらえた大切な言葉となりました。いくつになっても母は母で、私を守り、はげましてくれる存在です。私も母として娘に、「いまのあなたが一番かわいい」と言いつづけようと決めた瞬間でもありました。そしていま、娘は立派なお姫様に育っています。

　「行かないで」と娘に泣かれながら職場へ向かうとき、仕事のミスで限界を感じておちこむときなど、働きながら子育てする日々は、心折れることがたくさんあります。それでも経済的な理由や、自己実現のためにも、働きつづけたいと思っていましたので、親子ともに日々を心おだやかに過ごせる環境をつくるのはたいへん重要

なことでした。

　職場では、上司の理解を得ることで休みを取りやすい体制づくりが叶っていきましたが、子育てにまつわる不安はたくさんあります。子どもたちが楽しく過ごせて、親も安心して仕事に集中できる、そんな学童保育があるのはとても幸せなことです。それが「ラッキー」ではなく、すべての子どもの「あたりまえ」になってほしいと願っています。　　　　（第57回全国学童保育研究集会特別報告・2022年10月29日）

STEP 3

学童保育での
子どもたちの生活

～学童保育の生活を知りたい人、
学童保育の生活で大切にしたいことを
確かめたい人のために～

子どもたちの１日

放課後＝学童保育のはじまり

　学童保育に子どもたちは、「ただいま」と帰ってきます。「ただいま」「おかえり」というやりとりには、学校や家庭での生活のなかでさまざまな思いを抱いて帰ってくる子どもたちに、安心できる雰囲気のなかで過ごしてほしいという願いを込めています。

　子どもの下校時刻は、学年や曜日によって異なります。授業参観後の懇談会、個人面談、学校の研究授業など事前に周知されている早帰りの日や、突発的な天候の変化、不審者情報の発令、学級閉鎖による早帰りもあります。反対に、運動会の練習などで帰ってくる時間がとても遅くなることもあります。子どもによっては居残り勉強などがある場合もあります。

　学校での活動によって、一人ひとりの放課後がはじまる時間は異なりますから、心の機微の変化も含めて、ていねいに対応していくことが大切です。

学童保育の１日

　多くの場合、１年生から順次、帰ってきます。指導員は、子どもの声や顔色、表情などに気をつけて、からだや気持ちの状況を把握します。普段と異なるときは、その子の状況に応じて、なにかあったか尋ねる、ときにあえて言葉にはせずに様子をうかがうなどします。具合の悪い場合には、静かに休ませて、症状に応じて保護者に連絡を取ります。子どもたちは、仲間と、あるいは１人で、遊んだり、くつろいだり、おしゃべりをしたり、宿題をしたり……、思い思いに過ごします。ときには、行事の準備をすることもあります。

　子どもたちがそろう頃になると、おやつの時間です。おやつの時間は、「何時頃」と設定したうえで、その日の子どもたちの状態や状況に応じて、柔軟に対応できるものとします。子どもたちがおやつ当番をする、おやつをつくるところもあります。

　おやつが終わると、再び遊びの時間です。途中で塾や習いごとに出かけることができる学童保育もあります。

　おやつの前後や帰る時間の前に、本の読み聞かせの時間、飼育や栽培をする時間、日記を書く時間、片づけやそうじ、話しあいやみんなで歌う時間などを設定しているところもあります。帰宅時は、保護者のお迎え、途中まで指導員が送っていく、子どもたちだけで帰るなど、地域や学童保育によって対応が異なります。

　春休み・夏休み・冬休みなどの学校長期休業中や、土曜日、学校の行事による振替休業日などは、朝からの1日保育になります。1日保育や給食がない日は、学童保育で昼食（お弁当など）を食べます。昼食を子どもたちと一緒につくる学童保育もあります。

子どもたちの声を聴きながら

　放課後や学校休業日の生活は、子どもが自らの過ごし方を考え、自分で決定していく時空間であり、子どもの成長・発達に欠かせない大切な時間です。

　子どもが学童保育でおちついて過ごせるようになるために、子ども自身が学童保育の生活の見通しをもてるようにします。そのうえで、その日の子どもたちの様子や気持ち、状況を考慮して、柔軟に組み替えられるようにします。ただし、そのようなときは、急な予定変更が苦手で混乱してしまう子どももいるので、事前に個別にわかりやすく伝えるなど、ていねいに働きかけます。学校の行事の準備や練習などで子どもたちが疲れているときなどは、のんびり過ごさせます。心身の状況は個々によって異なりますから、一人ひとりの声に耳を傾けながら、個別に対応することもできるよう、ゆとりをもった生活の流れを組み立てていきましょう。

楽しいおやつは子どもにとって大切な時間

知っておきたいおやつの大切さ

　学童期の子どもは成長期のまっただなかです。また、子どもの多くは活動的です。おなかが空いていては元気がでませんし、栄養もしっかりとらなければならない時期です。

　一方で、この時期の子どもたちは消化吸収の力が成長途上のため、三度の食事だけでは必要なエネルギー源をすべてまかないきれません。それを補うのがおやつです。学童保育の子どもたちは、家に帰ってすぐに夕食を食べられる状況にない場合も少なくありません。なかには、保護者の仕事の都合で夕食がとても遅くなる家庭もあれば、おやつから夕食までの時間が短い家庭もありますので、適切な分量は子どもによって異なります。

　行政が学童保育のおやつを認めていないところも少なからずありますが、学童保育の子どもたちにとって、おやつは必要なものです。すべての学童保育でおやつを提供できるようにしたいものです。

おやつの提供にあたって気をつけたいこと

　おやつを提供するにあたっては、アレルギーや持病のある子どもを事前に把握しておくことが不可欠です。また、特別な配慮が必要な場合もあります。食物アレルギーの対応については、日々学習を重ね、保護者と協力をして、万全の体制を整えて対応することが大切です。

　くわしくは、全国学童保育連絡協議会発行の『改訂・テキスト学童保育指導員の仕事【増補版】』「第5課　4.『健康』を管理する」、または『学童保育の安全対策・危機管理〜「安全対策・危機管理の指針」づくりの手引き〜』もご参照ください。

　そのほか、宗教上の理由、添加物などそれぞれの家庭の食に関する考え方なども事前に把握しておきましょう。

おやつは子どもにとって大切な時間

　学童保育に帰ってくるなり、「今日のおやつはなあに」と聞く子どもたちがいます。子どもたちにとっては、おやつは大きな楽しみです。おやつの時間は、ほっとする時間であり、和気あいあいとおしゃべりをする団らんの時間でもあり、子ども同士の気持ちを和ませ、関係を近づける時間にもなっています。

工夫をするともっと充実！

　おやつは、子どもたちがそろう午後３時〜４時頃の時間帯に食べているところが多くあります。内容や食べ方には、それぞれの学童保育でつぎのような工夫がされています。
・　お菓子や果物を買って用意する
・　なるべく季節のものを用意する
・　指導員が手づくりのおやつを用意する
・　子どもたちが手づくりのおやつをつくる
・　金額を決めて近くのお店で一人ひとりが好きなものを買う日を設ける
・　子どもたちがおやつを「お店やさんごっこ」形式で買って食べる日を設ける
・　おやつをもって近くの公園などに出かけて食べる　など
　すべての学童保育で、このようなことができる施設・設備・人的条件があるわけではありませんが、それぞれの学童保育で、できる工夫や条件整備をすすめることが大切です。

学童保育の行事にはどんなものがあるの？

日常のアクセントとしての行事

　学童保育では、日常のアクセントとして、さまざまな行事や取り組みがおこなわれます。

- 　入所・卒所式、誕生会など学童保育の生活の節目や子どもの成長をみんなで祝うためにおこなうもの
- 　七夕、お月見、ひなまつりなど四季折々の行事にならったもの
- 　劇などの発表会のように子どもたちが生活のなかで取り組んだことを発表する、こまやけん玉、ドッジボール大会など技の到達点を確認したり競いあったりするもの
- 　子どもたちが発案した、お店屋さんごっこやおばけやしきなど、日常の遊びを行事につなげたもの
- 　映画や演劇などの鑑賞会
- 　このほか、遠足やキャンプ、運動会、おまつりなど

　保護者同士、大人と子どもが一緒に楽しめるもの、地域の人々に学童保育のことを知らせようという趣旨で取り組むものが多いのが特徴です。

無理なく取り組んでみよう

　学童保育の行事というと、指導員からは「多くて忙しい」、「１つの行事が終わるとつぎの行事の準備がはじまり、一つひとつの取り組みのふり返りをする間もない」、「おちついて子どもの様子を見る余裕もない」というような悩みも聞かれます。

　子どもたちからも、「行事の準備で自由に遊ぶ時間もないからおもしろくない。たまにはゆっくりしたい・好きな遊びがしたい」などという声があがることもあります。

　そのため、行事や取り組みを考える際は、日常の生活が基礎となっていることを意識しながら、指導員や大人の思いだけでなく、子どもたちが自分たちの興味・関心、気分によって、参加するかどうかの自由や選

択肢を用意しておきます。このようにして、子どもたちは自分たちのペースで楽しみながら、学童保育の生活を送ることができます。保護者同士の交流を深め、大人と子どもが一緒に楽しめるもの、小学校を越えて地域の学童保育との交流を深めるもの、地域の人々に学童保育のことを知らせるために開くバザーや複数の学童保育が集まっておこなう学童まつりなどもあります。

　「毎年やっていることだから」、「もう決まっていることだから」と機械的に取り組むのではなく、行事・取り組みのふり返りをもとに、そのねらいや目的を明らかにし、子どもの状況などを考慮しながら、見直していきます。

　学童保育以外の、学校や地域の行事との兼ねあいも考えたいものです。同じ時期に同じような行事をいろいろなところでおこなうと、子どもにとって楽しさや新鮮味が薄れてしまうでしょうし、また、それが一定の準備や取り組みを必要とするものなら、忙しさに拍車をかけてしまいます。

　子どもたちが心待ちにできるような行事を工夫しましょう。とくに、子ども自身が取り組む行事などは日常の生活に支障のないよう配慮しながら、子どもが取り組みたくなるように導入をていねいにして、子ども自身が積極的に取り組めるような楽しく充実した行事を工夫しましょう。

子どもの学校の宿題への対応を考えよう

保護者の悩み

　学校や担任の先生によって、宿題の量や内容は違います。また、宿題について学童保育での対応はつぎのようにさまざまです。
- 　時間を決めて一斉に宿題をする（時間帯は、帰ってきてすぐ、おやつの後、帰る直前など）
- 　家庭ではできない子、保護者からの要望のある子、勉強につまずいている子などに個別に対応する
- 　子どもや保護者の判断にまかせて、宿題をする子どもには場所と時間を保障する
- 　学童保育では宿題をしない

　学校と家庭の間に学童保育の生活があるため、とくに低学年などは、遊んでいるうちに学校で課されたことを忘れがちです。めいっぱい学童保育で遊んで過ごしてくると、翌日の学校の準備や宿題にまで気がまわらず、疲れて寝てしまうこともあります。

　保護者は帰宅してからもあわただしい時間を過ごすため、子どもの宿題を見る余裕がないときもあり、「宿題は学童保育でやらせてほしい」と願う保護者は少なくありません。子どもが、勉強でつまずいてしまったり、担任の先生から注意を受けたりすると悩んでしまいます。

指導員の悩み

　放課後はたっぷり遊ばせてやりたいと願う指導員にとって、宿題のために遊ばせてあげられないことに葛藤が生じます。

　子どもたちが学童保育に帰ってくる時刻はバラバラです。学年やクラスも異なるため、多様な宿題をもち帰ってきます。また、「さあ、遊ぼう！」と学校からの解放感でいっぱいの子どもたち一人ひとりが宿題に取り組むことは、とてもむずかしいことです。

　学童保育のなかには、勉強したりおちついて本を読んだりする空間が不十分なところもあります。その場合は、宿題がない子が騒がしく遊ん

でいるなかで、宿題をしなければなりません。

実態を話しあって対策を考えよう

　子どもは一人ひとり異なりますし、家庭の状況もさまざまです。ま
ず、それぞれの家庭で宿題にどのように対処するかを子どもと一緒に考
え、決めることが必要です。学童保育としての基本的な対応を決める
（学童保育で宿題をする、家庭でする、学年によって変える等）ことも
ありますが、日々の子どもの生活実態や心身の状況によって柔軟に対応
できるよう、家庭と学童保育で確かめておくとよいでしょう。学習内容
の理解度について悩むこともありますから、その際は家庭を通じて学校
の担任の先生と連携がはかれるようにすることもあります。

　そのうえで、保護者と指導員が率直に話しあいましょう。どんな手立
てが必要なのか、家庭と学童保育で、なにができるのか、それぞれの実
態に即して努力したいものです。

塾と習いごととの関係と子どもの放課後

トータルとしての生活サイクルを視野に入れて

　子どもの放課後の生活には、いろいろな活動や場、過ごし方があります。塾や習いごとも、そのなかの１つです。

　塾や習いごとに行かせるかどうかは、子どもの「やりたい」という意欲や保護者の願いをもとに、基本的に保護者と子どもで相談して決めることです。

　ただし、放課後の時間はかぎられていて、学童保育に加えて塾や習いごとに行くことが子どもにとって負担になっていないか、学童保育を休みがちになることが仲間関係の構築に影響していないかなど、トータルとしての生活サイクルを視野に入れて、それぞれの家庭で、または保護者と指導員で、子どもの様子をお互いに伝えあいながら話しあうことが大切です。

地域・学校と子どもの生活を考えよう

学童保育以外にも選択肢がある放課後

　学童期の子どもは、家庭・学校・地域で生活しています。学童保育は地域のなかの生活の場の1つであり、子どもたちにとっては放課後の生活の大部分を占めるところです。生活する世界が広がった子どもにとっては、つぎのような変化が現れることも知っておきましょう。

変化1　クラスでの結びつきが軸になる

　小学校に入学すると、子どもの生活する世界は急激に広がります。クラスでの結びつきを軸に友達関係も広がります。放課後の自由な時間に多様な仲間関係をつくりながら、さまざまな遊びや活動に自主的に取り組むことは、子どもの成長・発達にとって大事なことです。

　しかしいま、子どもたちの自由な時間は短く、地域のなかで自由に遊べる空間も少なくなっています。また、子どもたちの友達関係は、地域の異年齢の集団のなかでつくられるよりは、多くがクラスの友達であり、遊ぶときは数人単位で、事前に約束をしてからというように変化してきています。

変化2　クラスの友達と遊びたい

　子どもが「学童保育に行きたくない」と言ってきたら、その背景には「クラスの友達と遊びたい」が理由の1つに考えられます。

　クラスの友達から「おうちで遊ぼう」、「公園で遊ぼう」と誘われると、「私も行きたい」、「一緒に遊びたい」と、学校のなかでの友達関係や生活内容を放課後もつづけたいと考える子どもの気持ちは、ごくあたりまえのことです。このことと、「学童保育の生活がおもしろくない、いやだ」ということとは、かならずしも同一ではありません。

学校や地域との接点をなるべくたくさん持つ

　子どもの生活が、学童保育の施設内や学校内に限られずに、地域に根ざしていることが必要です。もちろん、なんでも自由というわけにはい

きませんが、多くの学童保育では、保護者と話しあいながら、さまざまな工夫がされています。

　工夫の例をつぎに挙げてみます。

・　クラスの友達が学童保育に遊びに来られるようにする
・　放課後にクラスの活動がある日は、指導員に伝えて学童保育から出かける
・　帰る時間や行き先の確認など一定の約束事項を決めて、個別の外出を認める
　※保護者の了承を求めているところや、外出できる曜日や学年や個別の事情などを考慮して判断しているところもある
・　地域の子どもたちの集まる公園や校庭にみんなで出かける
・　地域のおまつりなどがある日は、学童保育のみんなで出かける

　学童保育の生活は、学校や地域の生活との接点をなるべくたくさん保障したいものです。

小学校の長期休業中の子どもたちの生活の変化

　子どもにとっては、「家－学校－学童保育－家」で過ごす時期と、学校長期休業中に「家－学童保育－家」で過ごす時期では、生活サイクル、持ち物が変わります。それにより、子どもたちの気分も変化します。

春休みの生活で大切にしたいこと

　春休みは、1年の締めくくりとはじまりの時期です。卒・退所していく子どもたちと入れ替わるように、新しく入所してくる子どもたちがいます。それまでとは異なる新たなメンバーで集団が構成され、1年間生活をともにします。

　この時期は、ともすれば、新入所の子どもたち（おもに新小学1年生）に目が行きがちですが、どの学年の子どもも、それまでともに過ごした仲間との別れと新しい出会いに、さみしさや戸惑い、緊張感や期待感など、複雑な思いを抱えていることもあります。そのため、すでに在籍している子どもたちへの配慮も必要です。

　子どもたちと相談しながら、あたたかな気持ちで卒・退所する仲間を送り出し、新しい仲間たちを迎えられるように配慮したいものです。

夏休みの生活で大切にしたいこと

　夏休みは、朝から夕方までの長い時間をともにするなかで、子ども同士や、指導員と子ども一人ひとりのかかわりも、いっそう深くなるときです。

　いつもより長い時間を学童保育で過ごすことをふまえて、楽しく、解放された気持ちで過ごせるような生活にしたいものです。ただし、熱中症の対策など、体調を整えることは確実に行いましょう。近年の気候変動の激しさを念頭におき、雷や突然の豪雨などの際の対応、災害級の暑さへの対策（暑さ指数（WBGT）や熱中症警戒アラートの活用など）については、指導員間、あるいは指導員と保護者の間で情報を共有し、合意を得ておきましょう。

夏休みのコツ1　子どもたちと一緒に計画を立てる

　子どもたちと十分に時間を取って話しあいながら、夏休みの計画を立てていきましょう。行事の日程、内容だけでなく、1日の過ごし方、やってみたいことなどについても、たくさんの意見を出してもらいます。指導員の考えもきちんと伝え、みんなで確認しながら一緒に生活をつくっていくという雰囲気を大切にしましょう。

夏休みのコツ2　1日の過ごし方にメリハリをもたせる

　子どもたちが1日の生活を見通せて、自主的に動けるような過ごし方のめやすをつくりましょう。長い1日ですから、活動と休息、あらかじめ決められた活動（そうじや当番活動、行事の準備など）とそうでない活動のバランスなどを考慮して、生活にメリハリをもたせたいものです。子どもたちの状況や、学童保育の条件にあった過ごし方を工夫しましょう。

夏休みのコツ3　無理なくみんなで取り組める体験も

　夏休みには、できればみんなで取り組める体験や新しい挑戦もしてみたいものです。しかし、あれもこれもと盛りだくさんの企画を立てずに、無理なく取り組めることを心がけましょう。みんなで一緒に取り組んだという体験は、子どもの自信につながり、仲間関係を深めます。

夏休みのコツ4　ちょっとした工夫で楽しく

　近くの公園や施設にお弁当やおやつをもって出かける、昼食づくりやおやつの買い物に近くのお店やスーパーへみんなで出かける、町内の盆踊りやおまつりに参加するなども楽しいことです。地域の人々とふれあうことで、地域がより身近に感じられるよい機会になるでしょう。

2学期に向けて

　夏休みが終わりに近づいたこの時期は、2学期に向けて、身体や生活のリズムを少しずつ切り換える大切な期間です。

　この時期に、読書感想文や工作などある程度の時間がかかる宿題が残っている子どももいます。子どもの様子を保護者と伝えあいながら、宿題のすすみ具合も共有しましょう。

▶学童保育で過ごす生活時間は長い

　小学校低学年の子どもが学校にいる時間は、年間約1,220時間です。それに比べて、学童保育で生活している時間は年間約1,680時間にもおよびます（こども家庭庁の調査では、平日は18時半を超えて開所している学童保育が全体の60％を超えており、増加傾向にあります。土曜日・長期休業日は朝から10時間以上も学童保育で生活しています）。

　学校以上に長い時間を過ごす学童保育において、子どもの安全と安心感のある生活を保障する指導員は、とても大きな役割と責任を担っています。

戸外保育で留意することを知ろう

　夏休みなどの小学校長期休業中や振替休日などは、学童保育から外へ出て活動をする機会が多くなります。キャンプをはじめ、合宿や映画、観劇、博物館やプラネタリウム、プールや川遊び、遠足など、子どもたちにさまざまなものを見せたい、体験させたいという思いがあるでしょう。しかし、取り組み方によっては、子どもの日常の生活にも大きな負担がかかってきます。目的を明確にし、子どもたちの状況を見極めることが大切です。

　大勢で歩いたり、交通機関を利用したりして移動するのはかなり疲れます。特に、異年齢の集団では、みんなが同じペースでがんばりつづけると、低学年の子どもほど、疲れがたまります。無理のない予定を立て、遠出の日がつづかないようにしましょう。

　外出にあたっては、周到な準備が必要ですし、引率する大人の共通理解と連携・協力が求められます。トイレの場所確認や水飲み場、日影の有無、医療機関、AEDの場所などを前もって調べておくことも大切です。

　また、夏休みなど、炎天下の外出は、熱中症に十分留意して、こまめな水分補給を心がけましょう（学童保育の保険については47ページ参照）。

障害のある子どもとともに

障害のある子どもの受け入れの要求の広がり

　こども家庭庁の調査では、2023年5月1日現在、約1万5,800か所の学童保育で約6万人の障害のある子どもが生活しています（直近10年間で2.35倍、3年間で1.30倍）。

　「3人以上」受け入れている学童保育が、障害のある子どもを受け入れている学童保育の5割強です。一方で、全体の4割弱の学童保育では、障害のある子どもの受け入れをおこなっていません。

　働く保護者が増え、障害のある子どもの豊かな放課後を願い、学童保育への入所希望はいっそう広がっています。また、発達障害の子どもたちも入所しています。2004年に制定された「発達障害者支援法」でも学童保育への入所の促進がうたわれています。

　2016年4月1日施行の、障害を理由とする差別の解消の推進に関する法律（いわゆる「障害者差別解消法」）により、行政機関や事業者には、障害のある人に対する「不当な差別的取扱い」を禁止し、「合理的な配慮の提供」が求められることになりました。この法律は、障害によるあらゆる形態の差別を解消することを目的としています。

　「放課後児童クラブ運営指針」では、「第3章　放課後児童クラブにおける育成支援の内容」の「2.障害のある子どもへの対応」の項目に、受け入れの考え方がつぎのように示されています。

> 　「障害のある子どもについては、地域社会で生活する平等の権利の享受と、包容・参加（インクルージョン）の考え方に立ち、子ども同士が生活を通して共に成長できるよう、障害のある子どもも放課後児童クラブを利用する機会が確保されるための適切な配慮及び環境整備を行い、可能な限り受入れに努める」

　しかし、現場では、大規模化や指導員の加配も含め、条件整備がなかなかすすまず、指導員まかせになっているところも少なくありません。

また、指導員の多くが非正規雇用で短時間勤務での雇用であり、入れ替わりも激しく、専門的知識の少なさを補うための研修もされていない地域が多いという厳しい実態があります。

　一方、保護者が働いているいないにかかわらず、障害のある子どもの発達保障を目的にした、障害のある子どもだけの学童保育や放課後等デイサービスも増えてきています。

関係機関との連携と条件の調整を進めよう

　障害のある子どもの入所希望に対しては、その子どもと保護者と面談して、関係機関と十分に連携を取り、理解を深め、施設の改善や指導員の加配を含めて条件を整えることが必要です。入所にあたっての条件整備などの課題について、行政に要望していく取り組みをすすめていくことも欠かせません。

障害のある子どもを含めた保育

　障害のある子どもの保育をする際には、保護者をはじめ、関係機関としっかり連携を取り、子どもをよく理解することが求められます。

　指導員は、研修機会を増やし、実践、交流するなかで、大事にしたい子ども観・発達観を深めることを念頭におきます。

　学童保育に通う子どもたち一人ひとりがほっと安心でき、くつろげる生活と仲間関係があることが、障害のある子どもにとっても最良の環境です。

自治体施策の拡充を

　市町村では、障害のある子どもの受け入れのための指導員加配や運営費への補助加算などを行う施策が少しずつ増えてきています。都道府県でも、単独補助事業が増えてきています。

　国も2001年度から受け入れのための補助金を出しています（指導員が1名加配できます）。2008年度から、専門的知識等を有する加配職員1人分の人件費補助がおこなわれるようになりました（「障害児受入推進事業」、2024年度は年額205.9万円）。2015年度からは、「障害児受入強化推進事業」として、障害児を5人以上受け入れる場合、それまでの加配職

員1名に加えてさらに専門的知識等を有する1名を配置するための必要な経費が補助されることになりました。2017年度には3人以上受け入れる場合に拡充、また医療的ケア児に対する支援に専門職員（看護師等）の配置等に要する経費が補助されるようになりました（2024年度は年額406.1万円）。

　そして、2022年度に「障害児受入強化推進事業」が拡充され、障害児を6人以上8人以下受け入れる場合は現行の1名（2024年度は年額205.9万円）に加え、さらに1名の職員を加配（計2名、2024年度は年額411.8万円）、障害児9人以上受け入れる場合は現行の1名に加え、さらに2名の職員を加配（計3名、2024年度は年額617.7万円）できるようになりました。

　ただし、障害のある子どもが年度途中で退所するなど、「3人以上受け入れ」の状況が断続的になった場合には、「3人以上受け入れ」の期間のみが補助の対象となり、専門的な知識などを有する指導員の人材確保・雇用継続の面には課題があります。この補助基準額は、非常勤・パートタイム雇用が想定されていますが、障害のある子どもの受け入れの点からも、事業の根幹を担う専門性を持った職員の専任・常勤・複数体制が必要と考えます。

　また、障害のある子どもを受け入れるために必要な施設の改修、設備の整備・修繕および備品の購入を行うための事業として、国は「放課後児童クラブ障害児受入促進事業」を設けています（2024年度は1事業所当たり年額100万円）が十分な金額ではありませんし、学童保育の子どもの集団の規模や子ども1人当たりの広さや設備をはじめとした環境を一人ひとりが安全に安心して過ごせるものとするためのしくみが不十分です（「国の制度を知る②学童保育に対する国の交付金・補助金」71ページ参照）。

1年生から6年生までの学童保育の生活づくり

　1997年の法制化により、児童福祉法で「小学校に就学しているおおむね10歳未満の児童であつて、その保護者が労働等により昼間家庭にいないもの」とされていた学童保育の対象児童の「おおむね10歳未満」は、児童福祉法改定によって、2015年4月から「小学校に就学している児童」（第6条の3第2項）となりました。以前から、高学年が通いつづけることのできる学童保育はありましたが、児童福祉法改定以降、通いつづける子どもの数は増えています。

　異なる年齢の子どもたちが集団で継続した生活を送る学童保育では、遊びや生活のあらゆる場面を通して、子ども同士の関係がつくられるよさがある半面、タテの関係がそのまま力の関係になることがあります。指導員はそのことも心に留めてかかわります。

　これまで、保護者の要望はあっても、低学年の受け入れが優先されてきました。学童保育を必要としている高学年の子どもたちが自らのよりどころとして通いつづけられるようにするためにも、子どもの人数規模の上限を守った学童保育数を必要な数だけ増やすことが必要です。

高学年の子どもたちに保障したい生活

　高学年になると、低学年に比べて下校時刻がいっそう遅くなり、平日の学童保育での生活時間が短くなります。また、勉強がむずかしくなったり、学校の係活動やクラブ活動があったり、友達関係も複雑になったりと、緊張や疲労を強く感じながら学童保育に帰ってくる子どももいます。高学年の子どもの発達や心理についての理解を深め、その年齢に応じたかかわり方を学び、信頼に基づく関係を築いていきましょう。

個別の支援を必要とする子どもへの対応

　家庭での養育について特別な支援が必要な状況を把握した場合には、子どもや保護者と指導員との安定した関係の維持に留意しつつ、市町村、関係機関との情報交換と共有をおこない、連携して適切な支援に努める必要があります。

　その際の対応にあたっては、子どもの利益に反しないかぎりにおいて、保護者や子どものプライバシーの保護や業務上知り得た事柄の秘密保持に留意しなければなりません。

児童虐待への対応

　児童虐待の早期発見・早期対応への対策として、指導員は、子どもの「異変」に気づくためにも、指導員は毎日子どもが安心して帰ってこられる人間関係を構築し、子どもの声にていねいに耳をかたむけて、その変化を把握できるよう努めるとともに状況をしっかりと見極めます。また、指導員は、常日頃から学童保育での子どもの様子や指導員のまなざしを保護者に伝えていくことで、保護者を孤立させない手立てにもつながります。

　児童虐待が疑われる場合には、それぞれの指導員だけの判断で対応することは避け、運営者と協議のうえで市町村と児童相談所にすみやかに通告し、関係機関と連携して適切な対応をはかる必要があります。

　また、学童保育には、一時保護所・児童養護施設から家庭復帰した子どもや、養育家庭（里親家庭）に委託された子どもが入所してくることも想定されます。保護者および担当児童福祉司と連携して、配慮すべき点をふまえたかかわり、家族支援を視野に入れたかかわりが求められます。

外国籍の子どもへの対応

　学童保育では、食事、宗教、言語などさまざまな文化を持った子どもが生活することもあるでしょう。まずはその文化の理解に努め、学童保育での生活を組み立てます。また、ともに過ごす子どもたちへ、その文

化への理解を深められるよう働きかけていくことも不可欠です。

　なかには、日本語の理解が不十分であったり、なかなかなじめなかったりする子どももいます。生活をともにするなかで、不安を和らげ、言葉を獲得し、生活に慣れ親しんでいけるようにするための配慮が求められます。

　また、その子がともに過ごす子どもたちと楽しさを共感できるように配慮する必要があります。

　保護者が日本語を十分に話せない・理解できないといったケースもあります。指導員には、保護者同士のコミュニケーションがはかれるようサポートする役割も求められます。互いに尊重しあい、関係が築けるようにサポートすることを心がけたいものです。

病気を抱える子どもへのケアや対応

　子どもが病気であるなど健康上の配慮が必要である場合は、指導員がその状況を把握しておくことが必要です。事前に保護者と面談し、薬の服用や配慮すべきこと、対応する際に必要なことなどについて情報共有をおこないます。緊急時の対応や病院への搬送などについても、事前に保護者、そして病院と確認しておきましょう。また、ともに過ごす子どもたちが、そのことについて理解し、気遣い、支えあう関係を築けるように援助することも欠かせません。体調に気をつけながら、そして安心感をもちながら、楽しく過ごせるよう見守ります。体調の変化には十分に気を配りつつ、変化が見られた際にはすみやかに保護者に伝え、対応することが必要です。

経済的に困難のある家庭の子どもへの対応

　「子どもの貧困」が社会的課題になっています。子どもの生活基盤である家庭での養育に困っているケースが増えていることも指摘されています。

　経済的理由から入所させたくても申請をあきらめたり、入所しても保育料を払いきれず退所してしまったりする家庭も少なくありません。孤立した子育てとならないように、減免制度の拡充をはかり、学童保育を必要とする子どもの入所を保障していくことが求められます。あわせ

て、指導員は、勤務している学童保育の自治体が実施しているさまざまな支援策（就労支援、経済支援、養育支援）、NPOなどの民間が実施している支援策（子ども食堂や無料塾など）についても保護者に情報提供できるように、熟知しておきます。指導員には、適切な支援が受けられるところ（自治体などが実施している支援策）に「つなぐ」という役割があるのです。

　また、保健師、精神保健福祉士、福祉事務所のケースワーカー、社会福祉士などの関係者との連携が必要になる場合もあります。

　経済的に困難のある家庭の子どもたちのなかには、将来に対する不安を抱きながら生活している子どももいます。保護者の就労状況の厳しさから、親子のふれあう時間をはじめとして、さまざまな生活実態にも格差が生じています。こうした子どもたちに「また明日も一緒に遊ぼうね」と言える人間関係を保障することが必要であり、自分を理解してくれる指導員や仲間の存在が支えになります。

STEP 4

学童保育との出会い、つきあい方

～入学前の子どもがいる保護者、学童保育に通わせている保護者が知っておきたいこと～

調べることからはじめよう

学童保育の調べ方って?

　小学校への入学は、子どもにとっても、家族にとっても1つの節目です。不安なく入学を迎えるために、事前に学童保育のことを調べておきましょう。

①　学童保育のある場所を調べる

　はじめに、子どもが通う小学校の校区内に学童保育があるかを調べます。ないときは、子どもが通える範囲の近隣の校区も調べてみましょう。保育所の先輩や友人に聞いてみたり、自治体（役所・役場）などに問いあわせたりしてみましょう。

②　入所の条件を調べる

　近くに学童保育があることがわかったら、入所に必要な手続きを調べましょう。近くにあっても校区が違うと入所できないところ、入所できる地域を指定しているところ、入所申し込みに期間があるところ、先着順で定員を超えると入れないところなど、さまざまな条件があるところもあります。

　入所の申し込み先や申し込みのときに必要な書類なども、地域や学童保育によって異なります。学童保育のある場所がわかったら、直接出向いて指導員に聞いてみてもよいでしょう。

③　費用（保育料など）や運営の仕方なども調べる

　保育所と違い、学童保育は、費用や運営方法もさまざまです。「入所の案内」（事業の説明、学童保育のしおり）があるところは、それを見ればおおよそのことがわかりますが、文書だけではわかりにくいことも多いので、できれば、読んだうえでその学童保育の指導員や子どもを通わせている人にたずねてみましょう。

④　学童保育を見学する

　子どもたちがいる時間の学童保育の様子も見ておきたいものです。学童保育は保育所の延長のように思われがちですが、学童期と幼児期の生

活内容はずいぶん違います。

　実際に見学することで、学童保育での生活が具体的にイメージできます。その際には、あらかじめ電話してから訪問しましょう。

調べる時期はいつから？

　現状ではまだすべての小学校区に学童保育があるわけではありませんし、なかには、定員がいっぱいで次年度の受け入れ枠がわずかしかないというところもあります。調べる時期は早ければ早いほどよいでしょう。できれば、小学校入学の１年以上前に、ひととおりのことを調べておくと安心です。

入所説明会に参加しよう

　地域によって異なりますが、小学校の就学時健診などにあわせて、入所説明会が行われます。不特定多数を対象にしたものと、入所が決まっている人を対象にしたものがあります。自治体からの広報、保育所や小学校の入学説明会などで配られるチラシに注意しておきましょう。入所が決まって開かれる説明会には、学童保育での生活や持ち物の留意点など具体的な説明が行われることが多くあります。

子どもの状況を事前に指導員に伝えよう

　障害の有無や状態、既往歴、食物アレルギーの有無など、子どもの心身にかかわって保育をするうえで配慮が必要な情報については、事前に個別に伝えましょう。

▶ **入所開始のタイミングはいつがいい？**

　ほとんどの学童保育は４月１日から受け入れていますが、学校の入学式当日、あるいはその翌日からというところもあります。

　新しく１年生になる子どもにとって、学校と学童保育の２つの生活をまったく同時にはじめるのは大変なことです。わずか何日前かでも、先に学童保育の生活をはじめておくと、子どもの負担はずいぶん軽くなります。４月当初から受け入れがあるところならば、なるべく早くから学童保育に通うようにしましょう。

入所が決まったら、つぎの準備をはじめましょう

子どもに学童保育に通うことを事前に伝えよう

　保護者等の送り迎えが前提となる保育所と異なり、子どもは、小学校に入学すると、学校が終わったら、学童保育に通う子だけではなく、自宅に帰る子もいることに気づきます。小学校への入学は、子どもにとって、保護者が日中家庭にいないことをほかの子と比較して考えるきっかけになることもあります。

　ここで大切なのは、保護者が働いていること、家族みんなが安心して生活できるように学童保育に通ってほしいこと、それがどれほど大切なことかを子どもにわかるように伝え、学童保育で子どもが楽しく過ごせるよう家族で協力しようと話しあっておくことです。

子どもと一緒に持ち物をそろえよう

　必要なものは学童保育によって異なります。事前に配布されるであろう「準備する物リスト」をよく読んでおきましょう。これら準備する物は、子どもと一緒に準備をしましょう。一緒に準備することで、着替えなど、なにをどこにしまうのかを、子ども自身も覚えることにつながります。大勢の子どもとともに過ごす集団での生活が始まりますから、これを機会に、名前を書いて自分のものだとわかるようにするなど持ち物の管理などを教えていきましょう。

　同時に、学童保育での新生活への思いを話しあってみてください。子どもが新生活への期待や不安を伝えてくることがあれば、ていねいに聞きとりながら、「一緒にがんばろうね」と背中を押してあげることも大切ですね。

子どもと一緒に学童保育まで歩いて見学に行こう

　わが子が放課後の生活をする場所ですから、入所前に一度は、子どもとともに歩いて見学に行くようにしましょう。

　あらかじめ、家→学校→学童保育→家の道のりを子どもと一緒に歩いて、行き帰りの不安がないようにすることが大切です。子どもは同じ道でも、行きと帰りとでは違う道のように感じることもあります。1人で行き帰りができるように何度かくり返し練習しておくと安心です。

必要なことがあれば指導員に事前に相談しよう

　学童保育での生活を送るうえで、子どものことで心配なことがあれば、事前に指導員に相談しておくようにしましょう。学童保育によっては面談時間が設けられていたり、入所前に健康情報の書類の提出を求められたりしますから、そうした機会にひとこと相談しておくと安心です。排泄、着替えなどの基本的生活習慣から、「知っている子が誰もいなくて不安がっている」、「慣れるのに時間がかかるかも……」など些細かなと思うことでも構いません。刻々と変化する子どもの様子を共有しておけば、家庭と学童保育で一緒に考える機会にもなりますし、気持ちよく学童保育の生活をスタートさせることができるでしょう。

学童保育に通うことを学校に伝えておこう

　多くの学校では、入学当初はコース別に子どもを分けて引率者がついて下校させています。このような場合、学童保育に通うことを事前に学校に伝えていないと、子どもは自宅方面のコースに組み入れられて、家に帰されてしまいます。着替えなどの持ち物も、ほかの子どもより多いことがありますから、忘れ物やほかの子どもとのトラブルを未然に防ぐうえでも、あらかじめ担任の先生に伝えておきましょう。

こんな点にも留意しよう

○学童保育の行事に参加してみよう

　同じ地域の保育所の年長の子ども向けに、行事を設定したり招待したりしている学童保育があります。そのような案内があれば、子どもを連れて参加してみましょう。保育所の頃から学童保育の生活や友達となじむことができる機会を大事にしましょう。

○近所にあいさつをしよう

　小学校に入ると、子どもだけで過ごす時間が増える場合もあるでし

ょう。事故やトラブルがあることも考えられます。近所の親しい人に、保護者が日中家庭にいないこと、子どもが学童保育に行っていることを伝え、できれば、緊急の連絡先なども知らせ、「なにかあったときにはよろしく」と、あいさつをしておくと安心です。

○カギの開け閉めや保管の仕方を工夫しよう

　子どもがカギの開け閉めをする家庭ならば、何度か練習をしておきましょう。カギの所持や保管方法には、いろいろな工夫があります。どんな工夫をしているか、先輩の保護者や指導員に聞いてみるとよいでしょう。

新しい生活のスタートを大切にしよう

　学童保育への入所や小学校入学をきっかけに、子どもの生活する世界がそれまでより広がり、毎日が新しいことの連続です。新年度がはじまって最初の一週間は、「家－学童保育－家」で過ごしますが、入学後は「家－学校－学童保育－家」と生活サイクルも変わり、持ち物が異なることもあります。まずは新しい生活のリズムをつくることを心がけましょう。

ゆっくりと過ごし、無理のない生活を

　保育所・幼稚園の年長さんとしての生活から、新たな環境での生活がスタートします。上級生の姿や行動にあこがれ、背伸びをして過ごすこともあります。環境の変化は思った以上に疲れるものです。前の日に夜ふかしをすると、学童保育でおやつを食べながらウトウトしたり、夕食を待てずに眠ってしまったりすることもあります。小学生になったのを機に習いごとをはじめようと考える家庭もありますが、生活のペースをつかめるまでは、ゆっくりと過ごし、無理のない生活を心がけましょう。

指導員との連絡は密に取りあおう

　保護者が学童保育での生活や子どもの様子を知りたいと思うのは当然のことです。まず、指導員に家庭でのわが子の様子をこまめに伝えていきましょう。

　学童保育を休むときは、かならず保護者から連絡しましょう。健康にかかわることや、いつもと違うことがあったときなどをひとこと連絡しておくと、指導員も適切なかかわりができるようになります。

　子どもから学童保育での様子を聞く場面があると思いますが、子どもは印象に強く残った出来事の一側面だけを話すことがあります。学童保育からの連絡帳やおたよりを読む、保護者会・父母会に出席して子どもの様子を聞くことはもちろん、気になることがあれば指導員にもたずねてみましょう。

○いろいろな方法で伝える

　伝える方法はいろいろあります。連絡帳を使ったり、急ぎのときは電話やメールなどを活用したりしている学童保育もあります。伝える内容によっては、直接会って話したほうがいい事柄もあるでしょう。連絡の方法は指導員と話しあっておきましょう。

○なるべく学童保育に出向く

　実際に学童保育での生活の様子を見ておくことで、指導員からのおたよりや子どもの話についても理解がぐんと深まり、家庭での会話もはずむでしょう。

子どもが学童保育に「行きたくない」と言ったら…

　元気そうに見えても、緊張や疲れで４月の終わり頃から体調を崩したり、「学童保育に行きたくない」、「学校へ行きたくない」などの悩みを抱えたりする子どもも出てきます。「行きたくない」と言われると、「働いているからだろうか」、「うちの子にはあわないのだろうか」、「学童保育の生活内容に問題があるのではないか」などと悩んでしまうこともあるでしょう。子どもが「学童保育に行きたくない」と言うときには、ほとんどの場合、いやだったこと、困ったこと、緊張で疲れてしまっているなどの具体的な理由や出来事があります。このサインをできるだけ早くキャッチし、指導員と連絡を取って、力をあわせて具体的に解決することが大切です。

保護者同士もはげましあって

　年度はじめは、子どもだけでなく大人も、緊張したりあわただしくなったりすることが多くあります。そんなとき、なにか心配ごとがあっても、話をする相手がいなければ前向きに考えられなくなりがちです。心にゆとりができれば、子どもの小さながんばりをみつけ、ほめたりはげましたりすることもできるでしょう。保護者同士ができるだけ早く知りあいになり、子どものことを話しあえる関係をつくりましょう。

　仲間をつくることは、大人も子どもも、学童保育での生活を楽しくスタートできる秘訣です。

保護者会・父母会をつくろう

保護者会・父母会って何するところ？

　保護者会・父母会（以下、保護者会）とは、学童保育に通う子どもの保護者がつくる学童保育を支える組織です。「父母の会」と呼ぶところもあります。公立公営や法人運営など、運営主体がどこであっても保護者が自主的につくることができます。運営主体が、保護者を集めて保育内容の説明や報告などを行う場のことを「保護者会」と呼ぶこともあります。

　保護者会の具体的な活動内容は、つぎの5点にまとめることができます。

1　働きながらの子育ての様子や思いを交流し、支えあう

　仕事や子育て、家庭のことなどを率直に話しあい、相談できる仲間がいることは、保護者自身にとって大きな支えにつながります。交流は、話しあいの場である保護者会はもちろん、行事などに参加・協力するなかでも行うことができます。

2　学童保育での生活内容を指導員とともに支える

　学童保育での子どもの生活を豊かにするためには、保護者と指導員が子どもの様子を伝えあい、子育てへの思いや願いを話しあえる関係を築くことが大切です。

3　学童保育の施設・運営を改善する

　子どもにとって、学童保育が安心して安全に過ごすことができ、必要とする期間、通いつづけることができる場となるためには、子どもの人数規模、施設環境、開設時間、指導員の労働条件など、改善しなければならない課題がまだまだたくさんあります。保護者会は、子どもが過ごしている学童保育の生活実態に目を向け、指導員とともに改善に取り組むという役割を担っています。

4　学童保育の施策や制度をよりよくすることに取り組む

　地域や行政に働きかけて、その地域の学童保育全体をよりよくすることに取り組むのも、保護者会の大切な役割です。

5 学童保育をつくり、維持し、運営する

　　保護者会が学童保育を「つくり、維持し、運営する」働きをもち、保護者が運営実務を担っているところもあります。

　このように、保護者会は一人ひとりの保護者が子どもへの願いや思いを交流する場であると同時に、保護者と指導員が、子どもにとって、よりよい学童保育の生活内容や環境をつくりだす基盤にもなっています。1人では解決できないことも、みんなで話しあうことによって願いや課題が明確になり、そして解決する道が見えてくることにつながるでしょう。

保護者会・父母会をつくろう

　それでは、保護者会をつくるためにはどうしたらよいでしょうか。

　何人かの保護者で茶話会からはじめてみるのも1つの方法です。そのなかで語られたことをニュースなどにして、保護者に知らせましょう。名簿づくりも重要な仕事です。そしてつぎの段階として、結成のための準備会をつくり、楽しい行事に取り組んだりしながら保護者同士の交流をはかっていきましょう。

　保護者会をつくるには指導員の協力が必要です。指導員はすべての保護者と顔見知りですから、声かけや呼びかけのための案内の配布などの際に、おおいに協力してもらいましょう。

　最初からあまり無理をせず、親子行事などを通して顔見知りを増やし、仲間の輪を広げていきましょう。

すべての学童保育に保護者会・父母会を

　保護者がなんらかの形で直接運営に責任をもたなければならないところ、新設・増設運動があって学童保育が誕生したところのほとんどには保護者会があります。しかし、自治体や社会福祉法人、民間企業などが学童保育を実施・運営していて、保護者が運営に直接の責任をもたないところでは、保護者会がないところもあります。

　公立公営など行政の責任で実施されているところを含めて、学童保育にはまだまだ改善されなければならない課題がたくさんあります。ま

た、子どもの放課後の生活を豊かなものにするには、保護者のかかわり
や交流が不可欠です。

　保護者が安心して働くためにも、わが子の放課後の生活を豊かなもの
にするためにも、学童保育をよりよいものにしていかなければなりませ
ん。こうした取り組みの場として、すべての学童保育に保護者会をつく
りましょう。

保護者会・父母会を楽しく充実させるには

楽しい保護者会・父母会を

　「月に一度の保護者会では、指導員から学童保育での子どもたちの様子が聞けるので、毎回楽しみにしている」、「保護者会で知りあった仲間は、同じように働きながら子育てをしている人たちなので、苦労もわかりあえて、子どもが卒所しても家族ぐるみでつきあっている」、「保護者会にかかわることによって、私も育てられた。親としても人間としても世界が広がった」など、保護者会の魅力が語られることがよくあります。一方で、「保護者会を開いても集まりが悪い」、「役員のなり手がいない」、「保護者会行事が多すぎて大変だ」などの声も聞かれます。

　保護者の就労状況に厳しさが増している背景もあって、忙しい毎日を送っている保護者が決められた日時にあわせて保護者会に参加するのは大変なこともあるでしょう。また、役員は引き受けられない、引き受けたくないと思う保護者もいることでしょう。そうした現実もあることを前提にして、どうしたら魅力ある保護者会にしていけるか、みんなで工夫しましょう。

こんな工夫をしてみよう

○定例の保護者会・父母会を大事に

　全員が集まる場で論議しなければならないこと、報告事項、確認事項を事前に役員会で検討し、みんなが発言できる時間を保障しましょう。

　人数が多い場合は、学年別・地域別懇談などに取り組んでいるところもあります。一人ひとりが「来てよかった」と思える内容にするために、指導員と相談して工夫しましょう。会議の時間も守るように努力しましょう。

○あらかじめ活動の計画と見通しを明らかにする

　働きながら子育てをする生活は忙しいものです。行きあたりばったりの活動では、参加したくてもできなくなってしまいます。一人ひと

りが見通しをもてるように保護者会はなるべく定例日を決め、行事の日程なども早めに決めて周知するようにしましょう。

○決まったことや、連絡するべきことをすべての保護者に知らせる

一方的に伝える連絡方法だけでなく、相手の都合や様子も聞けるような体制をつくることも工夫しましょう。

○全員が意見を出しあい、より多くの人が合意できる内容にする

保護者会の日時や、行事の取り組みなども、「前からこうなっているから」というような決め方ではなく、なぜ、どのようにその行事に取り組んできたかを明らかにし、その年の保護者の都合や意見を大切にして話しあって決めることが大事です。

○役員だけで背負わず、特技を生かして分担を

保護者のなかには、さまざまな特技や能力をもった人たちがいます。各種の取り組みにあわせて力を発揮してもらいましょう。みんなが一緒に取り組むことと有志でやったほうがいいこととは、区別して取り組むようにしましょう。

このほかにも、保護者会の役割を果たすために、みんなで工夫してできるところからすすめていきましょう。

・　年に一度、総会を開き、年間の活動計画を立て、決算や予算決めを行い、役員を決める
・　定期的に保護者会を開いて指導員とともに子育てや行事計画などを話しあう
・　日頃の子どもたちの生活の様子を指導員とともに話しあい、そのなかから行政への要望をまとめ、要望する
・　子育てに役立つ講演会や研究集会、施策を改善するための学習会への参加を呼びかけ、保護者会としても独自に企画する
・　親子での親睦行事を行い、保護者同士の交流を深める
・　運営費の捻出や各種取り組みのためにバザーなどの財政活動を行う
・　地域の人たちの理解と協力を得るための活動を行う

▶ お互いの家庭への配慮を忘れずに

　それぞれの家庭には、それぞれの事情があるものです。単身赴任中の家庭、介護や看護を必要とする人のいる家庭もあります。また、ひとり親家庭では、仕事も家事も子育ても1人の肩にかかっているという大変さを抱える場合もあります。このような事情で、保護者会になかなか出席できなかったり、保護者会活動にも協力できなかったりすることも少なくありません。そのことを負い目に感じ、かえって保護者会から遠のいてしまうということもあります。

　それぞれが協力できるところで力をあわせていくことが保護者会活動の基本です。保護者会に協力することが「義務」のようになっていたり、協力できないことを理由に学童保育が利用できなくなったりすることはあってはならないことです。

　それぞれの保護者が自分にとって保護者会活動が魅力と思えるようになったり、楽しい場所になったり、働きながらの子育てをお互いに支えたり、はげましあったり、そのようなところにしていきたいと思えることが大事です。このような意味からも、それぞれの家庭が抱えている事情を負い目と感じることなく、むしろ保護者会が支えになるようなかかわりや配慮が求められます。

　保護者会運営の学童保育では、運営する責任と負担が保護者にかかっているわけですが、それぞれの家庭の実情や抱えている大変さを理解しあいながら、支えあいましょう。

▶ 地域運営委員会方式での保護者会・父母会の役割

　運営形態の1つとして地域運営委員会に運営が委託されているところがありますが、その場合も保護者会の役割は変わりません。

　運営委員会の位置づけや役割、性格、構成、委託内容によって一様ではありませんが、保護者は直接の当事者です。

　保育内容や運営に対して自分たちの要望を明らかにし、実現に努力することが必要です。運営委員会の方々に子どもたちの状況を具体的に伝え、要求の内容をきちんと理解してもらい、行政に向けてともに取り組んでくれるよう働きかけましょう。

》指導員と手をつないで

こんな保護者の声があります

　ときに保護者から、わが子を見てくれている指導員について、「よく見てくれる指導員だから安心」とか、逆に「困った指導員だ」などといった話があがることがあります。

　また、「行政が決めることだから仕方がない」、「要求すると労働条件や賃金の保障をしなければならなくなるから」、「やめられると困るから」などの理由で、保育内容や勤務ぶりについてはなにも言わない（言えない）という話や、「いい指導員だから、まかせっぱなしで大丈夫」という話もあります。

　なかには、「学童保育での生活内容は、指導員の仕事の領域だから保護者は立ち入るべきものではない」と思っている保護者や指導員もいます。

ともに子育てをする仲間として

　子どもにとって、毎日生活する学童保育がいやいや行かねばならないところならば苦痛です。保護者に代わって実際に子どもの生活を見てくれている指導員を、保護者が「困った人だ」と思っている関係は、子どもにも直接影響を与えます。「いい指導員だから大丈夫」と思っていても、子どもの家庭での姿や保護者の願いは、保護者が伝えないかぎり、指導員にはわかりません。子どものことを保護者と指導員が一緒に受けとめる努力をすることによって、学童保育の生活が子どもにとってさらに安定したものになっていくでしょう。

　保護者が、昼間、わが子を見てくれる子育てをする仲間として指導員と手をつなぐことは、学童保育での子どもの生活を安定させ、成長につながることであり、保護者自身が安心して働けることにもつながります。

保護者と指導員が対等の立場での運営を

　なかには、保育内容への不満や保護者会への協力のなさを指導員個人の問題としてとらえがちな状況もあります。指導員がどのような状態におかれているのか、どのような苦労や困難を抱えているのかに目を向けることも大切です。

　雇用のあり方や労働条件、研修や学習の機会の問題、学童保育についての行政の位置づけや保育内容への規制、保護者会での位置づけに問題の所在があることも少なくありません。問題の所在を明らかにし、一緒に改善に取り組むとともに、わが子の様子や保護者の願いを具体的に伝えながら一致できるところを広げ、指導員自身が充実感をもって仕事ができるよう、一緒に条件を整備していきましょう。

　保護者が運営する学童保育などでは、指導員は保護者の負担をまず考えたり、「保護者＝雇用主」との気持ちなどがあって、言いたいことも言えないでいたりする傾向があります。こんな場合、まず保護者のほうから心を開いて伝えあっていく努力をしましょう。また、「保護者会に指導員は参加しないもの」と決めているところもあるようですが、参加してもらえるようにしたいものです。

　保護者と指導員が対等の立場で話しあい、協力しあえるように、お互いに努力していきましょう。

みんなで子育てしていこう

保護者会・父母会活動は負担が大きい…？

　保護者会の活動は、平日の夜や土曜日、休日におこなっているところが多くあります。家事や子育ての負担が1人だけにかかっている家庭では、夜の会議に出るためには、前日から夕食の用意をしておかなければならなかったり、子どもを「早く、早く」とせき立てなければならなかったりしがちです。土曜日や休日に行われる行事に参加すると、そのぶんの家事がとどこおってしまい、一週間の生活サイクルが狂ってしまうといったことも起こり得ます。

　その結果、家族の協力が得られなかったり、家事や子育てを「自分の責任」と抱え込んでしまうような場合には学童保育の集まりに出られなかったり、保護者会や連絡協議会の役員を引き受けることに消極的になってしまいがちです。

一歩踏み出して、自分が無理なくできることを

　学童保育にかかわるようになって、ほかの多くの子どもや家族とつきあい、子育ての楽しさや大変さ、生活の大変さや地域とのかかわりの大切さに気づき、家族のあり方を見直し、生き方や考え方まで変わったという話は少なくありません。

　出かける前は「おっくうだな……」と思った保護者会の集まりも、子どもの様子について話をするうちに、「うちだけじゃないんだぁ」、「ここで話を聞いてもらうと安心するな」と感じられることもあるかもしれません。一歩踏み出して、自分が無理なくできることからはじめてみませんか？

広がれ男女平等の輪

　今日の社会は、まだまだ男性中心の場面が多く、女性にとって不合理なことが多々あります。

　学童保育は、働くお母さんたちの運動としてはじまりました。働きな

129

がらの子育てをつづけるなかで、家庭で、学童保育で、話しあい、協力しあいましょう。

　個々の家庭のなかだけではなく、保護者会仲間でお互いに交流し支えあい、助けあうことが大切です。

保護者の手記

人と人とのつながりが、大きな支えになることを実感して

東京都文京区　保護者OB　田島茜

関わりを持つことで広がった世界

　私には、結婚した長女、20歳の次女、そして中学1年生の息子の3人の子どもがいます。息子は、年の離れた2人のお姉ちゃんにかわいがられ、守られ、育ってきました。幼い頃から、はじめての場所や騒がしい場所、集団が苦手など、なかなかむずかしいところがありました。

　私は、息子を保育園に預け、フルタイム勤務をつづけました。保育園時代は少人数の環境で過ごした息子は、小学校入学と同時に育成室に入室しました（文京区では学童保育のことを育成室といいます）。

　小学校に入学してからはじめて、「集団行動ができない」、「指示が伝わらない」、「友達とのトラブルが多い」と毎日のように電話がかかってきて、私のメンタルは少しずつ削られていきました。

　息子が通った育成室は、小学校から歩いて2、3分の距離にあります。皆、われ先にと育成室をめざしますが、息子は、その距離でもトラブルを起こしたり、気になった自動販売機の前で立ちどまったりと、なかなかたどりつきません。

　育成室に着いてからも、おちついて過ごすにはむずかしい環境でした。というのも、息子の通っていた育成室は、児童館内に設けられた2つの育成室のうちの1つです。登録児童数は合計すると90人を超え、児童館利用の子どもたちもやってくるので、騒がしいのが苦手な息子にとっては、きっと耐えがたい環境だったのだろうと思います。

　そんなときに私の話を聞き、気持ちに寄りそってくれたのが、当時の育成室の指導員の先生でした。職員加配を申請して、学校までのお迎えをお願いできることになりました。遊びの最中も先生がついてくれましたが、トラブルはつづき、なかなか周囲の理解が得られず、息子と距離を取る人も増えていきました。育成室では、父母会主催のキャンプや文京区学童保育連絡協議会（以下、区連協）主催の運動会、バザーなど、年間通じてさまざまな楽しそうな行事がありました。当然、息子も参加したがります。でも当時の私は、「行事に参加して、トラブルを起こされるのはいやだ」と思い、できるだけ参加しないでおこうと考えていました。

　「いっそのこと、仕事をやめて、育成室もやめてしまおうか」と思いつつ、周囲との関わりを避け、孤立していた私に、あるとき先輩保護者の方が「行事、参加しないの？」と声をかけてくれました。「トラブルを起こすから」と言う私に、先輩は「子どもなんて、そんなものだよ」と言ってくれ、話を聞いてくれたのです。

　この出会いに、当時の私がどれだけ救われたか……。とても言葉では言い表せません。いつの間にか「周囲は理解をしてくれない」と決めつけ、話をすることをあき

らめていた私。親の都合で行っている育成室なのに、育成室での生活を楽しみたいと思っている息子の希望を聞かず、私の思いだけで決めるのはまちがっていると気づかされました。

それからは、行事にも積極的に参加するようになりました。父母会の役員も、はじめは「どうせやるなら早いうちに」と考えて引き受けましたが、いつしか、「役員をすることでまわりの保護者の方と関わりを持ち、息子の理解者を増やしていこう」という考えに変わっていきました。

息子が3年生のときには、「私のように孤立する保護者がいない父母会にしたい」との思いから、父母会の会長を引き受けました。また、同じ頃に区連協の活動にもかかわるようになりました。誘ってくれたのも、孤立していた私に声をかけてくれた先輩保護者でした。

区連協にかかわることで、私自身の居場所が増え、それと同時に、息子を理解してくれる大人が増えていきました。息子は自分の気持ちを人に伝えることが苦手だったうえに、小学校でもうまくいかないことがあって、この頃は誰に対しても心を開くことがあまりなかったのですが、区連協にかかわる大人たちには心を開くようになりました。

大切な仲間たちと育んだ思い

2020年春以降、「新型コロナウイルス感染症」の拡大により、息子は育成室へ通うこともままならなくなりました。文京区では「緊急事態宣言」中でも育成室を開設していました。本来は「保育を必要とする家庭」は通室可能だったのですが、連絡の行き違いから、私のもとには「医療従事者の家庭のみが通室可能」との連絡が入り、息子は在宅勤務の私と自宅で過ごしていました。

当時の息子は、ちょっとしたことで暴れ、乱暴な言葉を口にするようになっていて、自宅だけではどうにもならない状況がつづきました。そんなとき、私と息子を救ってくれたのも、区連協に関わっている文京区の公営の育成室の指導員の先生でした。「育成室、行かせなよ。保育が必要でしょ？」と暗闇のなかでもがいていた私たちを救ってくれたのです。これを機に、息子は再び育成室に通うことになりました。

息子の育成室は、民間企業が運営を受託しています。指導員の先生方は、本来の意図と違ってしまうこともありましたが、皆さん、息子を理解しようと一生懸命になってくれていました。騒がしいところが苦手な息子のために、何度も相談し、普段は子どもたちが立ち入らない場所を確保してもらい、必要なときには、そこで加配の先生と2人で、工作をしたり、話をしたりして過ごすのが、息子にとっての育成室での過ごし方になりました。当時の息子にとっては、ちょっと特別感があって、なによりも楽しい時間だったようです。

相談相手がいなかったら、きっと知らないであきらめていたこともたくさんあったと思います。

　コロナ禍の終息が見えないなか、学校生活がうまくいっていなかった息子にとって、つらい時期がつづきました。子育てに自信をなくしていた私のことを支えてくれたのも区連協の仲間たちでした。息子にとっても私たち家族にとっても、この生活は、決して楽なものではありませんでしたが、その生活を乗り越えられたのは、自分を受け入れてくれる、待っていてくれる人の存在が、家族以外にもいるということでした。

　自分のことを気にかけてくれる人がいるとわかってから、息子の様子が変化していきました。笑顔が増え、とても明るくなりました。ちょっとしたことでイライラしていた頃とは別人のようになりました。人懐っこく甘えん坊のところもある、本来の息子が戻ってきたという感じです。

　私が孤独にならず、それまでどおりに過ごしてこられたのは、区連協があったからだと思います。育成室に行かず、区連協の活動をしていなければ、出会うことができなかった大事な仲間たちです。

　区連協役員会のメンバーは、世代も、立場も仕事も異なります。ただ1つ同じなのは、「子どもたちが笑顔で過ごせる育成室を守りたい」ということだと思います。私が現在、東京都学童保育連絡協議会(以下、都連協)の役員としても活動している原点が、「子どもたちが笑顔で過ごせる学童保育を守りたい」という思い、そして、人とのつながりです。

成長した息子の姿に…

　2023年春、息子は中学校に入学しました。本人が望んでいた、地元の中学校の普通級です。中学校は、通っていた育成室の目の前にあります。育成室時代を一緒に過ごした同級生たちとも同じ中学校です。息子は地域で育つことを希望し、そのために努力もしてきました。私は、そんな息子を誇らしく思います。

　小学校最後の日、息子と育成室にあいさつに行くと、児童館の館長さんが、「学校でつらいことがあったら、インターフォン鳴らしていいからね。下まで降りてきて話を聞くからね」と言ってくださいました(コロナ禍の影響で、この時点では中学生は児童館に行けなかったため、こうしたやりとりになりました)。

　息子と小学1年生の頃から過ごしてくれた指導員の先生も、「あなたがはじめて育成室に来た日のことをおぼえている。大変なこともあったけれど、真剣に悩んで考えて一緒に成長させてもらったよ。ありがとう」と話してくれました。息子はここでも、人とのつながりをしっかりとつくれていたのです。

　また、こんなエピソードも教えてくれました。児童館のイベントは、1年生から6年生までが一緒になって行うものが多く、息子が困っている1年生にやさしくアドバイスをしたり手を貸したりする姿をたくさん目にしたとのこと。1年生にも、「あのお兄ちゃんはやさしいから、あのお兄ちゃんと一緒がいい」と言ってもらっていたそうです。

　息子が1年生に慕われる存在になれたのだと知り、とても成長したと思うと同時

に、継続して息子を見つづけてくれた指導員の先生に、感謝でいっぱいになりました。

＊　　　　＊　　　　＊

　私は、育成室・区連協・都連協を通じて人とのつながりができたおかげで、このたび特別報告をする機会をいただきました。これまでの人生では、想像もしていませんでした。

　省エネが叫ばれている時代ですが、人とのかかわりだけは省エネしてはいけない。人との関わりこそ、自分の持っているかぎりのエネルギーを使ってつないでいかなくてはならない、人とのつながりだけはあきらめてはいけないのだと思います。

（第58回全国学童保育研究集会特別報告・2023年11月4日）

「学童って最高！」の思いを胸に

高知県安芸市　指導員　福本かおり

子どもたちとともに少しずつ

「おかえりー」と子どもたちを迎えると、「居残りさん疲れたー」、「おなかすいたー」「占いの本、借りてきたき、先生、誕生日教えて！」。子どもたちは「ただいま」の前に、それぞれの思いを指導員に預けてくれます。うれしいこと、腹が立ったこと、しんどかったこと、涙を流して帰ってくることも……。これが、どいっ子学童クラブの日常です。

　高知県は東西に190キロと長く、南に太平洋、北に四国山脈と自然豊かな風土です。私が住む安芸市は県東部に位置しており、温暖な気候を利用して、ビニールハウスで作物を栽培する施設園芸が盛んで、とくにナスの生産量は全国有数です。

　どいっ子学童クラブは2014年に開設しました。当時、お迎えに来た方が、「孫の代になってやっと安心して預けることのできる学童保育ができた」とよろこんでくださっていたことが印象に残っています。

　私自身、5歳のときに父が亡くなり、心のどこかにいつもさびしさがある子ども時代を過ごしました。幼い頃からの夢は「幸せな家庭を築くこと」。「家族がほしい」と熱っぽく語る私に共感し、18歳で結婚という人生を選んでくれた夫と、念願の家庭を持ちました。3人の子どもたち、夫、そして母の支えが、すべての活動に情熱を注ぐ私の原動力であり、生きる力となっています。

　2013年、県職員として働く友人から、学童保育開設に向けた運動への応援要請がありました。当時、私は学童保育の知識はなかったものの、「友人たちの力になりたい」、「子どもたちのためになるのであれば」と、多くの方と顔をあわせ、「子どもたちに豊かな放課後を」と訴えて歩きました。

　いざ開設が決まると、指導員をどうするかという話になりました。そして、「かおりちゃんしか適任はおらん！」と、周囲の人たちが背中を押してくれ、私に「学童保育の先生」として生きる道が示されたのです。

　開設当初、慣れない事務作業、学校や保護者さん、担当課との関係づくり、そして45人の子どもたちとの生活に、必死な毎日を過ごしていました。当時は、「まわりの期待に応えねば」と、自分のなかの「ねばねば」にとらわれすぎていたように思います。

　自信をなくした私は、県内の学童保育ネットワークの代表（以下、代表）に何度も相談をさせてもらいました。「10年やってみたらやっと学童のことがわかってくるもんやきね。まだまだこれからよ！」と言ってくれた代表。その言葉をはげみに、「ひとまず10年」を目標に、がむしゃらに学童保育と向きあってきました。

　当時をふり返ると、いつも思い出すのが「お掃除論争」です。どいっ子学童クラブ

では毎週水曜日に「どいっ子未来会議」を開催していて、開催の有無や司会進行も子どもたちが担います。さまざまな議題について、指導員も一緒に議論します。そこで、「掃除をしたくない」という意見が出されたのです。

　開設当初から、17時になると掃除をするというルールがありました。「掃除をとおして、やさしさ、思いやり、忍耐力を身につけてほしい」、私はそんな思いこみで子どもたちを追いかけまわし、全員での掃除に執着していたように思います。説明もせずに、こだわりを押しとおしていた結果が、子どもたちからの「お掃除撤廃」の訴えでした。

　「大人である」、「先生である」とつい何事も押しつけそうになっていた私に、子どもたちはまっすぐに気持ちを伝えてくれ、「子どもたちが主役の学童保育」という出発点に、原点回帰させてくれます。「子どもたちと柔軟な変化を遂げつづける、どいっ子学童クラブでありたい」というのが当初からの変わらぬ思いでしたし、月日を重ねるなかで、子どもが自分らしくのびのびと過ごせる学童保育へと成長していきました。

「お掃除論争」も「お掃除撤廃」という終着点にたどり着きました。子どもたちは、日々の生活のなかで思いやりと忍耐を学んでいます。また、私たち指導員は、子どもへの伝え方を立ちどまって考えられるようになりました。

「いつもの学童保育」であれるように

　2020年春、「新型コロナウイルス感染症」が拡大し、学童保育での生活が一変します。ワイワイ楽しかったおやつの時間は黙食に。各自の気分で選べた活動スペースも、席に名札を貼り、指定席で行うようになりました。イベントも安全面を優先して見あわせるばかり……。のびのびと自由に、やりたいことを最大限に実現してきた私たちでしたが、感染対策に注力せざるを得ない日々がつづきました。

　ふり返ると、学校「臨時休業」で先行きの見えないなかも、学童保育は開所をつづけました。「学童保育に行けばいつもの先生が、いつもの元気で出迎えてくれる。いつもの毎日がある気がする」そんなふうに感じてほしかったように思います。

　そして2023年の春、さまざまな活動を再開しようとしたとき、子どもたちの「あれしたい！」「これしたい！」の声が圧倒的に小さくなっていることに気がつきました。コロナ禍のなかで知らず知らずのうちに、がまんすること、制限されることが日常となっていた子どもたちは、与えられた自由にとまどっているようにも感じました。

　そこでこの年の夏休みは、あえて「みんなで一緒に！」を意識し、創作活動やゲームの機会を用意しました。「楽しんでくれるだろうか」との心配もありましたが、まずは指導員から！　と、子どもとともに本気の椅子取りゲームや創作活動を行いました。さまざまなお題をクリアしながらゴールをめざすミニゲームでは、子どもたちの一生懸命な姿が印象的でした。指導員が提案し、相談しながら進める生活づくりも、大切な働きかけの1つであるとあらためて感じています。

　保護者会の活動も見なおしました。この間、以前のように年間行事で交流を深めるなどの時間を持てなくなっていて、３年ぶりに再開した個人面談では、保護者の方々の交流が限定的になっている印象がありました。私たちは、子どもの生活の場を守る専門職として、子どものいいところを保護者さんにたくさん伝えていこうと考えています。

　「ただいま」の前に預けてくれた子どもの気持ちを、保護者さんにていねいにお渡しすることも、大切な仕事の１つです。お迎えに来られないご家庭もあるので、子どもたちの何気ない言動を、「週刊どいっ子新聞」と名づけたおたよりで届けています。タイトルは毎号、子どもが書いてくれていて、おうちの方も楽しみにしてくださっています。

「運動なくして発展なし！」

　日に日に募る学童保育への熱い思い。私の学童保育人生を語るのに欠かせない存在として、こうち学童保育ネットワークがあります。開設当初から助言をいただき、2017年からは、私自身も広報部を担当しています。ネットワークを通じて、県内の学童保育の実態把握のアンケートを行ったり、交流活動を進めるなかで、運営や職員の処遇を学ぶ機会がありました。

　どいっ子学童クラブ開設当時の勤務時間は14時から18時まで。環境整備や運営に関する業務は勤務時間外にすべてボランティアで行っていました。イベントの準備や年度末の整理、新年度の準備には膨大な時間がかかります。深夜遅くまで仲間たちと過ごした時間はかけがえのないひとときでしたが、情熱に反比例して時間とお金の問題は深刻でした。多くの責任が生じますし、やりがいだけで仕事をするには限界があります。

　私たちは、子どもたちの生活を守る専門職であるという誇りと責任をしっかりと持つこと、そして、十分な勤務時間と、それに見あった処遇改善が必要であると感じています。安定的に職員を雇用することは、子どもたちの生活の安定に直結しています。どいっ子学童クラブでは、2019年から、常勤職員は６時間勤務になり、処遇改善も行いました。

　それから５年を経るなかで、同僚と一緒に過ごす時間が格段に長くなりました。以前は、子どもたちが登所するまでのほんのわずかな時間で態勢を整え、十分な打ちあわせもできないまま子どもたちを受け入れていました。

　時間が長くなったぶん、子どもとのかかわりについて、お互いの気持ちの確認もより深いところまで行えるようになり、それぞれの視点をふまえて多角的にじっくりと一つひとつの出来事を見られるようになりました。また、チームとしての一体感をより強く感じるようになりました。

　しっかりとした勤務時間と処遇の保障は、私たちの仕事に対する社会の評価であり、私たち自身も安心して仕事に向きあうことができる、大きな理由の１つになると感じます。

これまで、学童保育を通じて、さまざまな分野の方々と出会い、多くのことを語りあう機会を与えてもらいました。そこから感じているのは、「運動なくして発展なし！」ということ。学童保育を語るとき、私がいつも心に刻む言葉です。

　学童保育は「児童福祉法」に位置づいた公的な事業でありながら、自治体によって大きな格差が生じています。子どもたちの生活の場を保障するために声をあげ、多くの方々に理解と協力を求めていく必要があると強く感じています。

　10年の節目を目前に、「10年やったら……」という代表の言葉が頭をよぎります。制度の勉強もしました。子どもの育ち、生活づくりについても、年間を通じて多くの学びの機会に出向いています。いまの私は学童保育のことをどれだけわかっているでしょうか。

　むずかしい話も、頭で理解しなくてはいけないこともたくさんあります。それと同じくらい、肌で感じる学童保育特有の空気感があります。泣いて、笑って、ときにはぶつかりあい、毎日がとっても刺激的で、熱い思いがあふれています。10年やってわかったこと、それは「学童保育って最高！」ということ。これからも、学童保育とともに、胸を張って歩んでいきたいと思います。

（第58回全国学童保育研究集会特別報告・2023年11月4日）

STEP 5

指導員の仕事と
働く環境

~みんなで考えたい、子どもも安心できる
"学童保育で働く環境"~

指導員の仕事を知ろう

　学童保育は、保護者の就労などにより保育を必要とする小学生の放課後および土曜日や春休み・夏休み・冬休みなどの学校長期休業中の生活を保障すること、保護者が安心して働きつづけること、そしてその家庭を守る役割を担っています。一人ひとりの子どもが安心してのびのびと生活できるように、子どもたちと一緒に学童保育の生活をつくっていきましょう。

学童保育に通う子どもたち

　学童保育に通う子どもたちの多くは、日中に保護者が家にいない家庭の子どもたちです。多くは低学年で、子どもの発達に応じた大人の援助が必要です。

　子どもたち一人ひとりが、年齢や発達段階、家庭・生活環境が違い、興味や関心、やりたいこともさまざまです。学校でのいろいろな出来事、思いを抱えて学童保育に帰ってきます。多くの学童保育では、異年齢の子どもたちが集団で継続した生活をしています。

指導員の仕事の中身

　指導員の仕事は、子どもたち一人ひとりが、安全で安心できる生活をおくれるよう、年齢にふさわしい「養護」を含めた基礎的な生活を子どもと一緒につくることが土台となります。

　学校から帰ってきた子どもたちがくつろぎながら安心して過ごせるように、安全や衛生に気を配りながら生活環境を整えます。

　そして、その日の子どもたちの状況、学校での様子や天候を考慮しつつ、無理のないように1日の生活の流れを組み立てます。

　学童保育の当面の予定、生活のルールなどを子どもにわかりやすく示し、あそびや宿題、おやつやお出かけ、帰宅の時間など、子どもが見通しをもって学童保育で生活できるように援助します。

　放課後の生活ですから、解放感や自由さを大切に、それぞれの思いや願いに基づいた生活になるようにすることが大切です。

　学童保育の子どもたちは、保護者等の送り迎えが前提となる保育所と異なり、自分の判断で学童保育を休んだり来なくなったりすることもあります。毎日いやいや通うようでは、保護者は安心できませんし、放課後の生活を守っているとはいえません。

　指導員に求められるのは、学童保育が子どもたちにとって自分の放課後の生活の場として、毎日安心して帰ってくることができ、そしてのびのびと生活できるようにする努力です。自分のことをわかってくれる指導員や仲間がいるという実感があってはじめて、子どもは安心して、さまざまなことに挑戦していくことができます。そのためには、指導員が一人ひとりの子どもをしっかり受けとめ、関係をつくることに努めます。

　一緒に生活する仲間である友達のことをお互いにわかりあえるようになることも大切です。そのために指導員は、子どもたちに意図的にかかわり、子どもたちがお互いの存在やかかわりをとおして成長できるように働きかけていきましょう。

　指導員が学童保育での子どもの様子を保護者に伝えることで、保護者は、わが子を安心して学童保育に託せるようになります。また、指導員が子どものことを理解するために、家庭での生活、保護者の願いや心配ごとも含めて知るように心がけましょう。そして、子どもたちが働く保護者を理解し共感できるよう働きかけることも大切です。

　場合によっては、学校での子どもの姿を知ることも必要になってきます。1人の子どもにかかわる大人が手をつなぐことによって、子どもの生活は安定し、成長発達の土台を築くことになります。

　また、学童期の子どもにふさわしい知的関心や興味を大切にした取り組みや、大勢の子どもたちが一緒に過ごしているという特性をいかした活動を行っていくことも大切にしましょう。子どもの自主性をもとに、やりきった充実感がもてるような取り組みと援助をしたいものです。

子どもを迎える準備と必要な仕事

　学童保育の仕事を円滑にすすめるために、指導員間で定例化した打ちあわせの時間を設けます。そのほか、指導員には、子どもたちと直接かかわること以外に実務を含めたさまざまな仕事があります。おおまかに

は、つぎのようなものがあげられます。

- ・ 出席簿や保育日誌・子どもに関する記録
- ・ おたよりの発行と連絡帳などの記載
- ・ おやつの準備
- ・ 子どもの生活を豊かにするためのあそびや活動の研究
- ・ 一定の期間の保育計画の作成や保育実践のふり返り
- ・ 学校や家庭等への必要に応じた連絡
- ・ 施設・設備・備品の管理と環境整備
- ・ 金銭管理（おやつ代・各種行事費など）と書類整理
- ・ 学習・研修
- ・ 必要な会議の準備・出席
- ・ 近隣・地域への対応、行政との連絡

※くわしくは、全国学童保育連絡協議会発行『改訂・テキスト　学童保育指導員の仕事【増補版】』を参照してください。

▶ 「放課後児童クラブ運営指針」（以下「運営指針」）に示されている指導員の仕事

第3章　放課後児童クラブにおける育成支援の内容

1．育成支援の内容

(1)　放課後児童クラブに通う子どもは、保護者が労働あるいは疾病や介護等により授業の終了後の時間帯（放課後、学校休業日）に子どもの養育ができない状況によって、放課後児童クラブに通うことが必要となっているため、その期間を子どもが自ら進んで通い続けるためには、放課後児童支援員等が保護者と連携して育成支援を行う必要がある。

(2)　放課後児童クラブは、年齢や発達の状況が異なる多様な子ども達が一緒に過ごす場である。放課後児童支援員等には、それぞれの子どもの発達の特徴や子ども同士の関係を捉えながら適切に関わることで、子どもが安心して過ごせるようにし、一人ひとりと集団全体の生活を豊かにすることが求められる。

(3)　子どもの発達や養育環境の状況等を把握し、子どもが発達面や養育環境等で固有の援助を必要としている場合には、その援助を適切に行う必要がある。

(4)　子どもにとって放課後児童クラブが安心して過ごせる生活の場であり、

　　放課後児童支援員等が信頼できる存在であることを前提として、放課後児童クラブにおける育成支援には、主に次のような内容が求められる。

（筆者注：以下、項目のみ）

①　子どもが自ら進んで放課後児童クラブに通い続けられるように援助する。

②　子どもの出欠席と心身の状態を把握して、適切に援助する。

③　子ども自身が見通しを持って主体的に過ごせるようにする。

④　放課後児童クラブでの生活を通して、日常生活に必要となる基本的な生活習慣を習得できるようにする。

⑤　子どもが発達段階に応じた主体的な遊びや生活ができるようにする。

⑥　子どもが自分の気持ちや意見を表現することができるように援助し、放課後児童クラブの生活に主体的に関わることができるようにする。

⑦　子どもにとって放課後の時間帯に栄養面や活力面から必要とされるおやつを適切に提供する。

⑧　子どもが安全に安心して過ごすことができるように環境を整備するとともに、緊急時に適切な対応ができるようにする。

⑨　放課後児童クラブでの子どもの様子を日常的に保護者に伝え、家庭と連携して育成支援を行う。

▶ 指導員の資格について

　「放課後児童支援員」の資格を取得するには、保育士や社会福祉士、教諭などの有資格者、大学で一定の決められた課程を履修した者、高卒以上で2年以上児童福祉事業に従事した者などの9項目のいずれかの基礎要件をもつ者（2018年4月より、「5年以上放課後児童健全育成事業に従事した者であって、市町村長が適当と認めたもの」も加わっています）が、都道府県（2019年から政令指定都市、2020年から中核市が実施主体に加わっています）が実施する16科目24時間の「放課後児童支援員認定資格研修」を受講し、修了することが必要であると定められました。

放課後児童支援員に係る都道府県認定資格研修の項目・科目、時間数【16科目24時間＜90分×16＞】

１．放課後児童健全育成事業（放課後児童クラブ）の理解（4.5時間・90分×3）

　①　放課後児童健全育成事業の目的及び制度内容

　②　放課後児童健全育成事業の一般原則と権利擁護

　③　子ども家庭福祉施策と放課後児童クラブ

２．子どもを理解するための基礎知識（6.0時間・90分×4）

④　子どもの発達理解

⑤　児童期（６歳〜12歳）の生活と発達

⑥　障害のある子どもの理解

⑦　特に配慮を必要とする子どもの理解

３．放課後児童クラブにおける子どもの育成支援（4.5時間・90分×３）

⑧　放課後児童クラブに通う子どもの育成支援

⑨　子どもの遊びの理解と支援

⑩　障害のある子どもの育成支援

４．放課後児童クラブにおける保護者・学校・地域との連携・協力（３時間・90分×２）

⑪　保護者との連携・協力と相談支援

⑫　学校・地域との連携

５．放課後児童クラブにおける安全・安心への対応（３時間・90分×２）

⑬　子どもの生活面における対応

⑭　安全対策・緊急時対応

６．放課後児童支援員として求められる役割・機能（３時間・90分×２）

⑮　放課後児童支援員の仕事内容

⑯　放課後児童クラブの運営管理と運営主体の法令の遵守

専任・常勤・複数体制を確立する

　学童保育では、「年齢や発達の異なる子ども一人ひとりと子ども全体にかかわることを、同時に、または並行して行う必要があること」、「安全を守る場面や、ケガへの対応やいさかいなどの場面では、個々の子どもへの対応と、子ども全体への対応を同時に行う必要があること」、「個別に特別な援助が必要な場合があること」、「小学1年生から6年生までの子どもの発達・特性を継続的に把握したかかわりが求められること」などから、専門的な技能と知識を身につけた指導員が常時複数配置されることが必要です。

なぜ必要？ 専任体制

　子ども一人ひとりが安心感をもって学童保育で生活できるようになるためには、指導員との信頼関係があってのことです。

　指導員は日々、子どもたちとともに生活することで、一人ひとりの理解を深めていきます。子どもたちは日々の指導員とのかかわりのなかで「受けとめてもらえている」という実感をもち、安心して毎日の生活をおくることができます。そのためにも、毎日同じ指導員が専任で配置されることが必要であり、子どもたちにとっては、「いつも自分たちのことをわかってくれて、帰りを待ってくれている指導員の存在」は欠かせません。学童保育に固有の知識と技能を身につけた指導員が、児童館や「放課後子供教室」など、ほかの仕事と兼務するのではなく、専任として配置されることが必要です。

なぜ必要？ 常勤体制

　指導員の「常勤配置」は、学童保育の目的・役割を果たすために、欠かせない大切な条件です。

　指導員の仕事には、子どもたちへの直接的なかかわりだけではなく、子どもたちを受け入れるための準備・保育記録の作成や打ちあわせによるふり返り・研修など、さまざまな業務があります。こうした業務をおこなうには、短時間の勤務ではなく、1日のフルタイムの勤務が必要に

なります。

　なお、国は、2015年度から「放課後児童支援員等処遇改善等事業」を開始し、「運営指針」に規定する育成支援の内容を主担当として従事する常勤職員を配置する場合に、その賃金改善に必要な費用の一部を補助する事業を実施しています。また、2017年度には「放課後児童支援員キャリアアップ処遇改善事業」もはじまりました。

なぜ必要？ 常時複数体制

　学童保育では、学校や塾の授業のように全員が１つの課題に同じように取り組むのとは異なり、一人ひとりの子どもたちが主体者として、遊びを主とした生活のなかで仲間とともに思い思いに過ごしています。

　保育中、子どもたちは、常に同じ場所にいて同じ行動をとっているわけではありません。室内や屋外などさまざまな場所に分かれて過ごすこともありますし、同じ場所で過ごしていても、各自が別の遊びや活動をすること、おやつの準備と遊び、宿題などが同時並行でおこなわれることもあります。そのため学童保育では、指導員が分担して連携しながら子どもたちとかかわることが必要です。

　子どもたちによりよい「放課後の生活の場」を保障するためには、子どもの内面の変化・成長をとらえ、一人ひとりが安心して生活できているかどうか、目の前にいる子どもたちの姿から確かめあうことが必要です。そのためにも、その日の保育にあたる指導員は子どもの来ない時間帯から複数いる必要があります。子どものいる時間だけ複数いればいいということではありません。

職場づくりと連携・協力・学びあい

子どものために指導員も学びあい、支えあう職場づくりを

　指導員間の連携と協力のあり方は、学童保育での生活内容に大きな影響を与えます。それぞれの場面で指導員が知り得た子どもの様子や気づきなどを共有することは、連携・協力の大前提です。また、子どものことについて指導員それぞれが感じる、気づきや迷い、悩みなどは異なる場合もあります。打ちあわせや会議の場、記録、事例の検討などを通して、学びあいながら保育をすることは、子ども理解を深めるためには欠かせません。

　1か所あたりの指導員の人数が増え、また、「午後から勤務」、「ローテーション勤務」の指導員が増えています。さらに、指示されている仕事内容の違い、勤務体制や身分、労働条件の違い、就職理由の違いなど、同じ学童保育で働く指導員でも、仕事に対する理解や意識、意欲などもさまざまです。

　こうしたなかで、「保育前後の打ちあわせや記録を書くための時間が自分にはあるが、同僚にはない」、「子どもたちとのかかわりについて十分に話しあう時間がとれない」、「立場の違いから、子どもをどのように理解するかが異なる」という状況も生まれています。

　また、立場の違いによって、行政に改善を要求する場合もなかなか一致しないこともあります。学童保育の拡充にあたって、地域の指導員たちが共通認識をもち、協同・協力していくことが求められます。「運営指針」でも、「職場倫理及び事業内容の向上」の必要性が示され、「職員集団のあり方」、「研修等」、「運営内容の評価と改善」が必要なことが明らかにされています。

　本来、指導員は、専門的な知識と技能を身につけた有資格者が、保育時間前後に必要な準備ができるよう、常勤職員として働きつづけることを支える処遇であることが必要です。また、常勤、非常勤、パートなどの雇用形態にかかわらず、職員全体が協同・協力して、よりよい学童保育のためによりよい「職場」をつくっていくことは欠かせません（合同

行事や研修会、要求づくり、はげましあいなど)。そして、職場以外での指導員の学びあい、支えあいが必要です。

　学童保育が児童館内にあって、館長やほかの仕事にたずさわる人たちと一緒に仕事をしていたり、学校内で校長や教頭が施設管理者になっていたりする場合もありますが、多くのところは、日常の運営が指導員にまかせられています。

　指導員の仕事は、大勢の子どもの成長にかかわる仕事です。仕事をするうえで指導員同士の信頼に基づく人間関係が欠かせません。しかし実際には、なかなかうまくいかないことも多く、悩んでいる指導員も少なくありません。

信頼関係をつくるキーポイント

POINT 1　子どものことを話しあう

　学童保育の職場で信頼しあえる関係をつくるうえで大切なことは、職員一人ひとりが社会人としての常識、規範を身につけていることを大前提に、お互いが理解した子どもの様子や子どもと接した内容をできるだけ多く話しあうことです。それぞれがかかわった子どもたちのことは経験も年齢も関係なく話しあえます。こうすることで、仕事の一番大事な部分をお互いが同じように知っているという共通認識をもてるようになります。

　子どもたちのことを話しあっていくうちに「どうしてだろうね」、「今度はこういうことも気にかけていこうね」、「保護者の方にも伝えたいね」というように、子どもをどのように理解するかが話しあえるようになり、お互いの考え方、感じ方、子どもへのかかわり方の違いをプラスの方向で生かしあえるという利点もあります。

POINT 2　お互いの持ち味を生かす

　日常的な生活の場面では、お互いの持ち味を生かした指導を意識しましょう。

　毎年の行事などでは、経験のある指導員のほうが慣れていてあたりまえですから、経験のある人がリードしながらすすめることになるでしょう。そのとき、少しずつ仕事を分担したり、新しい指導員の意見を取り入れたりする姿勢が大切です。子どもたちが一人ひとり異なる

ように、指導員も一人ひとり異なります。経験の違いや保育観、子ど
もをどのように理解するかについての違いはあってあたりまえです。
だからこそ、指導員間の話しあいが大切になります。

　子どもたちが学童保育で過ごすために必要な決まりやこれからの予
定などは、指導員によってその内容が違うと、子どもたちがとまどっ
てしまいます。学童保育の生活のなかで一致させなければならないこ
とは最小限におさえて、違いを認めあって、それを持ち味として生か
せるように努力しましょう。

POINT 3　子ども・保護者・指導員仲間から学ぶ

　学童保育には子どもたちのことを一緒に考える保護者がいます。お
どろくような成長・変化を見せてくれる子どもたちがいます。目を外
に向ければ、同じような悩みを抱えながらがんばっている指導員の仲
間がいます。お互いに学びあい、はげましあっていきたいものです。

指導員の学習・研修

学びつづけながら経験を蓄積していく仕事

　学童保育の指導員の仕事は、大勢の子どもの成長に直接かかわる仕事です。子どもたちは日々成長し、子どもの構成も毎年異なります。大勢の子どもたち一人ひとりが安定して学童保育での生活を営み、豊かな放課後を送れるようにするために、指導員が学ばなければならないことはたくさんあります。

　現在のように、保護者の就労形態を含めて子どもを取り巻く社会環境がいちじるしく変化し、複雑になってくると、子どもを理解することは大変むずかしいものです。

　さまざまな思いを抱えて生きている子どもたちの心に寄りそい、はげまし、発達を援助できるようになるためには、より専門的な力量を身につける努力がいっそう必要になってきています。

これまでの実践をふり返ってみる

　さまざまな取り組みや、子どもたちへの理解やかかわり方が適切であったかどうか、一面的でひとりよがりなものになっていないかどうか、指導員は常に自分の実践をふり返ってみましょう。

・　職場の指導員同士の話しあいを大切にしましょう。自分だけでは気づかないことや１人では知り得ないことを同僚と共有でき、自分以外の目をとおして子どものことや自分のことをふり返ることができます。

・　あいまいな記憶に頼るのではなく、子どもの出席簿、日誌、おたより、連絡帳、指導員の個人記録などをもとにふり返ることも大切です。一人ひとりの子どもの事実や変化を発見することができ、自分自身の変化にも気づくことができます。

・　基本的な記録や日誌だけでなく、子どものことで気づいたことや感じたこと、かかわったことなど、具体的な事実を記録しておきます。毎日の記録をもとに一定期間の実践の記録を綴ってみましょう。

　　書くということは、話すことよりもあいまいさやいい加減さが許さ
れないため、その時の場面や自分の気持ちなどをしっかり思い出さな
ければなりません。また、第三者にわかるように書き表すことで、自
分の実践を客観的に見ることができます。
・　同僚や指導員の仲間内で記録などをもとに検討できれば、実践上の
　課題をより深めることができます。

学ぶ姿勢を大切に！

　　1つの学童保育のなかで同僚と話しあうだけでなく、地域の指導員会
などをつくって交流し、学びあう機会をつくることも大切です。

　　あわせて、行政に研修の場をつくるよう働きかけていくことも大切で
す。

　　都道府県や市町村が行う指導員の研修に国が補助金を出しています。
この補助金を活用して研修の場を増やしていきましょう。研修の内容に
ついては実践に役立つよう、指導員の要求が反映されるよう、取り組み
ましょう。

　　また、全国学童保育連絡協議会や地域の学童保育連絡協議会の研修を
積極的に活用しましょう（214ページ参照）。

　　教育、保育、福祉、心理学、哲学、社会学などほかの分野の実践や研
究から学ぶことも大切です。

働きつづけられる職場にするために

経験も学習も子どもとの信頼関係も積み重ね

指導員が一人ひとりの子どもを理解し、子どもも指導員に信頼を寄せるという関係は、簡単にできるものではありません。指導員が、経験と学習を積み重ねながら働きつづけることが、子どもたちとかかわるうえではとても大切なことです。

指導員が次々に変わるのでは、子どもの心も生活も不安定になり、学童保育が安心できる場にはなりません。「指導員は自分のことをわかってくれている」という安心感は、子どもたちがさまざまな活動に向かうときの心強い支えになります。

子どもたちの放課後の生活を豊かにするためにも、指導員が働きつづけられる職場を考えなければなりません。

指導員の職場・労働条件の実際は…

残念ながら現在は、指導員が安心してこの仕事に打ち込める状況にはなっていません。

また、指導員にとっては職場である学童保育の運営そのものが不安定なところも少なくありません。学童保育に対する行政施策の不十分さから、学童保育の運営そのものが保護者や指導員にゆだねられ、指導員の善意と情熱で運営の困難さを補っているところも少なくありません。

こうしたことから、自分自身の将来に展望を見いだせず退職する指導員もいます。そして、適切な後任者がなかなか見つからないという状況もあります。

子どもとの安定的・継続的な関係のために労働環境の改善を

厚生労働省令「放課後児童健全育成事業の設備及び運営に関する基準」（以下、「省令基準」）では、「（利用者である子どもたちが）素養があり、かつ、適切な訓練を受けた職員の支援により、心身ともに健やかに育成されることを保障するものとする」とされています。学童保育の目

的・役割が果たせるのかは、指導員の仕事によるところが大きいということです。

　また、「放課後児童クラブ運営指針」では、「子どもとの安定的、継続的な関わりが重要であるため、放課後児童支援員の雇用に当たっては、長期的に安定した形態とすることが求められる」、「放課後児童支援員等の勤務時間については、子どもの受入れ準備や打合わせ、育成支援の記録作成等、開所時間の前後に必要となる時間を前提として設定されることが求められる」、「（運営主体は）放課後児童支援員等が健康で意欲を持って就業できるように、労働環境の整備に努める必要がある」とされています。

　こうした指導員の処遇、労働環境をつくるためには、雇用形態の改善や、運営費の大半を占めている指導員の人件費の確保が必要です。そのためにも、運営者の責任だけでなく、事業の実施主体としての市町村の責任、国の責任などによる、フルタイム勤務の常勤の指導員が配置できような施策や財政措置が求められます。

指導員にかかわる課題

　これまで、指導員の雇用面や就業の安定性などに大きな問題や課題がありました。多くの指導員は不安定な雇用で、働く条件は劣悪ともいえるものでした。全国連協は、指導員が自らの仕事をとおして学童保育の目的・役割を果たすためには、以下の諸条件が整えられる必要があると考え、これらが総合的に解決されることを国や自治体に要望しています。

・　指導員に求められる専門的な知識と技能に対する社会的合意がはかられること
・　子どもとの安定的なかかわりが継続できるよう、指導員の長期的に安定した雇用が確保されること
・　指導員の勤務時間として、保育時間前後に必要な準備時間が設けられること
・　専任の指導員が常時複数配置され、安全面に配慮して円滑な運営をおこなえるようにすること
・　指導員が常に自己研鑽に励み、力量を向上させることができるよう

研修の機会が保障されること

2015年度から施行された国の子ども・子育て支援新制度において、学童保育および指導員にかかわる制度が大きく変わりました。

「省令基準」や「運営指針」がはじめて定められたことで、学童保育の目的・役割、学童保育に求められる内容、指導員の仕事・役割が公的に明確にされました。あわせて、資格や配置基準が定められ、処遇の改善（常勤化を促す）が検討され、研修の充実をはかることなどがおこなわれるようになりました。

指導員の手記

多くの人々と学びあい、ともに歩んだ日々をふり返って

山形県山形市　指導員　山川美江子

「なにができるか、なにをすべきか」を考えながら

　私は、1980年、24歳のときに指導員になりました。それから10年後に異動を経験し、2021年3月に定年退職するまで32年間、「うめばち子どもの家」（以下、うめばち）でお世話になり、2022年で再雇用2年目になります。こんなに長く、60歳も過ぎて指導員をつづけているなんて、自分でもびっくりしています。

　これまでをふり返ると、多くの困難や大切な人との別れ、そして学童保育や指導員の仕事に理解を得られなかったことなどがあって、何度も「やめたい」と思ったことがありました。それでも、働きつづけてこられた一番の支えは、「子どもたちの成長の瞬間」に立ち会えたからです。

　「けん玉ができるようになった」、「編み記号を読み、編みぐるみをつくれるようになった」、「教えあいながら、1年生から6年生までみんなで野球をしている」、「ときに暴れていた子が、いまでは友達を諭してくれている」、「子どものキラキラした目と、彼らが見せてくれる"キラリと放つ輝き"」……、その感動の瞬間に立ち会える指導員の仕事は、とても幸せですてきなものだと思います。

　けんかをしたり、失敗したりした分だけ人はやさしくなり、心が豊かになれる。子どもからそう教えられました。私たちは、全人格を相手にする「発達支援専門職」という大切な仕事に携わっているのだと思います。

　子どもたちが、毎日ともに生活するなかでは、ときにけんかや意見のぶつかりあいなど、さまざまなことが起こります。そのなかで私は、「子どもの思いをおおらかに受けとめ、その願いに沿った活動を保障し、主体性を大切にできる。一緒に考え、子どもからの訴えをおろそかにしない、頼りにしてもらえる大人になりたい」、そう思って努めてきました。「なにができるか　なにをすべきか」を、学童保育の役割に照らして考えることを大切にしてきたからです。

子ども・保護者とともに…

　2つ目の支えは、父母の皆さんの存在です。指導員になったばかりの頃に参加した、全国学童保育研究集会で、あるお父さんが、「『おらだの指導員が一番、おらだの父母が一番』。そう思える信頼関係のある学童保育は発展する」と話していました。これは私にとって、原点ともいえる言葉で、そんな指導員になることを目標にしてきました。

　うめばちの開設25周年のときにサプライズでいただいた感謝状には、「山ちゃんってマシュマロみたい　ときには子どもたちをはね返し　自分たちで考える大切さを教え　ときにはとけて　子どもたちにからまってあきらめてはいけない粘り強さ

を教え　またときにはあたたかく子どもたちを包んでくれる　山ちゃんってマシュマロみたい」とありました。指導員冥利に尽きる言葉です。これまで多くの父母の皆さんに学び、育ててもらったことを実感しています。

　だいぶ以前のことですが、娘と息子を育てるシングルのお母さんがいました。お母さんは朝の出勤が早く、子どもたちがカギをかけて家を出るのですが、男の子はなかなか起きられず、お姉ちゃんは先に家を出てしまい、担任の先生が、「遅くなってもいいから学校へおいで」と何度も電話をかけてくれました。

　男の子はとてもやんちゃで、毎日のようにトラブルが起こります。学童保育でもしばしば暴れ、「家で大変だろうな」と感じていましたし、ときに、学校の先生と気持ちの行き違いが生じ、お母さんがつらい思いを抱えることもありました。

　それでも幸い、お母さんは指導員に自分のつらさや気持ちを話してくれました。私たちも、「よかったら話を聞くよ。もっと周りの人を頼っていいんじゃないかな……」などと伝えるとともに、子どもたちが、簡単な食事や学校の準備などができるよう、援助しました。

　「私たちになにができるのだろうか」と何度も悩みましたが、ともに時間を重ねるなかで、「子どもたちが学童保育で充実した生活をおくることが、お母さんを支えることにつながる」と気づくことができました。

　心地いい人間関係と信頼関係は、指導員と子ども、子ども同士、保護者と指導員が、ともに築いていくもの。そのためにも、時間をかけて互いの違いを受け入れ、認めあうことを大切にしたいと思います。

おらだの父母が一番！

　コロナ禍のいま、生活のなかでさまざまな制限を設けざるを得ず、子どもの育ちがとても心配です。うめばちでも、例年行っていた数々の行事ができなくなりましたが、2021年には、前日の夜に父母の方々が飾りつけをしてくれるなど分離している各クラブそれぞれで、楽しいハロウィンパーティーができました。うめばち全体で行っていた親子クリスマス会も、規模を縮小してそれぞれでできました。

　2022年の夏休みには、全体で行うキャンプの代わりに、各クラブで企画を考え、水遊びや夏祭り、デイキャンプなど、それぞれに楽しい時間を過ごしました。「やれるときにやれることをやろう」と、これまで以上に父母の皆さんが一緒になにができるかを模索し、指導員の背中を押してくれています。本当に頼もしく、やっぱり、「おらだの父母が一番！」です。

　そして2022年12月で、うめばちは開設40周年を迎えます。自分たちで民家を借りて、8人の子どもたちで開設したところからスタートし、現在は、4クラブに計140人が在籍しています。私たちの長年の願いが実を結び、2022年4月に、34年過ごした自前のプレハブ施設から、市が学校敷地内に建てた新施設に移転しました。

　設計の段階から父母と指導員でプロジェクトチームを設け、担当課とも何度も打ちあわせをし、旧施設の書類や備品の断捨離から引っ越しも、父母会内に移転部会

を設け、なんでもとっておく私と、父母の皆さんとのバトルの末、無事に済ませることができました。

学びあい、改善に向けて

　3つ目の支えは、ともに学び、支えあえる指導員仲間がいたことです。これまでずっと仲間とともに、専門職としての指導員の仕事の確立と、それを保障できる処遇の実現に取り組んできました。

　指導員になった当初、私の勤務は午後からの5時間で、給与は月5万円。そのなかで、「指導員が担うのは、子どもの命と成長に責任を持つ大切な仕事」という思いを胸に、調べ、学びながら、保育日誌・出勤簿・運営規則・就業規則・雇用関係の書類などを自分たちで作成し、改善を重ねてきました。

　指導員になった年には、市内の3クラブの指導員5人で週1回の勉強会も設けました。これはいまもつづいていて、66人が在籍する研修の場となっています。私たちはこの研修会を通じて、互いに考え方やとらえ方を学びあい、ときには批判もしあえる仲間集団として支えあっています。

　日々、成長していく子どもたち。親子をとりまく環境や生活、そして社会はどんどん変わっていきます。だからこそ、指導員の仕事には自己研鑽が必要ですし、「研修には賞味期限がある」と私は思います。同僚、地域の指導員会での交流、切磋琢磨する機会がなければ、働きつづけてこられなかった……と思います。

　そして私が42年間、ともに歩んできたのが、山形市学童保育連絡協議会（以下、市連協）です。市連協は1980年5月28日、私が指導員になって22日後に発足しました。

　残念ながら、指導員の仕事はこれまで「遊んでいるだけ」、「子どもが学校から帰ってくる少し前に出勤すればいい」など周囲の理解を得られなかったり、不十分な待遇であったりすることから、つらい思いで離職していった仲間がたくさんいます。

　そこで市連協では「委員会」を設け、指導員が自らの仕事を説明できるようにと検討し、それをもとに理解を広め、改善に向けた取り組みを重ねてきました。おかげで、行政や地域でも徐々に理解が広がっていきましたし、とくに父母の方たちが、専門職として認めてくださり、改善に向けてともに働きかけてくださったことは、大きな力となりました。

　2001年には、市が「指導員の勤務時間は7時間、社会保険・厚生年金に加入」という要領を作成し、保育準備をしっかりおこなえるフルタイム勤務を義務づけました。かつてに比べると給与も改善されてきていますし、病休・産休・育休も保障され、働きつづけられる条件が整いつつあります。

　指導員の「現場からの訴え」や、保護者の「願い」に基づく要望が、施策の前進につながることを実感しています。まだまだ課題もありますが、改善に向けた運動はやりがいがありますし、子どもを守る学童保育の施策を自分たちで創ってきた手応えを感じています。

　　　＊　　　　＊　　　　＊

　うめばちを巣立っていったたくさんの子どもたち、父母の皆さん、そして指導員の仲間が、いまでも「山ちゃんいる？」と学童保育に寄ってくれます。多くの人に、たくさん教えていただき、支えていただいた42年間でした。大好きなアニメ『となりのトトロ』のように、私も皆の隣にそっといてあげられたらいいな、しなやかに揺れながらの成長を、一緒に見守っていきたいなと思っています。

　最後に、私が３人の子どもを育てながら仕事をつづけてこられたのも、働く仲間の父母の皆さんと、一緒にがんばってきた地域の指導員仲間と相棒指導員、そして私のパートナーである夫のおかげです。この場をお借りして、心からお礼を申し上げます。　　　　（第57回全国学童保育研究集会特別報告・2022年10月29日）

資料編

資料1　都道府県別の学童保育数と入所児童数

	都道府県	市区町村数	学童保育のある市区町村数	学童保育のか所数	前年比	学童保育の「支援の単位」数	前年比	公立小学校・義務教育学校数	前年比	未設置校区数	入所児童数（人）	前年比
1	北海道	179	166	1,009	10	1,395	17	961	2	199	59,213	655
2	青森県	40	35	271	4	391	8	248	▲10	39	16,686	1,504
3	岩手県	33	32	328	1	433	6	269	▲18	28	16,057	▲279
4	宮城県	35	34	527	6	826	20	352	▲9	20	32,221	1,178
5	秋田県	25	25	239	▲1	306	▲1	175	▲1	18	11,623	80
6	山形県	35	34	325	0	416	7	223	▲6	27	16,836	497
7	福島県	59	52	483	2	682	14	388	▲4	49	26,555	685
8	茨城県	44	44	637	11	1,169	24	456	13	27	45,483	2,356
9	栃木県	25	25	590	▲18	834	18	339	▲4	30	29,362	2,030
10	群馬県	35	34	542	▲2	693	11	300	1	13	25,925	766
11	埼玉県	63	63	1,426	9	2,022	57	799	▲1	9	79,195	3,693
12	千葉県	54	54	1,057	3	1,654	41	747	▲1	19	66,041	3,427
13	東京都	62	56	1,846	28	2,870	106	1,270	4	136	129,981	5,878
14	神奈川県	33	33	1,059	15	1,641	52	848	0	177	59,764	3,868
15	新潟県	30	29	445	2	738	0	433	▲5	49	28,829	1,296
16	富山県	15	15	286	13	305	5	178	2	11	13,376	440
17	石川県	19	18	305	10	359	4	200	0	18	15,648	663
18	福井県	17	17	250	4	317	6	190	▲2	19	10,597	396
19	山梨県	27	24	207	5	278	0	166	▲6	12	11,377	212
20	長野県	77	67	407	▲1	547	13	352	▲3	33	28,903	951
21	岐阜県	42	40	364	5	574	18	354	▲3	34	17,918	1,101
22	静岡県	35	35	754		1,022	16	482	▲11	40	36,663	1,499
23	愛知県	54	54	1,202	13	1,702	36	960	▲2	118	63,275	3,034
24	三重県	29	29	422	6	508	20	353	▲10	48	18,871	1,097
25	滋賀県	19	19	332	10	562	23	220	2	19	20,068	871
26	京都府	26	26	451	9	762	14	361	8	27	31,351	1,415
27	大阪府	43	43	924	▲88	1,855	54	969	3	156	74,076	3,333
28	兵庫県	41	41	988	7	1,595	50	730	1	156	59,248	2,872
29	奈良県	39	38	260	▲9	404	3	188	6	2	17,231	822
30	和歌山県	30	28	186	▲45	284	3	232	▲11	57	9,574	7
31	鳥取県	19	17	201	3	216	0	119	3	6	8,413	121
32	島根県	19	16	262	4	297	5	197	0	30	9,815	139
33	岡山県	27	26	510	3	699	14	368	▲10	25	24,773	1,329
34	広島県	23	22	603	21	925	14	457	3	33	34,110	33
35	山口県	19	18	296	▲3	471	7	289	▲6	30	15,781	165
36	徳島県	24	18	173	4	213	2	178	▲6	34	8,013	▲116
37	香川県	17	15	232	7	327	7	155	▲2	12	12,396	604
38	愛媛県	20	20	318	▲11	369	9	277	▲2	69	14,369	919
39	高知県	34	20	115	0	186	0	220	0	90	7,330	161
40	福岡県	60	59	758	7	1,668	3	706	▲2	28	65,720	1,944
41	佐賀県	20	19	250	▲2	344	1	160	▲2	6	11,923	413
42	長崎県	21	21	406	▲3	510	▲1	305	▲8	77	19,297	200
43	熊本県	45	41	412	▲10	568	18	329	▲4	30	20,698	981
44	大分県	18	18	308	0	387	▲10	254	▲7	17	15,428	535
45	宮崎県	26	22	287	9	370	13	231	0	50	13,467	517
46	鹿児島県	43	41	639	13	709	13	493	1	133	25,446	758
47	沖縄県	41	29	601	16	691	17	259	▲4	63	25,104	858
		1,741	1,632	24,493	79	36,094	757	18,740	▲111	2,201	1,404,030	55,908

（注）全国学童保育連絡協議会調べ。但し、公立小学校・義務教育学校数は文部科学省の2023年5月1日の調査結果による。また、放課後児童支援員等処遇改善事業および放課後児童支援員キャリアアップ処遇改善事業は2023年1月全国厚生労働関係部局長会議資料（資料54）、並びに処遇改善臨時特例事業の実施市区町村数は内閣府子ども・子育て本部提供資料より。

1年生～3年生*の入所割合 (%)	児童数71人以上の「支援の単位」数	(%)	待機児童数 (人)	待機児童の割合 (%)	処遇改善等事業実施状況2022 市町村数	(%)‡	キャリアアップ処遇改善事業実施状況2022 市町村数	(%)‡	処遇改善臨時特例事業実施状況 市町村数	(%)‡	都道府県	
42.7%	123	(8.8%)	171	0.3%	8	(4.8%)	26	(15.7%)	70	(42.2%)	北海道	1
49.3%	35	(9.0%)	12	0.1%	5	(14.3%)	3	(8.6%)	26	(74.3%)	青森県	2
45.1%	15	(3.5%)	35	0.2%	11	(34.4%)	11	(34.4%)	25	(78.1%)	岩手県	3
47.0%	18	(2.2%)	319	1.0%	3	(8.8%)	7	(20.6%)	22	(64.7%)	宮城県	4
49.9%	16	(5.2%)	65	0.6%	3	(12.0%)	12	(48.0%)	13	(52.0%)	秋田県	5
54.1%	18	(4.3%)	56	0.3%	16	(47.1%)	20	(58.8%)	27	(79.4%)	山形県	6
47.5%	21	(3.1%)	447	1.7%	3	(5.9%)	10	(19.6%)	18	(35.3%)	福島県	7
48.3%	38	(3.3%)	234	0.5%	11	(25.0%)	16	(36.4%)	40	(90.9%)	茨城県	8
46.0%	6	(0.7%)	79	0.3%	8	(32.0%)	13	(52.0%)	21	(84.0%)	栃木県	9
35.8%	19	(2.7%)	7	0.0%	17	(50.0%)	18	(52.9%)	23	(67.6%)	群馬県	10
35.8%	33	(1.6%)	1,927	2.4%	45	(71.4%)	35	(55.6%)	60	(95.2%)	埼玉県	11
36.4%	51	(3.1%)	1,216	1.8%	14	(25.9%)	15	(27.8%)	39	(72.2%)	千葉県	12
39.2%	212	(7.4%)	3,553	2.7%	10	(17.9%)	11	(19.6%)	50	(89.3%)	東京都	13
22.9%	10	(0.6%)	889	1.5%	14	(42.4%)	9	(27.3%)	29	(87.9%)	神奈川県	14
49.7%	39	(5.3%)	42	0.1%	4	(13.8%)	3	(10.3%)	21	(72.4%)	新潟県	15
51.7%	31	(10.2%)	103	0.8%	5	(33.3%)	1	(6.7%)	11	(73.3%)	富山県	16
48.5%	33	(9.2%)	35	0.2%	8	(44.4%)	11	(61.1%)	18	(100.0%)	石川県	17
49.1%	6	(1.9%)	0	0.0%	1	(5.9%)	6	(35.3%)	12	(70.6%)	福井県	18
50.2%	26	(9.4%)	16	0.1%	1	(4.2%)	2	(8.3%)	10	(41.7%)	山梨県	19
44.1%	127	(23.2%)	2	0.0%	4	(6.0%)	5	(7.5%)	39	(58.2%)	長野県	20
30.9%	8	(1.4%)	94	0.5%	4	(10.3%)	12	(30.8%)	22	(56.4%)	岐阜県	21
36.6%	19	(1.9%)	704	1.9%	5	(14.3%)	9	(25.7%)	22	(62.9%)	静岡県	22
25.2%	40	(2.4%)	596	0.9%	17	(31.5%)	15	(27.8%)	31	(57.4%)	愛知県	23
34.2%	12	(2.4%)	89	0.5%	11	(37.9%)	8	(27.6%)	23	(79.3%)	三重県	24
40.0%	5	(0.9%)	66	0.3%	10	(52.6%)	13	(68.4%)	17	(89.5%)	滋賀県	25
43.3%	20	(2.6%)	91	0.3%	1	(3.8%)	3	(11.5%)	11	(42.3%)	京都府	26
30.5%	22	(1.2%)	501	0.7%	12	(27.9%)	5	(11.6%)	31	(72.1%)	大阪府	27
36.7%	22	(1.4%)	931	1.5%	7	(17.1%)	10	(24.4%)	38	(92.7%)	兵庫県	28
43.5%	26	(6.4%)	90	0.5%	8	(21.6%)	6	(16.2%)	18	(48.6%)	奈良県	29
37.7%	5	(1.8%)	241	2.5%	8	(28.6%)	11	(39.3%)	22	(78.6%)	和歌山県	30
50.2%	7	(3.2%)	19	0.2%	2	(11.8%)	2	(11.8%)	7	(41.2%)	鳥取県	31
50.8%	7	(2.4%)	109	1.1%	3	(18.8%)	4	(25.0%)	13	(81.3%)	島根県	32
42.0%	8	(1.1%)	265	1.1%	7	(26.9%)	17	(65.4%)	19	(73.1%)	岡山県	33
40.3%	20	(2.2%)	134	0.4%	0	(0.0%)	4	(18.2%)	17	(77.3%)	広島県	34
44.2%	11	(2.3%)	483	3.0%	0	(0.0%)	6	(33.3%)	10	(55.6%)	山口県	35
40.5%	2	(0.9%)	115	1.4%	6	(33.3%)	2	(11.1%)	11	(61.1%)	徳島県	36
43.1%	10	(3.1%)	260	2.1%	1	(6.7%)	5	(33.3%)	12	(80.0%)	香川県	37
39.9%	22	(6.0%)	278	1.9%	0	(0.0%)	1	(5.0%)	14	(70.0%)	愛媛県	38
43.5%	3	(1.6%)	164	2.2%	3	(15.0%)	10	(50.0%)	12	(60.0%)	高知県	39
40.4%	23	(1.4%)	374	0.6%	6	(10.2%)	13	(22.0%)	53	(89.8%)	福岡県	40
46.2%	2	(0.6%)	183	1.5%	3	(15.8%)	8	(42.1%)	15	(78.9%)	佐賀県	41
43.5%	5	(1.0%)	35	0.2%	11	(52.4%)	10	(47.6%)	20	(95.2%)	長崎県	42
39.0%	11	(1.9%)	194	0.9%	15	(37.5%)	14	(35.0%)	35	(87.5%)	熊本県	43
45.5%	21	(5.4%)	22	0.1%	2	(11.1%)	9	(50.0%)	16	(88.9%)	大分県	44
42.2%	15	(4.1%)	248	1.8%	3	(13.6%)	8	(36.4%)	19	(86.4%)	宮崎県	45
46.7%	19	(2.7%)	148	0.6%	13	(31.7%)	23	(56.1%)	37	(90.2%)	鹿児島県	46
42.3%	2	(0.3%)	1,130	4.3%	25	(86.2%)	18	(62.1%)	28	(96.6%)	沖縄県	47
38.1%	1,244	(3.4%)	16,772	1.2%	374	(23.0%)	475	(29.2%)	1,145	(70.3%)		

＊公立小学校・義務教育学校（前期）児童数のうち、1年生～3年生の入所割合。
‡ （　）内は2022年度学童保育実施市区町村数（1,628市区町村）に対する割合。

資料2 学童保育数と国の補助金と施策の推移

年	学童保育数	前年比	支援の単位	前年比	国庫補助総額（万円）	国の施策の動き
1947						児童福祉法制定。保育所は「保育に欠ける子どもには市町村は保育しなければならない」義務
1950年代						1951年、児童憲章制定。大阪や東京で民間保育所や親の共同運営による学童保育が誕生
1962						「児童福祉白書」ではじめて「カギッ子」の問題が取り上げられる
1963						児童館への国庫補助開始（「カギッ子対策」として）
1966						文部省が留守家庭児童会育成補助事業を開始
1967	515					
1971	約1,000					文部省が留守家庭児童会育成補助事業を廃止し、校庭開放事業に統合
1976	1,932				1億1,700	都市児童健全育成事業・児童育成クラブが創設。留守家庭児童対策は児童館や校庭開放で対応するとの方針のもとで、児童館が整備されるまでの過渡的な期間に学童保育に補助するもの
1977					1億0,800	
1978	約3,000				1億1,240	
1979					1億4,500	国際児童年
1980	3,938				1億4,969	
1981	4,288	350			1億5,643	
1982	4,739	451			2億1,862	
1983	4,910	171			2億6,000	
1984	5,193	283			2億8,535	
1985	5,449	256			3億2,655	男女雇用機会均等法成立
1986	5,749	300			3億7,000	都市児童館事業廃止（児童館では留守家庭児童対策の役割は担えないとの考え）
1987	5,938	189			4億0,168	
1988	6,100	162			4億2,742	
1989	6,310	210			5億2,943	国連総会で子どもの権利条約採択
1990	6,708	398			6億1,643	1.57ショック。「健やかに子どもを生み育てる環境づくりに関する関係省庁連絡会」発足
1991	7,017	309			10億1,832	放課後児童対策事業が誕生（本格的な学童保育への補助金。指導員の賃金が計上される）。留守家庭児童対策は独自の制度・施策で実施するとの方針に転換。育児休業法法律成立
1993	7,516	…			14億0,643	厚生省が学童保育の法制化を検討
1994	7,863	347			17億9,577	政府がエンゼルプランを策定、中央児童福祉審議会が法制化を意見具申。日本政府が子どもの権利条約批准
1995	8,143	280			20億9,267	地方版エンゼルプラン指針策定（学童保育の整備計画目標もつくるよう指導）
1996	8,514	371			24億1,673	中央児童福祉審議会が法制化を提言
1997	9,048	534			31億3,180	児童福祉法改正によって学童保育が法定化（法制化）される。第2種社会福祉事業にも位置づけ
1998	9,627	597			46億4,644	法制化施行、大規模加算、研修費が創設
1999	10,231	604			54億7,910	政府が新エンゼルプランを策定。時間延長加算創設。補正予算で少子化特例交付金（学童保育施設整備費）
2000	10,976	745			56億9,000	児童館事業に放課後児童生活指導事業創設
2001	11,830	854			59億9,000	障害児加算、小規模加算（過疎地対象）が創設。首相所信表明演説で拡充表明、両立支援閣議決定、補正予算で初の施設整備費29億6,000万円
2002	12,825	995			68億8,000	完全学校週5日制の実施。土曜日等開設加算、小規模過疎地要件撤廃、指導員健康診断補助創設。首相施政方針演説で拡充表明
2003	13,797	972			74億3,200	障害児加算は障害児2名から適用。「次世代育成支援対策推進法」で地域行動計画策定義務づけ、児童福祉法一部改正で学童保育は「子育て支援事業」として推進
2004	14,678	881			87億2,200	ボランティア派遣事業が新設。次世代育成支援対策で「子ども・子育て応援プラン」を策定
2005	15,309	631			94億7,000	三位一体改革で、補助金の組み替え。土日祝日開設加算がなくなり、一律17万円の単価アップ。自治体の自由度を高めるために、補助金交付要綱が統合。施設整備費は児童館整備費と児童環境等改善事業費を活用。衆議院青少年問題特別委員会で学童保育を集中審議
2006	15,858	549			111億8,100	障害児受入加算は一人から補助指導になる。ボランティア派遣事業に長期休業日の指導員派遣費を追加され、補助単価も増額。少子化対策特命大臣・厚生労働大臣・文部科学大臣が「放課後子どもプラン（仮称）の創設」に合意

年	学童保育数	前年比	支援の単位	前年比	国庫補助総額（万円）	国の施策の動き
2007	16,668	810			158億5,000	「放課後子どもプラン」の創設により、学童保育を2万か所目標。基準開設日数を250日に変更、開設日が増える毎に補助金も増額する。200日から249日の学童保育は3年後に補助金廃止。71人以上の大規模学童保育は3年経過後に補助金廃止（3年以内に分割促進）。施設整備費を新たに確保（18億円）。補助金交付要綱を「放課後子どもプラン」関係で一本化。国がガイドラインを作成
2008	17,495	827			186億9,400	『子どもと家族を応援する日本』重点戦略、仕事と生活の調和行動指針、「新待機児童ゼロ作戦」で「10年後に3倍」が目標設定。次世代育成支援対策推進法でも学童保育整備目標を「参酌標準」化する法改正。長時間開設加算変更、障害児受入加算額は142万円に倍増。「安心こども基金」でも施設整備費活用。社会保障審議会少子化対策特別部会で「検討の視点」提起
2009	18,475	980			234億5,300	社会保障審議会少子化対策特別部会で学童保育制度のあり方の見直しが始まる
2010	19,744	1,269			274億2,000	政府が「子ども・子育てビジョン」を策定。学童保育利用児童を5年間で30万人増を目標。補助金の運営費総額、補助単価が引き上げ。児童数40人前後を大幅増額、71人以上は補助金廃止せず減額して残す。「子ども・子育て新システム検討会議」で学童保育制度の見直しも検討
2011	20,204	667			307億5,000	東日本大震災で学童保育施設も大きな被害を受ける。補正予算で学童保育施設の復旧予算がつく。「子ども・子育て新システム」中間とりまとめで、学童保育は「市町村事業」として位置づけ
2012	20,846	441			307億6,500	「子ども・子育て支援法」「児童福祉法改正」が成立。学童保育の対象児童の引き上げや市町村事業としての位置づけ、国としての基準の策定、市町村の基準の条例制定、事業計画策定の義務づけなどが決まる
2013	21,635	789			315億7,600	国が子ども・子育て支援新制度の具体化を検討。事業計画の基本指針などを検討。学童保育の基準を省令で定めるため、社会保障審議会児童部会「放課後児童クラブの基準に関する専門委員会」で検討
2014	22,096	461			383億7,100	内閣府予算で指導員及び運営費予算化。厚生労働省令「放課後児童健全育成事業の設備及び運営に関する基準」公布。市町村で基準条例づくり。指導員の資格化のための都道府県認定研修ガイドライン策定
2015	-	-	25,574	-	575億	「放課後児童クラブ運営指針」を策定。内閣府子ども・子育て本部発足。「子ども・子育て支援新制度」施行。児童数10人未満の学童保育も補助対象に。補助単価の設定をクラブ単位から「支援の単位」に見直し。「放課後児童支援員等処遇改善等事業」予算化
2016	-		27,638	2,064	574億8,000	補正予算で、施設整備費の国庫補助率かさ上げ
2017	-		29,287	1,649	725億3,000	施設整備費の国庫補助率かさ上げ継続、運営費補助基準額の増額。資格・経験等に応じた処遇改善が予算化。地方分権の議論のなかで、「放課後児童健全育成事業に関わる『従うべき基準』の見直し」が取り上げられる。社会保障審議会児童部会「放課後児童対策に関する専門委員会」設置
2018	23,315	-	31,265	1,978	799億7,000	社会保障審議会児童部会「放課後児童対策に関する専門委員会」が中間とりまとめ。地方分権の議論の場で、学童保育の「従うべき基準」の参酌化が閣議決定
2019	23,720	405	32,654	1,389	887億7,000	第9次地方分権一括法で、学童保育の「従うべき基準」の参酌化を含む児童福祉法改正。施行日は2020年4月1日
2020	23,979	259	33,671	1,017	978億	学童保育の「従うべき基準」の参酌化が4月1日に施行。「新型コロナウイルス感染症」拡大防止のための学校の臨時休業中も、学童保育は「原則開所」の要請
2021	24,447	468	34,437	766	1,092億	「コロナ克服・新時代開拓のための経済対策」に「保育士・幼稚園教諭」の「収入を3%程度（月額9,000円）引き上げ」が掲げられ、その後、「放課後児童クラブ・社会的養護施設の職員についても、同様の措置を実施」することが明確になった。2021年度補正予算案として、国の負担割合10分の10
2022	24,414	▲33	35,337	900	1,065億円	「こども基本法」「こども家庭庁設置法」成立。2023年4月にこども家庭庁が創設されることを視野に、社会保障審議会児童部会「放課後児童対策に関する専門委員会」が4年ぶりに再開。「放課後児童支援員等処遇改善臨時特例事業」が、「放課後児童支援員等処遇改善事業（月額9,000円相当賃金改善）」として「子ども・子育て支援交付金」に事業化
2023	24,493	79	36,094	757	1,205億円	3月、社会保障審議会児童部会「放課後児童対策に関する専門委員会」が「放課後児童クラブ・児童館等の課題と施策の方向性」ととりまとめ。4月、こども家庭庁発足。12月、「こども大綱」「こども未来戦略」「こどもの居場所づくりに関する指針」閣議決定。「こども未来戦略」に「常勤職員配置の改善」が掲げられる

注1）学童保育数は全国学童保育連絡協議会調査。1992年は未調査。2015年～2017年は「支援の単位」のみ集計。2018年以降は、学童保育数と「支援の単位」を集計。

資料3　児童福祉法など学童保育に関係する法規

┌───┐
│ ○児童福祉法（抜粋）　　　　　　　○社会福祉法（抜粋）　　　　　　　│
│ ○子ども・子育て支援法（抜粋）　　○こども基本法　　　　　　　　　│
│ ○日本国憲法（抜粋）　　　　　　　○児童憲章　　　　　　　　　　　│
│ ○子どもの権利条約　　　　　　　　○世界人権宣言（抜粋）　　　　　│
│ （児童の権利に関する条約）（抜粋）　　　　　　　　　　　　　　　　│
└───┘

＊2014年4月30日に公布された厚生労働省令「放課後児童健全育成事業の設備及び運営に関する基準」は【資料4】に掲載しています。

児童福祉法（抜粋）

最近改正　令和5年6月16日法律第63号

第1条　全て児童は、児童の権利に関する条約の精神にのつとり、適切に養育されること、その生活を保障されること、愛され、保護されること、その心身の健やかな成長及び発達並びにその自立が図られることその他の福祉を等しく保障される権利を有する。

第2条　全て国民は、児童が良好な環境において生まれ、かつ、社会のあらゆる分野において、児童の年齢及び発達の程度に応じて、その意見が尊重され、その最善の利益が優先して考慮され、心身ともに健やかに育成されるよう努めなければならない。

②　児童の保護者は、児童を心身ともに健やかに育成することについて第一義的責任を負う。

③　国及び地方公共団体は、児童の保護者とともに、児童を心身ともに健やかに育成する責任を負う。

第3条　前2条に規定するところは、児童の福祉を保障するための原理であり、この原理は、すべて児童に関する法令の施行にあたつて、常に尊重されなければならない。

第6条の3

②　この法律で、放課後児童健全育成事業とは、小学校に就学している児童であつて、その保護者が労働等により昼間家庭にいな

いものに、授業の終了後に児童厚生施設等の施設を利用して適切な遊び及び生活の場を与えて、その健全な育成を図る事業をいう。

第7条　この法律で、児童福祉施設とは、助産施設、乳児院、母子生活支援施設、保育所、幼保連携型認定こども園、児童厚生施設、児童養護施設、障害児入所施設、児童発達支援センター、児童心理治療施設、児童自立支援施設、児童家庭支援センター及び里親支援センターとする。

第21条の8　市町村は、次条に規定する子育て支援事業に係る福祉サービスその他地域の実情に応じたきめ細かな福祉サービスが積極的に提供され、保護者が、その児童及び保護者の心身の状況、これらの者の置かれている環境その他の状況に応じて、当該児童を養育するために最も適切な支援が総合的に受けられるように、福祉サービスを提供する者又はこれに参画する者の活動の連携及び調整を図るようにすることその他の地域の実情に応じた体制の整備に努めなければならない。

第21条の9　市町村は、児童の健全な育成に資するため、その区域内において、放課後児童健全育成事業、子育て短期支援事業、乳児家庭全戸訪問事業、養育支援訪問事業、地域子育て支援拠点事業、一時預かり事業、病児保育事業、子育て援助活動支援事業、子育て世帯訪問支援事業、児童育成支援拠

点事業及び親子関係形成支援事業並びに次に掲げる事業であつて主務省令で定めるもの（以下「子育て支援事業」という。）が着実に実施されるよう、必要な措置の実施に努めなければならない。

1　児童及びその保護者又はその他の者の居宅において保護者の児童の養育を支援する事業

2　保育所その他の施設において保護者の児童の養育を支援する事業

3　地域の児童の養育に関する各般の問題につき、保護者からの相談に応じ、必要な情報の提供及び助言を行う事業

第21条の10　市町村は、児童の健全な育成に資するため、地域の実情に応じた放課後児童健全育成事業を行うとともに、当該市町村以外の放課後児童健全育成事業を行う者との連携を図る等により、第6条の3第2項に規定する児童の放課後児童健全育成事業の利用の促進に努めなければならない。

第21条の10の5　病院、診療所、児童福祉施設、学校その他児童又は妊産婦の医療、福祉又は教育に関する機関及び医師、歯科医師、保健師、助産師、看護師、児童福祉施設の職員、学校の教職員その他児童又は妊産婦の医療、福祉又は教育に関連する職務に従事する者は、要支援児童等と思われる者を把握したときは、当該者の情報をその現在地の市町村に提供するよう努めなければならない。

②　刑法の秘密漏示罪の規定その他の守秘義務に関する法律の規定は、前項の規定による情報の提供をすることを妨げるものと解釈してはならない。

第21条の11　市町村は、子育て支援事業に関し必要な情報の収集及び提供を行うとともに、保護者から求めがあつたときは、当該保護者の希望、その児童の養育の状況、当該児童に必要な支援の内容その他の事情を勘案し、当該保護者が最も適切な子育て支援事業の利用ができるよう、相談に応じ、必要な助言を行うものとする。

②　市町村は、前項の助言を受けた保護者から求めがあつた場合には、必要に応じて、子育て支援事業の利用についてあつせん又は調整を行うとともに、子育て支援事業を

行う者に対し、当該保護者の利用の要請を行うものとする。

③　市町村は、第1項の情報の収集及び提供、相談並びに助言並びに前項のあつせん、調整及び要請の事務を当該市町村以外の者に委託することができる。

④　子育て支援事業を行う者は、前3項の規定により行われる情報の収集、あつせん、調整及び要請に対し、できる限り協力しなければならない。

第24条　市町村は、この法律及び子ども・子育て支援法の定めるところにより、保護者の労働又は疾病その他の事由により、その監護すべき乳児、幼児その他の児童について保育を必要とする場合において、次項に定めるところによるほか、当該児童を保育所（認定こども園法第3条第1項の認定を受けたもの及び同条第10項の規定による公示がされたものを除く。）において保育しなければならない。

第26条　児童相談所長は、第25条第1項の規定による通告を受けた児童、第25条の7第1項第1号若しくは第2項第1号、前条第1号又は少年法（昭和23年法律第168号）第6条の6第1項若しくは第18条第1項の規定による送致を受けた児童及び相談に応じた児童、その保護者又は妊産婦について、必要があると認めたときは、次の各号のいずれかの措置を採らなければならない。

（1号～7号は略記）

8　放課後児童健全育成事業、子育て短期支援事業、養育支援訪問事業、地域子育て支援拠点事業、一時預かり事業、子育て援助活動支援事業、子育て世帯訪問支援事業、児童育成支援拠点事業、親子関係形成支援事業、子ども・子育て支援法第59条第1号に掲げる事業その他市町村が実施する児童の健全な育成に資する事業の実施が適当であると認める者は、これをその事業の実施に係る市町村の長に通知すること。

第34条の8　市町村は、放課後児童健全育成事業を行うことができる。

②　国、都道府県及び市町村以外の者は、内閣府令で定めるところにより、あらかじめ、内閣府令で定める事項を市町村長に届け出て、放課後児童健全育成事業を行うことが

できる。

③　国、都道府県及び市町村以外の者は、前項の規定により届け出た事項に変更を生じたときは、変更の日から1月以内に、その旨を市町村長に届け出なければならない。

④　国、都道府県及び市町村以外の者は、放課後児童健全育成事業を廃止し、又は休止しようとするときは、あらかじめ、内閣府令で定める事項を市町村長に届け出なければならない。

第34条の8の2　市町村は、放課後児童健全育成事業の設備及び運営について、条例で基準を定めなければならない。この場合において、その基準は、児童の身体的、精神的及び社会的な発達のために必要な水準を確保するものでなければならない。

②　市町村が前項の条例を定めるに当たつては、内閣府令で定める基準を参酌するものとする。

③　放課後児童健全育成事業を行う者は、第1項の基準を遵守しなければならない。

第34条の8の3　市町村長は、前条第一項の基準を維持するため、放課後児童健全育成事業を行う者に対して、必要と認める事項の報告を求め、又は当該職員に、関係者に対して質問させ、若しくはその事業を行う場所に立ち入り、設備、帳簿書類その他の物件を検査させることができる。

②　第18条の16第2項及び第3項の規定は、前項の場合について準用する。

③　市町村長は、放課後児童健全育成事業が前条第1項の基準に適合しないと認められるに至つたときは、その事業を行う者に対し、当該基準に適合するために必要な措置を採るべき旨を命ずることができる。

④　市町村長は、放課後児童健全育成事業を行う者が、この法律若しくはこれに基づく命令若しくはこれらに基づいてする処分に違反したとき、又はその事業に関し不当に営利を図り、若しくはその事業に係る児童の処遇につき不当な行為をしたときは、その者に対し、その事業の制限又は停止を命ずることができる。

※（参照）第18条の16②　前項の規定による検査を行う場合においては、当該職員は、その身分を示す証明書を携帯し、関係者の請求があるときは、これを提示しなければならない。③　第1項の規定による権限は、犯罪捜査のために認められたものと解釈してはならない。

第39条　保育所は、保育を必要とする乳児・幼児を日々保護者の下から通わせて保育を行うことを目的とする施設（利用定員が20人以上であるものに限り、幼保連携型認定こども園を除く。）とする。

②　保育所は、前項の規定にかかわらず、特に必要があるときは、保育を必要とするその他の児童を日々保護者の下から通わせて保育することができる。

第40条　児童厚生施設は、児童遊園、児童館等児童に健全な遊びを与えて、その健康を増進し、又は情操をゆたかにすることを目的とする施設とする。

第49条　この法律で定めるもののほか、第6条の3各号に規定する事業並びに児童福祉施設の職員その他児童福祉施設に関し必要な事項は、命令で定める。

第56条の6

③　児童自立生活援助事業、社会的養護自立支援拠点事業又は放課後児童健全育成事業を行う者及び児童福祉施設の設置者は、その事業を行い、又はその施設を運営するに当たつては、相互に連携を図りつつ、児童及びその家庭からの相談に応ずることその他の地域の実情に応じた積極的な支援を行うように努めなければならない。

第56条の7

②　市町村は、必要に応じ、公有財産の貸付けその他の必要な措置を積極的に講ずることにより、社会福祉法人その他の多様な事業者の能力を活用した放課後児童健全育成事業の実施を促進し、放課後児童健全育成事業に係る供給を効率的かつ計画的に増大させるものとする。

③　国及び都道府県は、前2項の市町村の措置に関し、必要な支援を行うものとする。

社会福祉法（抜粋）

第1条　この法律は、社会福祉を目的とする事業の全分野における共通的基本事項を定め、社会福祉を目的とする他の法律と相ま

つて、福祉サービスの利用者の利益の保護及び地域における社会福祉（以下「地域福祉」という。）の推進を図るとともに、社会福祉事業の公明かつ適正な実施の確保及び社会福祉を目的とする事業の健全な発達を図り、もつて社会福祉の増進に資することを目的とする。

第2条　この法律において「社会福祉事業」とは、第一種社会福祉事業及び第二種社会福祉事業をいう。

3　次に掲げる事業を第二種社会福祉事業とする。

　二　児童福祉法に規定する障害児通所支援事業、障害児相談支援事業、児童自立生活援助事業、放課後児童健全育成事業、子育て短期支援事業、乳児家庭全戸訪問事業、養育支援訪問事業、地域子育て支援拠点事業、一時預かり事業、小規模住居型児童養育事業、小規模保育事業、病児保育事業、子育て援助活動支援事業、親子再統合支援事業、社会的養護自立支援拠点事業、意見表明等支援事業、妊産婦等生活援助事業、子育て世帯訪問支援事業、児童育成支援拠点事業又は親子関係形成支援事業、同法に規定する助産施設、保育所、児童厚生施設、児童家庭支援センター又は里親支援センターを経営する事業及び児童の福祉の増進について相談に応ずる事業

第5条　社会福祉を目的とする事業を経営する者は、その提供する多様な福祉サービスについて、利用者の意向を十分に尊重し、地域福祉の推進に係る取組を行う他の地域住民等との連携を図り、かつ、保健医療サービスその他の関連するサービスとの有機的な連携を図るよう創意工夫を行いつつ、これを総合的に提供することができるようにその事業の実施に努めなければならない。

子ども・子育て支援法（抜粋）

最近改正　令和6年4月1日法律第19号

（市町村等の責務）

第3条　市町村（特別区を含む。以下同じ。）は、この法律の実施に関し、次に掲げる責務を有する。

　一　子どもの健やかな成長のために適切な環境が等しく確保されるよう、子ども及びその保護者に必要な子ども・子育て支援給付及び地域子ども・子育て支援事業を総合的かつ計画的に行うこと。

　二　子ども及びその保護者が、確実に子ども・子育て支援給付を受け、及び地域子ども・子育て支援事業その他の子ども・子育て支援を円滑に利用するために必要な援助を行うとともに、関係機関との連絡調整その他の便宜の提供を行うこと。

　三　子ども及びその保護者が置かれている環境に応じて、子どもの保護者の選択に基づき、多様な施設又は事業者から、良質かつ適切な教育及び保育その他の子ども・子育て支援が総合的かつ効率的に提供されるよう、その提供体制を確保すること。

2　都道府県は、市町村が行う子ども・子育て支援給付及び地域子ども・子育て支援事業が適正かつ円滑に行われるよう、市町村に対する必要な助言及び適切な援助を行うとともに、子ども・子育て支援のうち、特に専門性の高い施策及び各市町村の区域を超えた広域的な対応が必要な施策を講じなければならない。

3　国は、市町村が行う子ども・子育て支援給付及び地域子ども・子育て支援事業その他この法律に基づく業務が適正かつ円滑に行われるよう、市町村及び都道府県と相互に連携を図りながら、子ども・子育て支援の提供体制の確保に関する施策その他の必要な各般の措置を講じなければならない。

（地域子ども・子育て支援事業）

第59条　市町村は、内閣府令で定めるところにより、第61条第1項に規定する市町村子ども・子育て支援事業計画に従って、地域子ども・子育て支援事業として、次に掲げる事業を行うものとする。

　五　児童福祉法第6条の3第2項に規定する放課後児童健全育成事業

（市町村子ども・子育て支援事業計画）

第61条　市町村は、基本指針に即して、5年を1期とする教育・保育及び地域子ども・子育て支援事業の提供体制の確保その他こ

の法律に基づく業務の円滑な実施に関する計画（以下「市町村子ども・子育て支援事業計画」という。）を定めるものとする。

（都道府県子ども・子育て支援事業支援計画）

第62条 都道府県は、基本指針に即して、5年を1期とする教育・保育及び地域子ども・子育て支援事業の提供体制の確保その他この法律に基づく業務の円滑な実施に関する計画（以下「都道府県子ども・子育て支援事業支援計画」という。）を定めるものとする。

2　都道府県子ども・子育て支援事業支援計画においては、次に掲げる事項を定めるものとする。

四　特定教育・保育及び特定地域型保育を行う者並びに地域子ども・子育て支援事業に従事する者の確保及び資質の向上のために講ずる措置に関する事項

（市町村の支弁）

第65条 次に掲げる費用は、市町村の支弁とする。

六　地域子ども・子育て支援事業に要する費用

第67条

3　都道府県は、政令で定めるところにより、市町村に対し、第65条の規定により市町村が支弁する同条第6号に掲げる費用に充てるため、当該都道府県の予算の範囲内で、交付金を交付することができる。

（市町村等における合議制の機関）

第72条 市町村は、条例で定めるところにより、次に掲げる事務を処理するため、審議会その他の合議制の機関を置くよう努めるものとする。

一　特定教育・保育施設の利用定員の設定に関し、第31条第2項に規定する事項を処理すること。

二　特定地域型保育事業の利用定員の設定に関し、第43条第2項に規定する事項を処理すること。

三　市町村子ども・子育て支援事業計画に関し、第61条第7項に規定する事項を処理すること。

四　当該市町村における子ども・子育て支援に関する施策の総合的かつ計画的な推進に関し必要な事項及び当該施策の実施

状況を調査審議すること。

2　前項の合議制の機関は、同項各号に掲げる事務を処理するに当たっては、地域の子ども及び子育て家庭の実情を十分に踏まえなければならない。

3　前2項に定めるもののほか、第1項の合議制の機関の組織及び運営に関し必要な事項は、市町村の条例で定める。

4　都道府県は、条例で定めるところにより、次に掲げる事務を処理するため、審議会その他の合議制の機関を置くよう努めるものとする。

一　都道府県子ども・子育て支援事業支援計画に関し、第62条第5項に規定する事項を処理すること。

二　当該都道府県における子ども・子育て支援に関する施策の総合的かつ計画的な推進に関し必要な事項及び当該施策の実施状況を調査審議すること。

5　第2項及び第3項の規定は、前項の規定により都道府県に合議制の機関が置かれた場合に準用する。

（附則）

第2条の2 政府は、質の高い教育・保育その他の子ども・子育て支援の提供を推進するため、財源を確保しつつ、幼稚園教諭、保育士及び放課後児童健全育成事業に従事する者等の処遇の改善に資するための所要の措置並びに保育士資格を有する者であって現に保育に関する業務に従事していない者の就業の促進その他の教育・保育その他の子ども・子育て支援に係る人材確保のための所要の措置を講ずるものとする。

こども基本法

＊2022年6月22日公布、2023年4月1日施行

（目的）

第1条 この法律は、日本国憲法及び児童の権利に関する条約の精神にのっとり、次代の社会を担う全てのこどもが、生涯にわたる人格形成の基礎を築き、自立した個人としてひとしく健やかに成長することができ、心身の状況、置かれている環境等にかかわらず、その権利の擁護が図られ、将来にわ

たって幸福な生活を送ることができる社会の実現を目指して、社会全体としてこども施策に取り組むことができるよう、こども施策に関し、基本理念を定め、国の責務等を明らかにし、及びこども施策の基本となる事項を定めるとともに、こども政策推進会議を設置すること等により、こども施策を総合的に推進することを目的とする。

（定義）

第2条　この法律において「こども」とは、心身の発達の過程にある者をいう。

2　この法律において「こども施策」とは、次に掲げる施策その他のこどもに関する施策及びこれと一体的に講ずべき施策をいう。

　一　新生児期、乳幼児期、学童期及び思春期の各段階を経て、おとなになるまでの心身の発達の過程を通じて切れ目なく行われるこどもの健やかな成長に対する支援

　二　子育てに伴う喜びを実感できる社会の実現に資するため、就労、結婚、妊娠、出産、育児等の各段階に応じて行われる支援

　三　家庭における養育環境その他のこどもの養育環境の整備

（基本理念）

第3条　こども施策は、次に掲げる事項を基本理念として行われなければならない。

　一　全てのこどもについて、個人として尊重され、その基本的人権が保障されるとともに、差別的取扱いを受けることがないようにすること。

　二　全てのこどもについて、適切に養育されること、その生活を保障されること、愛され保護されること、その健やかな成長及び発達並びにその自立が図られることその他の福祉に係る権利が等しく保障されるとともに、教育基本法（平成18年法律第120号）の精神にのっとり教育を受ける機会が等しく与えられること。

　三　全てのこどもについて、その年齢及び発達の程度に応じて、自己に直接関係する全ての事項に関して意見を表明する機会及び多様な社会的活動に参画する機会が確保されること。

　四　全てのこどもについて、その年齢及び発達の程度に応じて、その意見が尊重され、その最善の利益が優先して考慮されること。

　五　こどもの養育については、家庭を基本として行われ、父母その他の保護者が第一義的責任を有するとの認識の下、これらの者に対してこどもの養育に関し十分な支援を行うとともに、家庭での養育が困難なこどもにはできる限り家庭と同様の養育環境を確保することにより、こどもが心身ともに健やかに育成されるようにすること。

　六　家庭や子育てに夢を持ち、子育てに伴う喜びを実感できる社会環境を整備すること。

（国の責務）

第4条　国は、前条の基本理念（以下単に「基本理念」という。）にのっとり、こども施策を総合的に策定し、及び実施する責務を有する。

（地方公共団体の責務）

第5条　地方公共団体は、基本理念にのっとり、こども施策に関し、国及び他の地方公共団体との連携を図りつつ、その区域内におけるこどもの状況に応じた施策を策定し、及び実施する責務を有する。

（事業主の努力）

第6条　事業主は、基本理念にのっとり、その雇用する労働者の職業生活及び家庭生活の充実が図られるよう、必要な雇用環境の整備に努めるものとする。

（国民の努力）

第7条　国民は、基本理念にのっとり、こども施策について関心と理解を深めるとともに、国又は地方公共団体が実施するこども施策に協力するよう努めるものとする。

（年次報告）

第8条　政府は、毎年、国会に、我が国におけるこどもをめぐる状況及び政府が講じたこども施策の実施の状況に関する報告を提出するとともに、これを公表しなければならない。

2　前項の報告は、次に掲げる事項を含むものでなければならない。

　一　少子化社会対策基本法（平成15年法律第133号）第9条第1項に規定する少子化

の状況及び少子化に対処するために講じた施策の概況

二　子ども・若者育成支援推進法（平成21年法律第71号）第6条第1項に規定する我が国における子ども・若者の状況及び政府が講じた子ども・若者育成支援施策の実施の状況

三　子どもの貧困対策の推進に関する法律（平成25年法律第64号）第7条第1項に規定する子どもの貧困の状況及び子どもの貧困対策の実施の状況

（こども施策に関する大綱）

第9条　政府は、こども施策を総合的に推進するため、こども施策に関する大綱（以下「こども大綱」という。）を定めなければならない。

2　こども大綱は、次に掲げる事項について定めるものとする。

一　こども施策に関する基本的な方針

二　こども施策に関する重要事項

三　前2号に掲げるもののほか、こども施策を推進するために必要な事項

3　こども大綱は、次に掲げる事項を含むものでなければならない。

一　少子化社会対策基本法第7条第1項に規定する総合的かつ長期的な少子化に対処するための施策

二　子ども・若者育成支援推進法第8条第2項各号に掲げる事項

三　子どもの貧困対策の推進に関する法律第8条第2項各号に掲げる事項

4　こども大綱に定めるこども施策については、原則として、当該こども施策の具体的な目標及びその達成の期間を定めるものとする。

5　内閣総理大臣は、こども大綱の案につき閣議の決定を求めなければならない。

6　内閣総理大臣は、前項の規定による閣議の決定があったときは、遅滞なく、こども大綱を公表しなければならない。

7　前2項の規定は、こども大綱の変更について準用する。

（都道府県こども計画等）

第10条　都道府県は、こども大綱を勘案して、当該都道府県におけるこども施策についての計画（以下この条において「都道府県こど

も計画」という。）を定めるよう努めるものとする。

2　市町村は、こども大綱（都道府県こども計画が定められているときは、こども大綱及び都道府県こども計画）を勘案して、当該市町村におけるこども施策についての計画（以下この条において「市町村こども計画」という。）を定めるよう努めるものとする。

3　都道府県又は市町村は、都道府県こども計画又は市町村こども計画を定め、又は変更したときは、遅滞なく、これを公表しなければならない。

4　都道府県こども計画は、子ども・若者育成支援推進法第9条第1項に規定する都道府県子ども・若者計画、子どもの貧困対策の推進に関する法律第9条第1項に規定する都道府県計画その他法令の規定により都道府県が作成する計画であってこども施策に関する事項を定めるものと一体のものとして作成することができる。

5　市町村こども計画は、子ども・若者育成支援推進法第9条第2項に規定する市町村子ども・若者計画、子どもの貧困対策の推進に関する法律第9条第2項に規定する市町村計画その他法令の規定により市町村が作成する計画であってこども施策に関する事項を定めるものと一体のものとして作成することができる。

（こども施策に対するこども等の意見の反映）

第11条　国及び地方公共団体は、こども施策を策定し、実施し、及び評価するに当たっては、当該こども施策の対象となるこども又はこどもを養育する者その他の関係者の意見を反映させるために必要な措置を講ずるものとする

（こども施策に係る支援の総合的かつ一体的な提供のための体制の整備等）

第12条　国は、こども施策に係る支援が、支援を必要とする事由、支援を行う関係機関、支援の対象となる者の年齢又は居住する地域等にかかわらず、切れ目なく行われるようにするため、当該支援を総合的かつ一体的に行う体制の整備その他の必要な措置を講ずるものとする。

（関係者相互の有機的な連携の確保等）

第13条　国は、こども施策が適正かつ円滑に

行われるよう、医療、保健、福祉、教育、療育等に関する業務を行う関係機関相互の有機的な連携の確保に努めなければならない。

2　都道府県及び市町村は、こども施策が適正かつ円滑に行われるよう、前項に規定する業務を行う関係機関及び地域においてこどもに関する支援を行う民間団体相互の有機的な連携の確保に努めなければならない。

3　都道府県又は市町村は、前項の有機的な連携の確保に資するため、こども施策に係る事務の実施に係る協議及び連絡調整を行うための協議会を組織することができる。

4　前項の協議会は、第2項の関係機関及び民間団体その他の都道府県又は市町村が必要と認める者をもって構成する。

第14条　国は、前条第1項の有機的な連携の確保に資するため、個人情報の適正な取扱いを確保しつつ、同項の関係機関が行うこどもに関する支援に資する情報の共有を促進するための情報通信技術の活用その他の必要な措置を講ずるものとする。

2　都道府県及び市町村は、前条第2項の有機的な連携の確保に資するため、個人情報の適正な取扱いを確保しつつ、同項の関係機関及び民間団体が行うこどもに関する支援に資する情報の共有を促進するための情報通信技術の活用その他の必要な措置を講ずるよう努めるものとする。

（この法律及び児童の権利に関する条約の趣旨及び内容についての周知）

第15条　国は、この法律及び児童の権利に関する条約の趣旨及び内容について、広報活動等を通じて国民に周知を図り、その理解を得るよう努めるものとする。

（こども施策の充実及び財政上の措置等）

第16条　政府は、こども大綱の定めるところにより、こども施策の幅広い展開その他のこども施策の一層の充実を図るとともに、その実施に必要な財政上の措置その他の措置を講ずるよう努めなければならない。

（設置及び所掌事務等）

第17条　こども家庭庁に、特別の機関として、こども政策推進会議（以下「会議」という。）を置く。

2　会議は、次に掲げる事務をつかさどる。
　一　こども大綱の案を作成すること。

二　前号に掲げるもののほか、こども施策に関する重要事項について審議し、及びこども施策の実施を推進すること。

三　こども施策について必要な関係行政機関相互の調整をすること。

四　前3号に掲げるもののほか、他の法令の規定により会議に属させられた事務

3　会議は、前項の規定によりこども大綱の案を作成するに当たり、こども及びこどもを養育する者、学識経験者、地域においてこどもに関する支援を行う民間団体その他の関係者の意見を反映させるために必要な措置を講ずるものとする。

（組織等）

第18条　会議は、会長及び委員をもって組織する。

2　会長は、内閣総理大臣をもって充てる。

3　委員は、次に掲げる者をもって充てる。
　一　内閣府設置法（平成11年法律第89号）第9条第1項に規定する特命担当大臣であって、同項の規定により命を受けて同法第11条の3に規定する事務を掌理するもの

二　会長及び前号に掲げる者以外の国務大臣のうちから、内閣総理大臣が指定する者

（資料提出の要求等）

第19条　会議は、その所掌事務を遂行するために必要があると認めるときは、関係行政機関の長に対し、資料の提出、意見の開陳、説明その他必要な協力を求めることができる。

2　会議は、その所掌事務を遂行するために特に必要があると認めるときは、前項に規定する者以外の者に対しても、必要な協力を依頼することができる。

（政令への委任）

第20条　前3条に定めるもののほか、会議の組織及び運営に関し必要な事項は、政令で定める。

附　則　抄

（施行期日）

第1条　この法律は、令和5年4月1日から施行する。

（検討）

第2条　国は、この法律の施行後5年を目途

として、この法律の施行の状況及びこども施策の実施の状況を勘案し、こども施策が基本理念にのっとって実施されているかどうか等の観点からその実態を把握し及び公正かつ適切に評価する仕組みの整備その他の基本理念にのっとったこども施策の一層の推進のために必要な方策について検討を加え、その結果に基づき、法制上の措置その他の必要な措置を講ずるものとする。

日本国憲法(抜粋)

第11条　国民は、すべての基本的人権の享有を妨げられない。この憲法が国民に保障する基本的人権は、侵すことのできない永久の権利として、現在及び将来の国民に与へられる。

第13条　すべて国民は、個人として尊重される。生命、自由及び幸福追求に対する国民の権利については、公共の福祉に反しない限り、立法その他の国政の上で、最大の尊重を必要とする。

第14条　すべて国民は、法の下に平等であつて、人種、信条、性別、社会的身分又は門地により、政治的、経済的又は社会的関係において、差別されない。

②　華族その他の貴族の制度は、これを認めない。

③　栄誉、勲章その他の栄典の授与は、いかなる特権も伴はない。栄典の授与は、現にこれを有し、又は将来これを受ける者の一代に限り、その効力を有する。

第19条　思想及び良心の自由は、これを侵してはならない。

第25条　すべて国民は、健康で文化的な最低限度の生活を営む権利を有する。

2　国は、すべての生活部面について、社会福祉、社会保障及び公衆衛生の向上及び増進に努めなければならない。

第26条　すべて国民は、法律の定めるところにより、その能力に応じて、ひとしく教育を受ける権利を有する。

2　すべて国民は、法律の定めるところにより、その保護する子女に普通教育を受けさせる義務を負ふ。義務教育は、これを無償とする。

第27条　すべて国民は、勤労の権利を有し、義務を負ふ。

2　賃金、就業時間、休息その他の勤労条件に関する基準は、法律でこれを定める。

3　児童は、これを酷使してはならない。

第28条　勤労者の団結する権利及び団体交渉その他の団体行動をする権利は、これを保障する。

児童憲章

＊1951年5月5日制定

われらは、日本国憲法の精神にしたがい、児童に対する正しい観念を確立し、すべての児童の幸福をはかるために、この憲章を定める。

　児童は、人として尊ばれる。

　児童は、社会の一員として重んぜられる。

　児童は、よい環境の中で育てられる。

一、すべての児童は、心身ともに、健やかにうまれ、育てられ、その生活を保障される。

二、すべての児童は、家庭で、正しい愛情と知識と技術をもって育てられ、家庭に恵まれない児童には、これにかわる環境が与えられる。

三、すべての児童は、適当な栄養と住居と被服が与えられ、また、疾病と災害からまもられる。

四、すべての児童は、個性と能力に応じて教育され、社会の一員としての責任を自主的に果すように、みちびかれる。

五、すべての児童は、自然を愛し、科学と芸術を尊ぶように、みちびかれ、また、道徳的心情がつちかわれる。

六、すべての児童は、就学のみちを確保され、また、十分に整つた教育の施設を用意される。

七、すべての児童は、職業指導を受ける機会が与えられる。

八、すべての児童は、その労働において、心身の発育が阻害されず、教育を受ける機会が失われず、また児童としての生活がさまたげられないように、十分に保護される。

九、すべての児童は、よい遊び場と文化財を用意され、わるい環境からまもられる。

十、すべての児童は、虐待、酷使、放任その
　他不当な取扱からまもられる。あやまちを
　おかした児童は、適切に保護指導される。
十一、すべての児童は、身体が不自由な場合、
　または精神の機能が不十分な場合に、適切
　な治療と教育と保護が与えられる。
十二、すべての児童は、愛とまことによって
　結ばれ、よい国民として人類の平和と文化
　に貢献するように、みちびかれる。

子どもの権利条約

（児童の権利に関する条約日本政府訳、抜粋）
＊1989年採択、1990年発効

（前文）

この条約の締約国は、

　国際連合憲章において宣明された原則によれば、人類社会のすべての構成員の固有の尊厳及び平等のかつ奪い得ない権利を認めることが世界における自由、正義及び平和の基礎を成すものであることを考慮し、

　国際連合加盟国の国民が、国際連合憲章において、基本的人権並びに人間の尊厳及び価値に関する信念を改めて確認し、かつ、一層大きな自由の中で社会的進歩及び生活水準の向上を促進することを決意したことに留意し、

　国際連合が、世界人権宣言及び人権に関する国際規約において、すべての人は人種、皮膚の色、性、言語、宗教、政治的意見その他の意見、国民的若しくは社会的出身、財産、出生又は他の地位等によるいかなる差別もなしに同宣言及び同規約に掲げるすべての権利及び自由を享有することができることを宣明し及び合意したことを認め、

　国際連合が、世界人権宣言において、児童は特別な保護及び援助についての権利を享有することができることを宣明したことを想起し、

　家族が、社会の基礎的な集団として、並びに家族のすべての構成員特に児童の成長及び福祉のための自然な環境として、社会においてその責任を十分に引き受けることができるよう必要な保護及び援助を与えられるべきであることを確信し、

　児童が、その人格の完全なかつ調和のとれた発達のため、家庭環境の下で幸福、愛情及び理解のある雰囲気の中で成長すべきであることを認め、

　児童が、社会において個人として生活するため十分な準備が整えられるべきであり、かつ、国際連合憲章において宣明された理想の精神並びに特に平和、尊厳、寛容、自由、平等及び連帯の精神に従って育てられるべきであることを考慮し、

　児童に対して特別な保護を与えることの必要性が、1924年の児童の権利に関するジュネーヴ宣言及び1959年11月20日に国際連合総会で採択された児童の権利に関する宣言において述べられており、また、世界人権宣言、市民的及び政治的権利に関する国際規約（特に第23条及び第24条）、経済的、社会的及び文化的権利に関する国際規約（特に第10条）並びに児童の福祉に関係する専門機関及び国際機関の規程及び関係文書において認められていることに留意し、

　児童の権利に関する宣言において示されているとおり「児童は、身体的及び精神的に未熟であるため、その出生の前後において、適当な法的保護を含む特別な保護及び世話を必要とする。」ことに留意し、

　国内の又は国際的な里親委託及び養子縁組を特に考慮した児童の保護及び福祉についての社会的及び法的な原則に関する宣言、少年司法の運用のための国際連合最低基準規則（北京規則）及び緊急事態及び武力紛争における女子及び児童の保護に関する宣言の規定を想起し、

　極めて困難な条件の下で生活している児童が世界のすべての国に存在すること、また、このような児童が特別の配慮を必要としていることを認め、

　児童の保護及び調和のとれた発達のために各人民の伝統及び文化的価値が有する重要性を十分に考慮し、

　あらゆる国特に開発途上国における児童の生活条件を改善するために国際協力が重要であることを認めて、

　次のとおり協定した。

第2条

1　締約国は、児童がその父母、法定保護者又は家族の構成員の地位、活動、表明した

意見又は信念によるあらゆる形態の差別又は処罰から保護されることを確保するためのすべての適当な措置をとる。

2 締約国は、その管轄の下にある児童に対し、児童又はその父母若しくは法定保護者の人種、皮膚の色、性、言語、宗教、政治的意見その他の意見、国民的、種族的若しくは社会的出身、財産、心身障害、出生又は他の地位にかかわらず、いかなる差別もなしにこの条約に定める権利を尊重し、及び確保する。

第3条

1 児童に関するすべての措置をとるに当たっては、公的若しくは私的な社会福祉施設、裁判所、行政当局又は立法機関のいずれによって行われるものであっても、児童の最善の利益が主として考慮されるものとする。

2 締約国は、児童の父母、法定保護者又は児童について法的に責任を有する他の者の権利及び義務を考慮に入れて、児童の福祉に必要な保護及び養護を確保することを約束し、このため、すべての適当な立法上及び行政上の措置をとる。

3 締約国は、児童の養護又は保護のための施設、役務の提供及び設備が、特に安全及び健康の分野に関し並びにこれらの職員の数及び適格性並びに適正な監督に関し権限のある当局の設定した基準に適合することを確保する。

第6条

1 締約国は、すべての児童が生命に対する固有の権利を有することを認める。

2 締約国は、児童の生存及び発達を可能な最大限の範囲において確保する。

第12条

1 締約国は、自己の意見を形成する能力のある児童がその児童に影響を及ぼすすべての事項について自由に自己の意見を表明する権利を確保する。この場合において、児童の意見は、その児童の年齢及び成熟度に従って相応に考慮されるものとする。

2 このため、児童は、特に、自己に影響を及ぼすあらゆる司法上及び行政上の手続において、国内法の手続規則に合致する方法により直接に又は代理人若しくは適当な団体を通じて聴取される機会を与えられる。

第13条

1 児童は、表現の自由についての権利を有する。この権利には、口頭、手書き若しくは印刷、芸術の形態又は自ら選択する他の方法により、国境とのかかわりなく、あらゆる種類の情報及び考えを求め、受け及び伝える自由を含む。

2 1の権利の行使については、一定の制限を課することができる。ただし、その制限は、法律によって定められ、かつ、次の目的のために必要とされるものに限る。

　a.他の者の権利又は信用の尊重

　b.国の安全、公の秩序又は公衆の健康若しくは道徳の保護

第18条

1 締約国は、児童の養育及び発達について父母が共同の責任を有するという原則についての認識を確保するために最善の努力を払う。父母又は場合により法定保護者は、児童の養育及び発達についての第一義的な責任を有する。児童の最善の利益は、これらの者の基本的な関心事項となるものとする。

2 締約国は、この条約に定める権利を保障し及び促進するため、父母及び法定保護者が児童の養育についての責任を遂行するに当たりこれらの者に対して適当な援助を与えるものとし、また、児童の養護のための施設、設備及び役務の提供の発展を確保する。

3 締約国は、父母が働いている児童が利用する資格を有する児童の養護のための役務の提供及び設備からその児童が便益を受ける権利を有することを確保するためのすべての適当な措置をとる。

第19条

1 締約国は、児童が父母、法定保護者又は児童を監護する他の者による監護を受けている間において、あらゆる形態の身体的若しくは精神的な暴力、傷害若しくは虐待、放置若しくは怠慢な取扱い、不当な取扱い又は搾取（性的虐待を含む。）からその児童を保護するためすべての適当な立法上、行政上、社会上及び教育上の措置をとる。

2 1の保護措置には、適当な場合には、児

童及び児童を監護する者のために必要な援助を与える社会的計画の作成その他の形態による防止のための効果的な手続並びに1に定める児童の不当な取扱いの事件の発見、報告、付託、調査、処置及び事後措置並びに適当な場合には司法の関与に関する効果的な手続を含むものとする。

第23条

1　締約国は、精神的又は身体的な障害を有する児童が、その尊厳を確保し、自立を促進し及び社会への積極的な参加を容易にする条件の下で十分かつ相応な生活を享受すべきであることを認める。

2　締約国は、障害を有する児童が特別の養護についての権利を有することを認めるものとし、利用可能な手段の下で、申込みに応じた、かつ、当該児童の状況及び父母又は当該児童を養護している他の者の事情に適した援助を、これを受ける資格を有する児童及びこのような児童の養護について責任を有する者に与えることを奨励し、かつ、確保する。

3　障害を有する児童の特別な必要を認めて、2の規定に従って与えられる援助は、父母又は当該児童を養護している他の者の資力を考慮して可能な限り無償で与えられるものとし、かつ、障害を有する児童が可能な限り社会への統合及び個人の発達（文化的及び精神的な発達を含む。）を達成することに資する方法で当該児童が教育、訓練、保健サービス、リハビリテーション・サービス、雇用のための準備及びレクリエーションの機会を実質的に利用し及び享受することができるように行われるものとする。

4　締約国は、国際協力の精神により、予防的な保健並びに障害を有する児童の医学的、心理学的及び機能的治療の分野における適当な情報の交換（リハビリテーション、教育及び職業サービスの方法に関する情報の普及及び利用を含む。）であってこれらの分野における自国の能力及び技術を向上させ並びに自国の経験を広げることができるようにすることを目的とするものを促進する。これに関しては、特に、開発途上国の必要を考慮する。

第31条

1　締約国は、休息及び余暇についての児童の権利並びに児童がその年齢に適した遊び及びレクリエーションの活動を行い並びに文化的な生活及び芸術に自由に参加する権利を認める。

2　締約国は、児童が文化的及び芸術的な生活に十分に参加する権利を尊重しかつ促進するものとし、文化的及び芸術的な活動並びにレクリエーション及び余暇の活動のための適当かつ平等な機会の提供を奨励する。

■ 世界人権宣言（〔仮訳文〕外務省訳、抜粋）

第1条　すべての人間は、生れながらにして自由であり、かつ、尊厳と権利とについて平等である。人間は、理性と良心とを授けられており、互いに同胞の精神をもって行動しなければならない。

第16条

3　家庭は、社会の自然かつ基礎的な集団単位であって、社会及び国の保護を受ける権利を有する。

第19条　すべて人は、意見及び表現の自由に対する権利を有する。この権利は、干渉を受けることなく自己の意見をもつ自由並びにあらゆる手段により、また、国境を越えると否とにかかわりなく、情報及び思想を求め、受け、及び伝える自由を含む。

第22条　すべて人は、社会の一員として、社会保障を受ける権利を有し、かつ、国家的努力及び国際的協力により、また、各国の組織及び資源に応じて、自己の尊厳と自己の人格の自由な発展とに欠くことのできない経済的、社会的及び文化的権利を実現する権利を有する。

第24条　すべて人は、労働時間の合理的な制限及び定期的な有給休暇を含む休息及び余暇をもつ権利を有する。

第27条

1　すべて人は、自由に社会の文化生活に参加し、芸術を鑑賞し、及び科学の進歩とその恩恵とにあずかる権利を有する。

2　すべて人は、その創作した科学的、文学的又は美術的作品から生ずる精神的及び物質的利益を保護される権利を有する。

資料4　放課後児童健全育成事業の設備及び運営に関する基準
（厚生労働省令）

○厚生労働省令　第63号

児童福祉法（昭和22年法律第164号）第34条の8の2第2項の規定に基づき、放課後児童健全育成事業の設備及び運営に関する基準を次のように定める。

平成26年4月30日

厚生労働大臣　田村憲久

最近改正　令和5年3月31日厚生労働省令第48号

放課後児童健全育成事業の設備及び運営に関する基準

（趣旨）
第1条　この府令は、児童福祉法（昭和22年法律第164号。以下「法」という。）第34条の8の2第2項の放課後児童健全育成事業の設備及び運営に関する基準（以下「設備運営基準」という。）を市町村（特別区を含む。以下同じ。）が条例で定めるに当たって参酌すべき基準を定めるものとする。

2　設備運営基準は、市町村長（特別区の区長を含む。以下同じ。）の監督に属する放課後児童健全育成事業を利用している児童（以下「利用者」という。）が、明るくて、衛生的な環境において、素養があり、かつ、適切な訓練を受けた職員の支援により、心身ともに健やかに育成されることを保障するものとする。

3　内閣総理大臣は、設備運営基準を常に向上させるように努めるものとする。

（最低基準の目的）
第2条　法第34条の8の2第1項の規定により市町村が条例で定める基準（以下「最低基準」という。）は、利用者が、明るくて、衛生的な環境において、素養があり、かつ、適切な訓練を受けた職員の支援により、心身ともに健やかに育成されることを保障するものとする。

（最低基準の向上）
第3条　市町村長は、その管理に属する法第8条第4項に規定する市町村児童福祉審議会を設置している場合にあってはその意見を、その他の場合にあっては児童の保護者その他児童福祉に係る当事者の意見を聴き、その監督に属する放課後児童健全育成事業を行う者（以下「放課後児童健全育成事業者」という。）に対し、最低基準を超えて、その設備及び運営を向上させるように勧告することができる。

2　市町村は、最低基準を常に向上させるように努めるものとする。

（最低基準と放課後児童健全育成事業者）
第4条　放課後児童健全育成事業者は、最低基準を超えて、常に、その設備及び運営を向上させなければならない。

2　最低基準を超えて、設備を有し、又は運営をしている放課後児童健全育成事業者においては、最低基準を理由として、その設備又は運営を低下させてはならない。

（放課後児童健全育成事業の一般原則）
第5条　放課後児童健全育成事業における支援は、小学校に就学している児童であって、その保護者が労働等により昼間家庭にいないものにつき、家庭、地域等との連携の下、発達段階に応じた主体的な遊びや生活が可能となるよう、当該児童の自主性、社会性及び創造性の向上、基本的な生活習慣の確立等を図り、もって当該児童の健全な育成を図ることを目的として行われなければならない。

2　放課後児童健全育成事業者は、利用者の人権に十分配慮するとともに、一人一人の

人格を尊重して、その運営を行わなければ
ならない。

3　放課後児童健全育成事業者は、地域社会
との交流及び連携を図り、児童の保護者及
び地域社会に対し、当該放課後児童健全育
成事業者が行う放課後児童健全育成事業の
運営の内容を適切に説明するよう努めなけ
ればならない。

4　放課後児童健全育成事業者は、その運営
の内容について、自ら評価を行い、その結
果を公表するよう努めなければならない。

5　放課後児童健全育成事業を行う場所（以
下「放課後児童健全育成事業所」という。）の
構造設備は、採光、換気等利用者の保健衛
生及び利用者に対する危害防止に十分な考
慮を払って設けられなければならない。

（放課後児童健全育成事業者と非常災害対策）

第6条　放課後児童健全育成事業者は、軽便
消火器等の消火用具、非常口その他非常災
害に必要な設備を設けるとともに、非常災
害に対する具体的計画を立て、これに対す
る不断の注意と訓練をするように努めなけ
ればならない。

2　前項の訓練のうち、避難及び消火に対す
る訓練は、定期的にこれを行わなければな
らない。

（安全計画の策定等）

第6条の2　放課後児童健全育成事業者は、
利用者の安全の確保を図るため、放課後児
童健全育成事業所ごとに、当該放課後児童
健全育成事業所の設備の安全点検、職員、
利用者等に対する事業所外での活動、取組
等を含めた放課後児童健全育成事業所での
生活その他の日常生活における安全に関す
る指導、職員の研修及び訓練その他放課後
児童健全育成事業所における安全に関する
事項についての計画（以下この条において
「安全計画」という。）を策定し、当該安全計
画に従い必要な措置を講じなければならな
い。

2　放課後児童健全育成事業者は、職員に対
し、安全計画について周知するとともに、
前項の研修及び訓練を定期的に実施しなけ
ればならない。

3　放課後児童健全育成事業者は、利用者の
安全の確保に関して保護者との連携が図ら

れるよう、保護者に対し、安全計画に基づ
く取組の内容等について周知しなければな
らない。

4　放課後児童健全育成事業者は、定期的に
安全計画の見直しを行い、必要に応じて安
全計画の変更を行うものとする。

（自動車を運行する場合の所在の確認）

第6条の3　放課後児童健全育成事業者は、
利用者の事業所外での活動、取組等のため
の移動その他の利用者の移動のために自動
車を運行するときは、利用者の乗車及び降
車の際に、点呼その他の利用者の所在を確
実に把握することができる方法により、利
用者の所在を確認しなければならない。

**（放課後児童健全育成事業者の職員の一般的
要件）**

第7条　放課後児童健全育成事業において利
用者の支援に従事する職員は、健全な心身
を有し、豊かな人間性と倫理観を備え、児
童福祉事業に熱意のある者であって、でき
る限り児童福祉事業の理論及び実際につい
て訓練を受けた者でなければならない。

**（放課後児童健全育成事業者の職員の知識及
び技能の向上等）**

第8条　放課後児童健全育成事業者の職員は、
常に自己研鑽（さん）に励み、児童の健全な
育成を図るために必要な知識及び技能の修
得、維持及び向上に努めなければならない。

2　放課後児童健全育成事業者は、職員に対
し、その資質の向上のための研修の機会を
確保しなければならない。

（設備の基準）

第9条　放課後児童健全育成事業所には、遊
び及び生活の場としての機能並びに静養す
るための機能を備えた区画（以下この条に
おいて「専用区画」という。）を設けるほか、
支援の提供に必要な設備及び備品等を備え
なければならない。

2　専用区画の面積は、児童一人につきおお
むね1.65平方メートル以上でなければなら
ない。

3　専用区画並びに第一項に規定する設備及
び備品等（次項において「専用区画等」とい
う。）は、放課後児童健全育成事業所を開所
している時間帯を通じて専ら当該放課後児
童健全育成事業の用に供するものでなけれ

ばならない。ただし、利用者の支援に支障がない場合は、この限りでない。

4　専用区画等は、衛生及び安全が確保されたものでなければならない。

（職員）

第10条　放課後児童健全育成事業者は、放課後児童健全育成事業所ごとに、放課後児童支援員を置かなければならない。

2　放課後児童支援員の数は、支援の単位ごとに2人以上とする。ただし、その1人を除き、補助員（放課後児童支援員が行う支援について放課後児童支援員を補助する者をいう。第5項において同じ。）をもってこれに代えることができる。

3　放課後児童支援員は、次の各号のいずれかに該当する者であって、都道府県知事又は地方自治法（昭和22年法律第67号）第252条の19第1項の指定都市若しくは同法第252条の22第1項の中核市の長が行う研修を修了したものでなければならない。

一　保育士（国家戦略特別区域法（平成25年法律第107号）第12条の五第五項に規定する事業実施区域内にある放課後児童健全育成事業所にあっては、保育士又は当該事業実施区域に係る国家戦略特別区域限定保育士）の資格を有する者

二　社会福祉士の資格を有する者

三　学校教育法（昭和22年法律第26号）の規定による高等学校（旧中等学校令（昭和18年勅令第36号）による中等学校を含む。）若しくは中等教育学校を卒業した者、同法第90条第2項の規定により大学への入学を認められた者若しくは通常の課程による12年の学校教育を修了した者（通常の課程以外の課程によりこれに相当する学校教育を修了した者を含む。）又は文部科学大臣がこれと同等以上の資格を有すると認定した者（第九号において「高等学校卒業者等」という。）であって、2年以上児童福祉事業に従事したもの

四　教育職員免許法（昭和24年法律第147号）第四条に規定する免許状を有する者

五　学校教育法の規定による大学（旧大学令（大正7年勅令第388号）による大学を含む。）において、社会福祉学、心理学、教育学、社会学、芸術学若しくは体育学を

専修する学科又はこれらに相当する課程を修めて卒業した者

六　学校教育法の規定による大学において、社会福祉学、心理学、教育学、社会学、芸術学若しくは体育学を専修する学科又はこれらに相当する課程において優秀な成績で単位を修得したことにより、同法第102条第2項の規定により大学院への入学が認められた者

七　学校教育法の規定による大学院において、社会福祉学、心理学、教育学、社会学、芸術学若しくは体育学を専攻する研究科又はこれらに相当する課程を修めて卒業した者

八　外国の大学において、社会福祉学、心理学、教育学、社会学、芸術学若しくは体育学を専修する学科又はこれらに相当する課程を修めて卒業した者

九　高等学校卒業者等であり、かつ、2年以上放課後児童健全育成事業に類似する事業に従事した者であって、市町村長が適当と認めたもの

十　五年以上放課後児童健全育成事業に従事した者であって、市町村長が適当と認めたもの

4　第二項の支援の単位は、放課後児童健全育成事業における支援であって、その提供が同時に一又は複数の利用者に対して一体的に行われるものをいい、一の支援の単位を構成する児童の数は、おおむね40人以下とする。

5　放課後児童支援員及び補助員は、支援の単位ごとに専ら当該支援の提供に当たる者でなければならない。ただし、利用者が20人未満の放課後児童健全育成事業所であって、放課後児童支援員のうち一人を除いた者又は補助者が同一敷地内にある他の事業所、施設等の職務に従事している場合その他の利用者の支援に支障がない場合は、この限りでない。

（利用者を平等に取り扱う原則）

第11条　放課後児童健全育成事業者は、利用者の国籍、信条又は社会的身分によって、差別的取扱いをしてはならない。

（虐待等の禁止）

第12条　放課後児童健全育成事業者の職員は、

利用者に対し、法第33条の10各号に掲げる行為その他当該利用者の心身に有害な影響を与える行為をしてはならない。

（業務継続計画の策定等）

第12条の2　放課後児童健全育成事業者は、放課後児童健全育成事業所ごとに、感染症や非常災害の発生時において、利用者に対する支援の提供を継続的に実施するための、及び非常時の体制で早期の業務再開を図るための計画（以下この条において「業務継続計画」という。）を策定し、当該業務継続計画に従い必要な措置を講ずるよう努めなければならない。

2　放課後児童健全育成事業者は、職員に対し、業務継続計画について周知するとともに、必要な研修及び訓練を定期的に実施するよう努めなければならない。

3　放課後児童健全育成事業者は、定期的に業務継続計画の見直しを行い、必要に応じて業務継続計画の変更を行うよう努めるものとする。

（衛生管理等）

第13条　放課後児童健全育成事業者は、利用者の使用する設備、食器等又は飲用に供する水について、衛生的な管理に努め、又は衛生上必要な措置を講じなければならない。

2　放課後児童健全育成事業者は、放課後児童健全育成事業所において感染症又は食中毒が発生し、又はまん延しないように、職員に対し、感染症及び食中毒の予防及びまん延の防止のための研修並びに感染症の予防及びまん延の防止のための訓練を定期的に実施するよう努めなければならない。

3　放課後児童健全育成事業所には、必要な医薬品その他の医療品を備えるとともに、それらの管理を適正に行わなければならない。

（運営規程）

第14条　放課後児童健全育成事業者は、放課後児童健全育成事業所ごとに、次の各号に掲げる事業の運営についての重要事項に関する運営規程を定めておかなければならない。

一　事業の目的及び運営の方針

二　職員の職種、員数及び職務の内容

三　開所している日及び時間

四　支援の内容及び当該支援の提供につき利用者の保護者が支払うべき額

五　利用定員

六　通常の事業の実施地域

七　事業の利用に当たっての留意事項

八　緊急時等における対応方法

九　非常災害対策

十　虐待の防止のための措置に関する事項

十一　その他事業の運営に関する重要事項

（放課後児童健全育成事業者が備える帳簿）

第15条　放課後児童健全育成事業者は、職員、財産、収支及び利用者の処遇の状況を明らかにする帳簿を整備しておかなければならない。

（秘密保持等）

第16条　放課後児童健全育成事業者の職員は、正当な理由がなく、その業務上知り得た利用者又はその家族の秘密を漏らしてはならない。

2　放課後児童健全育成事業者は、職員であった者が、正当な理由がなく、その業務上知り得た利用者又はその家族の秘密を漏らすことがないよう、必要な措置を講じなければならない。

（苦情への対応）

第17条　放課後児童健全育成事業者は、その行った支援に関する利用者又はその保護者等からの苦情に迅速かつ適切に対応するために、苦情を受け付けるための窓口を設置する等の必要な措置を講じなければならない。

2　放課後児童健全育成事業者は、その行った支援に関し、市町村から指導又は助言を受けた場合は、当該指導又は助言に従って必要な改善を行わなければならない。

3　放課後児童健全育成事業者は、社会福祉法（昭和26年法律第45号）第83条に規定する運営適正化委員会が行う同法第85条第1項の規定による調査にできる限り協力しなければならない。

（開所時間及び日数）

第18条　放課後児童健全育成事業者は、放課後児童健全育成事業所を開所する時間について、次の各号に掲げる区分に応じ、それぞれ当該各号に定める時間以上を原則として、その地方における児童の保護者の労働

時間、小学校の授業の終了の時刻その他の状況等を考慮して、当該事業所ごとに定める。

　一　小学校の授業の休業日に行う放課後児童健全育成事業　1日につき8時間

　二　小学校の授業の休業日以外の日に行う放課後児童健全育成事業　1日につき3時間

2　放課後児童健全育成事業者は、放課後児童健全育成事業所を開所する日数について、1年につき250日以上を原則として、その地方における児童の保護者の就労日数、小学校の授業の休業日その他の状況等を考慮して、当該事業所ごとに定める。

（保護者との連絡）

第19条　放課後児童健全育成事業者は、常に利用者の保護者と密接な連絡をとり、当該利用者の健康及び行動を説明するとともに、支援の内容等につき、その保護者の理解及び協力を得るよう努めなければならない。

（関係機関との連携）

第20条　放課後児童健全育成事業者は、市町村、児童福祉施設、利用者の通学する小学校等関係機関と密接に連携して利用者の支援に当たらなければならない。

（事故発生時の対応）

第21条　放課後児童健全育成事業者は、利用者に対する支援の提供により事故が発生した場合は、速やかに、市町村、当該利用者の保護者等に連絡を行うとともに、必要な措置を講じなければならない。

2　放課後児童健全育成事業者は、利用者に対する支援の提供により賠償すべき事故が発生した場合は、損害賠償を速やかに行わなければならない。

附則

（施行期日）

第1条　この省令は、子ども・子育て支援法及び就学前の子どもに関する教育、保育等の総合的な提供の推進に関する法律の一部を改正する法律の施行に伴う関係法律の整備等に関する法律（平成24年法律第67号）の施行の日から施行する。

（職員の経過措置）

第2条　この省令の施行の日から平成32年3月31日までの間、第10条第3項の規定の適用については、同項中「修了したもの」とあるのは、「修了したもの（平成32年3月31日までに修了することを予定している者を含む。）」とする。

資料5　放課後児童クラブ運営指針

「放課後児童クラブ運営指針」の策定について

（平成27年3月31日雇児発0331第34号
厚生労働省雇用均等・児童家庭局長
各都道府県知事・指定都市市長・中核市市長あて）

　子ども・子育て支援施策及び子どもの健全育成の推進については、かねてより格別の御配慮をいただいているところであるが、平成24年に制定された「子ども・子育て支援法及び就学前の子どもに関する教育、保育等の総合的な提供の推進に関する法律の一部を改正する法律の施行に伴う関係法律の整備等に関する法律」（平成24年法律第67号）により改正された児童福祉法（昭和22年法律第164号）に基づき、厚生労働省においては、平成26年4月30日に「放課後児童健全育成事業の設備及び運営に関する基準」（平成26年厚生労働省令第63号。以下「省令基準」という。）を策定し、全国的な一定水準の質の確保に向けた取組をより一層進めることとしたところである。

　平成27年4月からは、省令基準を踏まえて策定される各市町村の条例に基づいて放課後児童クラブが運営されることになるため、その運営の多様性を踏まえつつ、放課後児童クラブにおいて集団の中で子どもに保障すべき遊び及び生活の環境や運営内容の水準を明確化し、事業の安定性及び継続性の確保を図っていく必要があることから、今般、「放課後児童クラブガイドライン」を見直し、別紙のとおり、事業者（運営主体）及び実践者向けの「放課後児童クラブ運営指針」（以下「運営指針」という。）を新たに策定し、国として放課後児童クラブに関する運営及び設備についてのより具体的な内容を定め、平成27年4月1日より適用することとしたので通知する。

　この新たな運営指針の策定に当たっては、
① 　放課後児童クラブの運営の多様性を踏まえ、「最低基準」としてではなく、望ましい方向に導いていくための「全国的な標準仕様」としての性格を明確化する
② 　子どもの視点に立ち、子どもの最善の利益を保障し、子どもにとって放課後児童クラブが安心して過ごせる生活の場となるように、放課後児童クラブが果たすべき役割を再確認し、その役割及び機能を適切に発揮できるような観点で内容を整理する
③ 　子どもの発達過程や家庭環境なども考慮して、異なる専門性を有して従事している放課後児童支援員等が子どもとどのような視点で関わることが求められるのかという共通の認識を得るために必要となる内容を充実する
との観点で策定したところであり、各市町村においては、本運営指針に基づき管内の放課後児童クラブが適正かつ円滑に事業運営されているかを定期的に確認し、必要な指導及び助言を行うなど、放課後児童クラブの一定水準の質の確保及びその向上が図られるよう、御尽力いただきたい。

　また、貴職におかれては、管内の市町村及び放課後児童クラブの関係者等に周知徹底を図っていただくようお願いしたい。

　なお、本通知は地方自治法（昭和22年法律第67号）第245条の4第1項の規定に基づく技術的助言であることを申し添える。

　また、「放課後児童クラブガイドラインについて」（平成19年10月19日雇児発第1019001号）は本通知の施行に伴い廃止する。

放課後児童クラブ運営指針

1．放課後児童クラブ運営指針の目次構成

2．放課後児童クラブ運営指針
第1章　総則
1．趣旨

(1)　この運営指針は、放課後児童健全育成事業の設備及び運営に関する基準（平成26年厚生労働省令第63号。以下「基準」という。）に基づき、放課後児童健全育成事業を行う場所（以下「放課後児童クラブ」という。）における、子どもの健全な育成と遊び及び生活の支援（以下「育成支援」という。）の内容に関する事項及びこれに関連する事項を定める。

(2)　放課後児童健全育成事業の運営主体は、この運営指針において規定される支援の内容等に係る基本的な事項を踏まえ、各放課後児童クラブの実態に応じて創意工夫を図り、放課後児童クラブの質の向上と機能の充実に努めなければならない。

2．放課後児童健全育成事業の役割

(1)　放課後児童健全育成事業は、児童福祉法（昭和22年法律第164号。以下「法」という。）第6条の3第2項に基づき、小学校（以下「学校」という。）に就学している子ども（特別支援学校の小学部の子どもを含む。以下同じ。）であって、その保護者が労働等により昼間家庭にいないものに、授業の終了後（以下「放課後」という。）に児童厚生施設等の施設を利用して適切な遊び及び生活の場を与え、子どもの状況や発達段階を踏まえながら、その健全な育成を図る事業である。

(2)　放課後児童健全育成事業の運営主体及び放課後児童クラブは、児童の権利に関する条約の理念に基づき、子どもの最善の利益を考慮して育成支援を推進することに努めなければならない。

(3)　放課後児童健全育成事業の運営主体及び放課後児童クラブは、学校や地域の様々な社会資源との連携を図りながら、保護者と連携して育成支援を行うとともに、その家庭の子育てを支援する役割を担う。

3．放課後児童クラブにおける育成支援の基本

(1)　放課後児童クラブにおける育成支援

　　放課後児童クラブにおける育成支援は、子どもが安心して過ごせる生活の場としてふさわしい環境を整え、安全面に配慮しながら子どもが自ら危険を回避できるようにしていくとともに、子どもの発達段階に応じた主体的な遊びや生活が可能となるように、自主性、社会性及び創造性の向上、基本的な生活習慣の確立等により、子どもの健全な育成を図ることを目的とする。

(2)　保護者及び関係機関との連携

　　放課後児童クラブは、常に保護者と密接な連携をとり、放課後児童クラブにおける子どもの様子を日常的に保護者に伝え、子どもに関する情報を家庭と放課後児童クラブで共有することにより、保護者が安心して子どもを育て、子育てと仕事等を両立できるように支援することが必要である。また、子ども自身への支援と同時に、学校等の関係機関と連携することにより、子どもの生活の基盤である家庭での養育を支援することも必要である。

(3)　放課後児童支援員等の役割

　　放課後児童支援員は、豊かな人間性と倫理観を備え、常に自己研鑽に励みながら必要な知識及び技能をもって育成支援に当たる役割を担うとともに、関係機関と連携して子どもにとって適切な養育環境が得られるよう支援する役割を担う必要がある。また、放課後児童支援員が行う育成支援について補助する補助員も、放課後児童支援員と共に同様の役割を担うよう努めることが求められる。

(4)　放課後児童クラブの社会的責任

①　放課後児童クラブは、子どもの人権に十分に配慮するとともに、子ども一人ひとりの人格を尊重して育成支援を行い、子どもに影響のある事柄に関して子どもが意見を述べ、参加することを保障する必要がある。

②　放課後児童クラブの運営主体は、放課後児童支援員及び補助員（以下「放課後児童支援員等」という。）に対し、その資質の向上のために職場内外の研修の機会を確保しなければならない。

③　放課後児童支援員等は、常に自己研鑽に励み、子どもの育成支援の充実を図るために、必要な知識及び技能の修得、維持及び向上に努めなければならない。

④　放課後児童クラブの運営主体は、地域社会との交流や連携を図り、保護者や地域社会に当該放課後児童クラブが行う育成支援の内容を適切に説明するよう努めなければならない。

⑤　放課後児童クラブ及び放課後児童クラブの運営主体は、子どもの利益に反しない限りにおいて、子どもや保護者のプライバシーの保護、業務上知り得た事柄の秘密保持に留意しなければならない。

⑥　放課後児童クラブ及び放課後児童クラブの運営主体は、子どもや保護者の苦情等に対して迅速かつ適切に対応して、その解決を図るよう努めなければならない。

第2章　事業の対象となる子どもの発達

　　放課後児童クラブでは、放課後等に子どもの発達段階に応じた主体的な遊びや生活が可能となるようにすることが求められる。このため、放課後児童支援員等は、子どもの発達の特徴や発達過程を理解し、発達の個人差を踏まえて一人ひとりの心身の状態を把握しながら育成支援を行うことが必要である。

1．子どもの発達と児童期

6歳から12歳は、子どもの発達の時期区分において幼児期と思春期・青年期との間にあり、児童期と呼ばれる。

　児童期の子どもは、学校、放課後、家庭のサイクルを基本とした生活となる。学校において基礎学力が形成されることに伴い、知的能力や言語能力、規範意識等が発達する。また、身長や体重の増加に伴って体力が向上し、遊びも活発化する。

　社会性の発達に伴い、様々な仲間集団が形成されるなど、子ども同士の関わりも変化する。さらに、想像力や思考力が豊かになることによって遊びが多様化し、創意工夫が加わった遊びを創造できるようになる。

　児童期には、幼児期の発達的特徴を残しつつ、思春期・青年期の発達的特徴の芽生えが見られる。子どもの発達は、行きつ戻りつの繰り返しを経ながら進行していく。

　子どもは、家庭や学校、地域社会の中で育まれる。大人との安定した信頼関係のもとで、「学習」、「遊び」等の活動、十分な「休息」、「睡眠」、「食事」等が保障されることによって、子どもは安心して生活し育つことができる。

２．児童期の発達の特徴

　児童期の発達には、主に次のような特徴がある。

○ものや人に対する興味が広がり、その興味を持続させ、興味の探求のために自らを律することができるようになる。

○自然や文化と関わりながら、身体的技能を磨き、認識能力を発達させる。

○学校や放課後児童クラブ、地域等、子どもが関わる環境が広がり、多様な他者との関わりを経験するようになる。

○集団や仲間で活動する機会が増え、その中で規律と個性を培うとともに、他者と自己の多様な側面を発見できるようになる。

○発達に応じて「親からの自立と親への依存」、「自信と不安」、「善悪と損得」、「具体的思考と抽象的思考」等、様々な心理的葛藤を経験する。

３．児童期の発達過程と発達領域

　児童期には、特有の行動が出現するが、その年齢は固定的なものではなく、個人差も大きい。目安として、おおむね6歳〜8歳（低学年）、9歳〜10歳（中学年）、11歳〜12歳（高学年）の3つの時期に区分することができる。なお、この区分は、同年齢の子どもの均一的な発達の基準ではなく、一人ひとりの子どもの発達過程を理解する目安として捉えるべきものである。

(1)　おおむね6歳〜8歳

　子どもは学校生活の中で、読み書きや計算の基本的技能を習得し、日常生活に必要な概念を学習し、係や当番等の社会的役割を担う中で、自らの成長を自覚していく。一方で、同時にまだ解決できない課題にも直面し、他者と自己とを比較し、葛藤も経験する。

　遊び自体の楽しさの一致によって群れ集う集団構成が変化し、そこから仲間関係や友達関係に発展することがある。ただし、遊びへの参加がその時の気分に大きく影響されるなど、幼児的な発達の特徴も残している。

　ものや人に対する興味が広がり、遊びの種類も多様になっていき、好奇心や興味が先に立って行動することが多い。

　大人に見守られることで、努力し、課題を達成し、自信を深めていくことができる。その後の時期と比べると、大人の評価に依存した時期である。

(2)　おおむね9歳〜10歳

　論理的な思考や抽象的な言語を用いた思考が始まる。道徳的な判断も、結果だけに注目するのではなく、動機を考慮し始める。また、お金の役割等の社会の仕組みについても理解し始める。

　遊びに必要な身体的技能がより高まる。

　同年代の集団や仲間を好み、大人に頼らずに活動しようとする。他者の視線や評価に一層

敏感になる。

　言語や思考、人格等の子どもの発達諸領域における質的変化として表れる「9、10歳の節」と呼ばれる大きな変化を伴っており、特有の内面的な葛藤がもたらされる。

　この時期に自己の多様な可能性を確信することは、発達上重要なことである。

(3)　おおむね11歳～12歳

　学校内外の生活を通じて、様々な知識が広がっていく。また、自らの得意不得意を知るようになる。

　日常生活に必要な様々な概念を理解し、ある程度、計画性のある生活を営めるようになる。

　大人から一層自立的になり、少人数の仲間で「秘密の世界」を共有する。友情が芽生え、個人的な関係を大切にするようになる。

　身体面において第2次性徴が見られ、思春期・青年期の発達的特徴が芽生える。しかし、性的発達には個人差が大きく、身体的発育に心理的発達が伴わない場合もある。

4．児童期の遊びと発達

　放課後児童クラブでは、休息、遊び、自主的な学習、おやつ、文化的行事等の取り組みや、基本的な生活に関すること等、生活全般に関わることが行われる。その中でも、遊びは、自発的、自主的に行われるものであり、子どもにとって認識や感情、主体性等の諸能力が統合化される他に代えがたい不可欠な活動である。

　子どもは遊びの中で、他者と自己の多様な側面を発見できるようになる。そして、遊びを通じて、他者との共通性と自身の個性とに気付いていく。

　児童期になると、子どもが関わる環境が急速に拡大する。関わる人々や遊びの種類も多様になり、活動範囲が広がる。また、集団での遊びを継続することもできるようになっていく。その中で、子どもは自身の欲求と相手の欲求を同時に成立させるすべを見いだし、順番を待つこと、我慢すること、約束を守ることや平等の意味等を身に付け、協力することや競い合うことを通じて自分自身の力を伸ばしていく。

　子どもは、遊びを通じて成功や失敗の経験を積み重ねていく。子どもが遊びに自発的に参加し、遊びの楽しさを仲間の間で共有していくためには、大人の援助が必要なこともある。

5．子どもの発達過程を踏まえた育成支援における配慮事項

　放課後児童支援員等は、子どもの発達過程を踏まえ、次に示す事項に配慮して子ども一人ひとりの心身の状態を把握しながら、集団の中での子ども同士の関わりを大切にして育成支援を行うことが求められる。

(1)　おおむね6歳～8歳の子どもへの配慮

○幼児期の発達的特徴も見られる時期であることを考慮する。

○放課後児童支援員等が身近にいて、子どもが安心して頼ることのできる存在になれるように心掛ける。

○子どもは遊びに夢中になると時間や場所を忘れることがある。安全や健康を管理するために子どもの時間と場所に関する意識にも目を届かせるようにする。

(2)　おおむね9歳～10歳の子どもへの配慮

○「9、10歳の節」と呼ばれる発達諸領域における質的変化を伴うことを考慮して、子どもの意識や感情の変化を適切に捉えるように心掛ける。

○同年代の仲間との関わりを好み、大人に頼らず活動しようとする、他の子どもの視線や評価に敏感になるなど、大人に対する見方や自己と他者への意識や感情の発達的特徴の理解に基づいた関わりをする。

(3)　おおむね11歳～12歳の子どもへの配慮

○大人から一層自立的になるとともに、子ども同士の個人的な関係を大切にするようになるなどの発達的特徴を理解することに努め、信頼に基づく関わりを心掛ける。

○ある程度、計画性のある生活を営めるようになる時期であることを尊重し、子ども自身が主

体的な遊びや生活ができるような関係を大切にする。
○思春期・青年期の発達的特徴が芽生えることを考慮し、性的発達を伴う身体的発育と心理的発達の変化について理解し、適切な対応をする。

(4) 遊びと生活における関わりへの配慮

　　子どもの遊びへの関わりは、安全の確保のような間接的なものから、大人が自ら遊びを楽しむ姿を見せるというような直接的なものまで、子どもの発達や状況に応じた柔軟なものであることが求められる。また、その時々の子どもの体調や気分によって、遊びの選択や子ども同士の関わり方が異なることを理解することも必要である。

　　子どもは時に大人の指示を拒んだり、反抗的に見える態度をとったりすることもある。子どもの言動の背景を理解することが求められる。子どもが放課後児童クラブの中でお互いの役割を理解し合って生活していくためには、子ども同士の中での自律的な関係を認めつつ、一人ひとりの意識や発達の状況にも十分に配慮する必要がある。

第3章　放課後児童クラブにおける育成支援の内容

1．育成支援の内容

(1)　放課後児童クラブに通う子どもは、保護者が労働あるいは疾病や介護等により授業の終了後の時間帯（放課後、学校休業日）に子どもの養育ができない状況によって、放課後児童クラブに通うことが必要となっているため、その期間を子どもが自ら進んで通い続けるためには、放課後児童支援員等が保護者と連携して育成支援を行う必要がある。

(2)　放課後児童クラブは、年齢や発達の状況が異なる多様な子ども達が一緒に過ごす場である。放課後児童支援員等には、それぞれの子どもの発達の特徴や子ども同士の関係を捉えながら適切に関わることで、子どもが安心して過ごせるようにし、一人ひとりと集団全体の生活を豊かにすることが求められる。

(3)　子どもの発達や養育環境の状況等を把握し、子どもが発達面や養育環境等で固有の援助を必要としている場合には、その援助を適切に行う必要がある。

(4)　子どもにとって放課後児童クラブが安心して過ごせる生活の場であり、放課後児童支援員等が信頼できる存在であることを前提として、放課後児童クラブにおける育成支援には、主に次のような内容が求められる。

①　子どもが自ら進んで放課後児童クラブに通い続けられるように援助する。
・放課後児童クラブに通うことについて、その必要性を子どもが理解できるように援助する。
・放課後児童支援員等は、子どもの様子を日常的に保護者に伝え、放課後児童支援員等と保護者がお互いに子どもの様子を伝え合えるようにする。
・子どもが放課後児童クラブに通うことに関して、学校と情報交換し、連携する。
・子どもの遊びや生活の環境及び帰宅時の安全等について、地域の人々の理解と協力が得られるようにする。

②　子どもの出欠席と心身の状態を把握して、適切に援助する。
・子どもの出欠席についてあらかじめ保護者からの連絡を確認しておくとともに、連絡なく欠席したり来所が遅れたりした子どもについては速やかに状況を把握して適切に対応する。
・子どもの来所時には、子どもが安心できるように迎え入れ、子ども一人ひとりの心身の状態を把握する。
・遊びや生活の場面における子どもの状況や体調、情緒等を把握し、静養や気分転換が必要な時には適切に対応する。なお、病気やケガの場合は、速やかに保護者と連絡をとる。

③　子ども自身が見通しを持って主体的に過ごせるようにする。
・子どもが放課後児童クラブでの過ごし方について理解できるようにし、主体的に生活できるように援助する。

・放課後児童支援員等は、子ども全体に共通する生活時間の区切りをつくり、柔軟に活用して子どもが放課後の時間を自己管理できるように援助する。

・放課後児童クラブにおける過ごし方や生活時間の区切り等は、保護者にも伝えて理解を得ておく。

④　放課後児童クラブでの生活を通して、日常生活に必要となる基本的な生活習慣を習得できるようにする。

・手洗いやうがい、持ち物の管理や整理整頓、活動に応じた衣服の着脱等の基本的な生活習慣が身に付くように援助する。

・子ども達が集団で過ごすという特性を踏まえて、一緒に過ごす上で求められる協力及び分担や決まりごと等を理解できるようにする。

⑤　子どもが発達段階に応じた主体的な遊びや生活ができるようにする。

・子ども達が協力し合って放課後児童クラブの生活を維持していくことができるようにする。その際、年齢や発達の状況が異なる子ども達が一緒に生活していることを考慮する。

・子どもが仲間関係をつくりながら、自発的に遊びをつくり出すことができるようにする。

・遊びや生活の中で生じる意見の対立やけんかなどについては、お互いの考え方の違いに気付くこと、葛藤の調整や感情の高ぶりを和らげること等ができるように、適切に援助する。

・子どもの間でいじめ等の関係が生じないように配慮するとともに、万一そのような問題が起きた時には早期対応に努め、放課後児童支援員等が協力して適切に対応する。

・屋内外ともに子どもが過ごす空間や時間に配慮し、発達段階にふさわしい遊びと生活の環境をつくる。その際、製作活動や伝承遊び、地域の文化にふれる体験等の多様な活動や遊びを工夫することも考慮する。

・子どもが宿題、自習等の学習活動を自主的に行える環境を整え、必要な援助を行う。

・放課後児童クラブの子ども達が地域の子ども達と一緒に遊んだり活動したりする機会を設ける。

・地域での遊びの環境づくりへの支援も視野に入れ、必要に応じて保護者や地域住民が協力しながら活動に関わることができるようにする。

⑥　子どもが自分の気持ちや意見を表現することができるように援助し、放課後児童クラブの生活に主体的に関わることができるようにする。

・子ども一人ひとりの放課後児童クラブでの生活状況を把握しながら、子どもの情緒や子ども同士の関係にも配慮し、子どもの意見を尊重する。

・子どもが放課後児童支援員等に悩みや相談事も話せるような信頼関係を築く。

・行事等の活動では、企画の段階から子どもの意見を反映させる機会を設けるなど、様々な発達の過程にある子どもがそれぞれに主体的に運営に関わることができるように工夫する。

⑦　子どもにとって放課後の時間帯に栄養面や活力面から必要とされるおやつを適切に提供する。

・発達過程にある子どもの成長にあわせて、放課後の時間帯に必要とされる栄養面や活力面を考慮して、おやつを適切に提供する。おやつの提供に当たっては、補食としての役割もあることから、昼食と夕食の時間帯等を考慮して提供時間や内容、量等を工夫する。

・おやつの提供に際しては、安全及び衛生に配慮するとともに、子どもが落ちついて食を楽しめるようにする。

・食物アレルギーのある子どもについては、配慮すべきことや緊急時の対応等について事前に保護者と丁寧に連絡を取り合い、安全に配慮して提供する。

⑧　子どもが安全に安心して過ごすことができるように環境を整備するとともに、緊急時に適切な対応ができるようにする。

・子どもが自分で避けることのできない危険に遭遇しないように、遊びと生活の環境につい

て安全点検と環境整備を行う。
・子どもが危険に気付いて判断したり、事故等に遭遇した際に被害を最小限にしたりするための安全に関する自己管理能力を身に付けられるように援助する。
・事故やケガ、災害等の緊急時に子どもの安全が守られるように、対応方針を作成して定期的に訓練を行う。
⑨　放課後児童クラブでの子どもの様子を日常的に保護者に伝え、家庭と連携して育成支援を行う。
・放課後児童クラブにおける子どもの様子を日常的に保護者に伝える。
・子どもに関する情報を家庭と放課後児童クラブで共有することにより、保護者が安心して子育てと仕事等を両立できるように支援する。
２．障害のある子どもへの対応
(1)　障害のある子どもの受入れの考え方
○障害のある子どもについては、地域社会で生活する平等の権利の享受と、包容・参加（インクルージョン）の考え方に立ち、子ども同士が生活を通して共に成長できるよう、障害のある子どもも放課後児童クラブを利用する機会が確保されるための適切な配慮及び環境整備を行い、可能な限り受入れに努める。
○放課後児童クラブによっては、新たな環境整備が必要となる場合なども考えられるため、受入れの判断については、子ども本人及び保護者の立場に立ち、公平性を保って行われるように判断の基準や手続等を定めることが求められる。
○障害のある子どもの受入れに当たっては、子どもや保護者と面談の機会を持つなどして、子どもの健康状態、発達の状況、家庭の状況、保護者の意向等を個別に把握する。
○地域社会における障害のある子どもの放課後の生活が保障されるように、放課後等デイサービス等と連携及び協力を図る。その際、放課後等デイサービスと併行利用している場合には、放課後等デイサービス事業所と十分な連携を図り、協力できるような体制づくりを進めていくことが求められる。
(2)　障害のある子どもの育成支援に当たっての留意点
○障害のある子どもが、放課後児童クラブでの子ども達との生活を通して共に成長できるように、見通しを持って計画的な育成支援を行う。
○継続的な育成支援を行うために、障害のある子ども一人ひとりについて放課後児童クラブでの状況や育成支援の内容を記録する。
○障害のある子どもの育成支援についての事例検討を行い、研修等を通じて、障害について理解する。
○障害のある子どもの特性を踏まえた育成支援の向上のために、地域の障害児関係の専門機関等と連携して、相談できる体制をつくる。その際、保育所等訪問支援、障害児等療育支援事業や巡回支援専門員整備事業の活用等も考慮する。
○障害のある子どもの育成支援が適切に図られるように、個々の子どもの状況に応じて環境に配慮するとともに、職員配置、施設や設備の改善等についても工夫する。
○障害者虐待の防止、障害者の養護者に対する支援等に関する法律（平成23年法律第79号）の理念に基づいて、障害のある子どもへの虐待の防止に努めるとともに、防止に向けての措置を講ずる。
３．特に配慮を必要とする子どもへの対応
(1)　児童虐待への対応
○放課後児童支援員等は、児童虐待の防止等に関する法律（平成12年法律第82号）に基づき児童虐待の早期発見の努力義務が課されていることを踏まえ、子どもの状態や家庭の状況の把握により、保護者に不適切な養育等が疑われる場合には、市町村（特別区を含む。以下同じ。）や関係機関と連携し、法第25条の２第１項に規定する要保護児童対策地域協議会で協議す

るなど、適切に対応することが求められる。

○児童虐待が疑われる場合には、放課後児童支援員等は各自の判断だけで対応することは避け、放課後児童クラブの運営主体の責任者と協議の上で、市町村又は児童相談所に速やかに通告し、関係機関と連携して放課後児童クラブとして適切な対応を図らなければならない。

(2)　特別の支援を必要とする子どもへの対応

○放課後児童支援員等は、子どもの家庭環境についても配慮し、家庭での養育について特別の支援が必要な状況を把握した場合には、子どもと保護者の安定した関係の維持に留意しつつ、市町村や関係機関と連携して適切な支援につなげるように努める。

○放課後児童クラブでの生活に特に配慮を必要とする子どもの支援に当たっては、保護者、市町村、関係機関と情報交換を行い、連携して適切な育成支援に努める。

(3)　特に配慮を必要とする子どもへの対応に当たっての留意事項

○特に配慮を必要とする子どもへの対応に当たっては、子どもの利益に反しない限りにおいて、保護者や子どものプライバシーの保護、業務上知り得た事柄の秘密保持に留意する。

4．保護者との連携

(1)　保護者との連絡

○子どもの出欠席についてあらかじめ保護者からの連絡を確認しておく。

○放課後児童クラブにおける子どもの遊びや生活の様子を日常的に保護者に伝え、子どもの状況について家庭と放課後児童クラブで情報を共有する。

○保護者への連絡については、連絡帳を効果的に活用することが必要である。その他、保護者の迎えの際の直接の連絡、通信、保護者会、個人面談等の様々な方法を有効に活用する。

(2)　保護者からの相談への対応

○放課後児童支援員等は、育成支援を通じて保護者との信頼関係を築くことに努めるとともに、子育てのこと等について保護者が相談しやすい雰囲気づくりを心掛ける。

○保護者から相談がある場合には、保護者の気持ちを受け止め、相互の信頼関係を基本に保護者の自己決定を尊重して対応する。また、必要に応じて市町村や関係機関と連携する。

(4)　保護者及び保護者組織との連携

○放課後児童クラブの活動を保護者に伝えて理解を得られるようにするとともに、保護者が活動や行事に参加する機会を設けるなどして、保護者との協力関係をつくる。

○保護者組織と連携して、保護者が互いに協力して子育ての責任を果たせるように支援する。

5．育成支援に含まれる職務内容と運営に関わる業務

(1)　育成支援に含まれる職務内容

　　放課後児童クラブにおける育成支援に係る職務内容には、次の事項が含まれる。

○子どもが放課後児童クラブでの生活に見通しを持てるように、育成支援の目標や計画を作成し、保護者と共通の理解を得られるようにする。

○日々の子どもの状況や育成支援の内容を記録する。

○職場内で情報を共有し事例検討を行って、育成支援の内容の充実、改善に努める。

○通信や保護者会等を通して、放課後児童クラブでの子どもの様子や育成支援に当たって必要な事項を、定期的かつ同時にすべての家庭に伝える。

(2)　運営に関わる業務

　　放課後児童クラブの運営に関わる業務として、次の取り組みも必要とされる。

・業務の実施状況に関する日誌（子どもの出欠席、職員の服務に関する状況等）

・運営に関する会議や打合せ、申合せや引継ぎ

・おやつの発注、購入等

・遊びの環境と施設の安全点検、衛生管理、清掃や整理整頓

・保護者との連絡調整

・学校との連絡調整
・地域の関係機関、団体との連絡調整
・会計事務
・その他、事業運営に関する記録

第4章　放課後児童クラブの運営

1．職員体制
(1)　放課後児童クラブには、年齢や発達の状況が異なる子どもを同時にかつ継続的に育成支援を行う必要があること、安全面での管理が必要であること等から、支援の単位ごとに2人以上の放課後児童支援員（基準第10条第3項各号のいずれかに該当する者であって、都道府県知事が行う研修を修了したもの）を置かなければならない。ただし、そのうち1人は、補助員（放課後児童支援員が行う支援について放課後児童支援員を補助する者）に代えることができる。
(2)　放課後児童支援員等は、支援の単位ごとに育成支援を行わなければならない。なお、放課後児童クラブを利用する子どもが20人未満の場合で、放課後児童支援員のうち1人を除いた者又は補助員が同一敷地内にある他の事業所、施設等の職務に従事している場合等は、この限りではない。
(3)　子どもとの安定的、継続的な関わりが重要であるため、放課後児童支援員の雇用に当たっては、長期的に安定した形態とすることが求められる。
(4)　放課後児童支援員等の勤務時間については、子どもの受入れ準備や打合せ、育成支援の記録作成等、開所時間の前後に必要となる時間を前提として設定されることが求められる。

2．子ども集団の規模(支援の単位)
(1)　放課後児童クラブの適切な生活環境と育成支援の内容が確保されるように、施設設備、職員体制等の状況を総合的に勘案し、適正な子ども数の規模の範囲で運営することが必要である。
(2)　子ども集団の規模（支援の単位）は、子どもが相互に関係性を構築したり、1つの集団としてまとまりをもって共に生活したり、放課後児童支援員等が個々の子どもと信頼関係を築いたりできる規模として、おおむね40人以下とする。

3．開所時間及び開所日
(1)　開所時間及び開所日については、保護者の就労時間、学校の授業の終了時刻その他の地域の実情等を考慮して、当該放課後児童クラブごとに設定する。
(2)　開所時間については、学校の授業の休業日は1日につき8時間以上、学校の授業の休業日以外の日は1日につき3時間以上の開所を原則とする。なお、子どもの健全育成上の観点にも配慮した開所時間の設定が求められる。
(3)　開所する日数については、1年につき250日以上を原則として、保護者の就労日数、学校の授業の休業日その他の地域の実情等を考慮して、当該放課後児童クラブごとに設定する。
(4)　新1年生については、保育所との連続性を考慮し、4月1日より受け入れを可能にする必要がある。

4．利用の開始等に関わる留意事項
(1)　放課後児童クラブの運営主体は、放課後児童クラブの利用の募集に当たり、適切な時期に様々な機会を活用して広く周知を図ることが必要である。その際には、利用に当たっての留意事項の明文化、入所承認の方法の公平性の担保等に努める必要がある。
(2)　放課後児童クラブの利用を希望する保護者等に対しては、必要な情報を提供することが求められる。
(3)　利用の開始に当たっては、説明会等を開催し、利用に際しての決まり等について説明することが求められる。

(4)　特に新1年生の環境変化に配慮して、利用の開始の前に、子どもや家庭の状況、保護者のニーズ及び放課後児童クラブでの過ごし方について十分に保護者等と情報交換することが求められる。

(5)　子どもが放課後児童クラブを退所する場合には、その子どもの生活の連続性や家庭の状況に配慮し、保護者等からの相談に応じて適切な支援への引き継ぎを行う。

5．運営主体

(1)　放課後児童健全育成事業は、市町村が行うこととし、放課後児童クラブの運営については、育成支援の継続性という観点からも、安定した経営基盤と運営体制を有し、子どもの健全育成や地域の実情についての理解を十分に有する主体が、継続的、安定的に運営することが求められる。

(2)　放課後児童クラブの運営主体は、次の点に留意して運営する必要がある。

○子どもの人権に十分配慮するとともに、一人ひとりの人格を尊重して、その運営を行う。

○地域社会との交流及び連携を図り、子どもの保護者及び地域社会に対し、放課後児童クラブの運営の内容を適切に説明するように努める。

○放課後児童クラブの運営の内容について、自ら評価を行い、その結果を公表するように努める。

○子どもや保護者の国籍、信条又は社会的身分による差別的な扱いをしない。

○放課後児童クラブごとに事業の運営についての重要事項（①事業の目的及び運営の方針、②職員の職種、員数及び職務の内容、③開所時間及び開所日、④育成支援の内容及び利用料、⑤定員、⑥事業の実施地域、⑦事業の利用に当たっての留意事項、⑧緊急時等における対応方法、⑨非常災害対策、⑩虐待の防止のための措置に関する事項、⑪その他事業の運営に関する重要事項）に関する運営規程を定め、また、職員、財産、収支及び利用者の処遇の状況を明らかにする帳簿を整備する。

○放課後児童クラブの運営主体に変更が生じる場合には、育成支援の継続性が保障され、子どもへの影響が最小限に抑えられるように努めるとともに、保護者の理解が得られるように努める必要がある。

6．労働環境整備

(1)　放課後児童クラブの運営主体は、放課後児童支援員等の労働実態や意向を把握し、放課後児童支援員等が健康で意欲を持って就業できるように、労働環境の整備に努める必要がある。

(2)　放課後児童支援員等の健康管理や放課後児童クラブとしての衛生管理の観点から、健康診断等の実施が必要である。

(3)　放課後児童支援員等が、業務中あるいは通勤途上で災害等にあった場合の補償を行うため、事業主として労災保険に加入しておくことが必要である。また、必要に応じて厚生保険や雇用保険にも加入しておくことが求められる。

7．適正な会計管理及び情報公開

(1)　利用料等の徴収、管理及び執行に当たっては、定期的な検査や決算報告を行い、適正な会計管理を行うことが必要である。

(2)　社会福祉法(昭和26年法律第45号)第75条第1項の規定に基づき、福祉サービスを利用しようとする者が適切かつ円滑にこれを利用できるように、社会福祉事業を運営する事業者には、事業の内容に関する情報の提供についての努力義務が課せられている。このため、放課後児童クラブの運営主体は、会計処理や運営状況について、保護者や地域社会に対して情報公開することが求められる。

第5章　学校及び地域との関係

1．学校との連携

(1) 子どもの生活の連続性を保障するために、情報交換や情報共有、職員同士の交流等によって学校との連携を積極的に図る。

(2) 学校との情報交換や情報共有は日常的、定期的に行い、その実施に当たっては、個人情報の保護や秘密の保持についてあらかじめ取り決めておく。

(3) 子どもの遊びと生活の場を広げるために、学校の校庭、体育館や余裕教室等を利用できるように連携を図る。

2. 保育所、幼稚園等との連携

(1) 新1年生については、子どもの発達と生活の連続性を保障するために、保育所、幼稚園等と子どもの状況について情報交換や情報共有を行う。

(2) 保育所、幼稚園等との子ども同士の交流、職員同士の交流等を行う。

3. 地域、関係機関との連携

(1) 放課後児童クラブに通う子どもの生活について地域の協力が得られるように、自治会・町内会や民生委員・児童委員（主任児童委員）等の地域組織や子どもに関わる関係機関等と情報交換や情報共有、相互交流を図る。

(2) 地域住民の理解を得ながら、地域の子どもの健全育成の拠点である児童館やその他地域の公共施設等を積極的に活用し、放課後児童クラブの子どもの活動と交流の場を広げる。

(3) 事故、犯罪、災害等から子どもを守るため、地域住民と連携、協力して子どもの安全を確保する取り組みを行う。

(4) 子どもの病気やケガ、事故等に備えて、日常から地域の保健医療機関等と連携を図る。

4. 学校、児童館を活用して実施する放課後児童クラブ

(1) 学校施設を活用して実施する放課後児童クラブ

○学校施設を活用する場合には、放課後児童クラブの運営主体が責任をもって管理運営に当たるとともに、施設の使用に当たって学校や関係者の協力が得られるように努める。

○「放課後子ども総合プラン」に基づき、放課後子供教室と一体的に実施する場合は、放課後児童クラブに通う子どもの生活の場としての機能を十分に担保し、育成支援の環境に配慮する。なお、放課後子供教室への参加に当たっては、体調や帰宅時刻等の理由から参加できない子どもがいることも考慮する。

○放課後子供教室の企画内容や準備等について、円滑な協力ができるように放課後子供教室との打合せを定期的に行い、学校区ごとに設置する協議会に参加するなど関係者間の連携を図る。

(2) 児童館を活用して実施する放課後児童クラブ

○児童館の中で放課後児童クラブを実施する場合は、放課後児童クラブに通う子どもの育成支援の環境及び水準が担保されるようにする。

○児童館に来館する子どもと放課後児童クラブに在籍する子どもが交流できるように、遊びや活動に配慮する。

○放課後児童クラブの活動は、児童館内に限定することなく近隣の環境を活用する。

第6章　施設及び設備、衛生管理及び安全対策

1. 施設及び設備

(1) 施設

○放課後児童クラブには、子どもが安全に安心して過ごし、体調の悪い時等に静養することができる生活の場としての機能と、遊び等の活動拠点としての機能を備えた専用区画が必要である。

○専用区画の面積は、子ども1人につきおおむね1.64㎡以上を確保することが求められる。

○室内のレイアウトや装飾、採光等にも配慮し、子どもが心地よく過ごせるように工夫することも求められる。

○子どもの遊びを豊かにするため、屋外遊びを行う場所を確保することが求められる。その際、学校施設や近隣の児童遊園・公園、児童館等を有効に活用する。

○子どもの遊び及び生活の場の他に、放課後児童支援員等が事務作業や更衣ができるスペース等も求められる。

(2) 設備、備品等

　○衛生及び安全が確保された設備を備え、子どもの所持品を収納するロッカーや子どもの生活に必要な備品、遊びを豊かにするための遊具及び図書を備える。

　○年齢に応じた遊びや活動ができるように空間や設備、備品等を工夫する。

2. 衛生管理及び安全対策

(1) 衛生管理

○手洗いやうがいを励行するなど、日常の衛生管理に努める。また、必要な医薬品その他の医療品を備えるとともに、それらの管理を適正に行い、適切に使用する。

○施設設備やおやつ等の衛生管理を徹底し、食中毒の発生を防止する。

○感染症の発生状況について情報を収集し、予防に努める。感染症の発生や疑いがある場合は、必要に応じて市町村、保健所等に連絡し、必要な措置を講じて二次感染を防ぐ。

○感染症や食中毒等の発生時の対応については、市町村や保健所との連携のもと、あらかじめ放課後児童クラブとしての対応方針を定めておくとともに、保護者と共有しておく。

(2) 事故やケガの防止と対応

○日常の遊びや生活の中で起きる事故やケガを防止するために、室内及び屋外の環境の安全性について毎日点検し、必要な補修等を行う。これには、遠足等行事の際の安全点検も含まれる。

○事故やケガの防止に向けた対策や発生時の対応に関するマニュアルを作成し、マニュアルに沿った訓練又は研修を行い、放課後児童支援員等の間で共有する。

○放課後児童支援員等は、子どもの年齢や発達の状況を理解して、子どもが自らの安全を守るための行動について学習し、習得できるように援助する。

○おやつの提供に際して、食物アレルギー事故、窒息事故等を防止するため、放課後児童支援員等は応急対応について学んでおく。

○事故やケガが発生した場合には、速やかに適切な処置を行うとともに、子どもの状況等について速やかに保護者に連絡し、運営主体及び市町村に報告する。

○放課後児童クラブの運営主体は、放課後児童支援員等及び子どもに適切な安全教育を行うとともに、発生した事故事例や事故につながりそうな事例の情報を収集し、分析するなどして事故防止に努める。

○放課後児童クラブの運営主体は、必ず損害賠償保険に加入し、賠償すべき事故が発生した場合は、損害賠償を速やかに行う。また、傷害保険等に加入することも必要である。

(3) 防災及び防犯対策

○放課後児童クラブの運営主体は、市町村との連携のもとに災害等の発生に備えて具体的な計画及びマニュアルを作成し、必要な施設設備を設けるとともに、定期的に（少なくとも年2回以上）訓練を行うなどして迅速に対応できるようにしておく。また、外部からの不審者等の侵入防止のための措置や訓練など不測の事態に備えて必要な対応を図る。

○市町村や学校等関係機関と連携及び協力を図り、防災や防犯に関する訓練を実施するなど、地域における子どもの安全確保や安全点検に関する情報の共有に努める。

○災害等が発生した場合には、子どもの安全確保を最優先にし、災害等の状況に応じた適切な対応をとる。

○災害等が発生した際の対応については、その対応の仕方を事前に定めておくとともに、緊急時の連絡体制を整備して保護者や学校と共有しておく。

(4) 来所及び帰宅時の安全確保

○子どもの来所や帰宅の状況について、必要に応じて保護者や学校と連絡を取り合って安全を確保する。

○保護者と協力して、地域組織や関係機関等と連携した、安全確保のための見守り活動等の取り組みを行う。

第7章　職場倫理及び事業内容の向上

1．放課後児童クラブの社会的責任と職場倫理

(1)　放課後児童クラブには、社会的信頼を得て育成支援に取り組むことが求められる。また、放課後児童支援員等の言動は子どもや保護者に大きな影響を与えるため、放課後児童支援員等は、仕事を進める上での倫理を自覚して、育成支援の内容の向上に努めなければならない。

(2)　放課後児童クラブの運営主体は、法令を遵守するとともに、次の事項を明文化して、すべての放課後児童支援員等が職場倫理を自覚して職務に当たるように組織的に取り組む。

○子どもや保護者の人権に十分配慮するとともに、一人ひとりの人格を尊重する。

○児童虐待等の子どもの心身に有害な影響を与える行為を禁止する。

○国籍、信条又は社会的な身分による差別的な扱いを禁止する。

○守秘義務を遵守する。

○関係法令に基づき個人情報を適切に取り扱い、プライバシーを保護する。

○保護者に誠実に対応し、信頼関係を構築する。

○放課後児童支援員等が相互に協力し、研鑽を積みながら、事業内容の向上に努める。

○事業の社会的責任や公共性を自覚する。

2．要望及び苦情への対応

(1)　要望や苦情を受け付ける窓口を設置し、子どもや保護者等に周知する。

(2)　苦情対応については、市町村と放課後児童クラブの運営主体が連携して、苦情解決責任者、苦情受付担当者、第三者委員の設置や、解決に向けた手順の整理等を行い、その仕組みについて子どもや保護者等にあらかじめ周知する。

(3)　子どもや保護者等からの要望や苦情に対しては、迅速かつ適切に、誠意を持って対応する。

(4)　要望や苦情については、その内容や対応について職員間で共有することにより、事業内容の向上に生かす。

3．事業内容向上への取り組み

(1)　職員集団のあり方

○放課後児童支援員等は、会議の開催や記録の作成等を通じた情報交換や情報共有を図り、事例検討を行うなど相互に協力して自己研鑽に励み、事業内容の向上を目指す職員集団を形成する。

○放課後児童支援員等は、子どもや保護者を取り巻くさまざまな状況に関心を持ち、育成支援に当たっての課題等について建設的な意見交換を行うことにより、事業内容を向上させるように努める。

(2)　研修等

○放課後児童クラブの運営主体は、放課後児童支援員等のための職場内での教育訓練や研修のみならず、職場を離れての研修の機会を確保し、その参加を保障する必要がある。

○放課後児童支援員等は、研修等を通じて、必要な知識及び技能の習得、維持及び向上に努める。

○放課後児童クラブの運営主体には、職員が自発的、継続的に研修に参加できるように、研修受講計画を策定し、管理するなどの環境を整備していくとともに、職員の自己研鑽、自己啓発への時間的、経済的な支援や情報提供も含めて取り組んでいくことが求められる。

(3)　運営内容の評価と改善

○放課後児童クラブの運営主体は、その運営の内容について自己評価を行い、その結果を公表するように努める。評価を行う際には、子どもや保護者の意見を取り入れて行うことが求められる。

○評価の結果については、職員間で共有し、改善の方向性を検討して事業内容の向上に生かす。

資料6　こども家庭庁への要望書

※全国学童保育連絡協議会 2023年6月22日提出

内閣府こども家庭庁
内閣府特命担当大臣（こども政策担当）　小倉將信　様

全国学童保育連絡協議会
会長　戸塚 丈夫

公的責任による学童保育制度の拡充と
財政措置の大幅増額を求める要望書

　日頃より学童保育の拡充にご尽力いただき、誠にありがとうございます。

　学童保育を必要とする家庭は年々増加しています。安全に安心して過ごすことのできる放課後の「生活の場」を求める保護者の願いは、ますます高まっています。学童保育の拡充は国の施策のなかでも重要な課題です。

　2023年4月より、こども基本法が施行され、こども家庭庁が創設されました。こども家庭庁の創設に伴い、学童保育は、厚生労働省子ども家庭局子育て支援課からこども家庭庁成育局成育環境課へ移管されました。

　こども家庭庁設置に向けて、厚生労働省社会保障審議会児童部会「放課後児童対策に関する専門委員会」が2022年6月に4年ぶりに開催され、今回、とりまとめを公表されました。「放課後児童クラブの課題と施策の方向について」として、喫緊の課題について検討され、今後の施策の方向性について意見が整理されました。

　このなかで、「放課後児童クラブの待機児童対策について」では、「こどもの集団の規模を考慮に入れつつ、現在進めている受け皿整備を引き続き実施することが求められる。これは、放課後児童支援員の確保や処遇改善、質の向上に向けた方策とあわせて進めることが肝要である。」としながらも、「一方で、児童館など他の施設等を利用することで、放課後児童クラブを利用するのと同様に、放課後を安全・安心に過ごすことができるこどもも一定数いると考えられることから、放課後児童クラブだけでなく、自治体独自の事業や民間の預かりサービス等、多様な居場所を含めて総合的に検討することが必要である。」としています。

　また、「放課後児童クラブと放課後子供教室の一体型の推進について」では、「一体型を推進する際には、両事業の目的や趣旨を正しく理解することが重要であり、放課後児童施策に期待されるところと重ね合わせて、検討することが求められる。具体的には、目的・趣旨の違いを越え、こどもたちの放課後が豊かになるよう、こどもの目線に立った検討が行われ、両事業に関わる人や団体の研修が合同で行われる等、地域における連携や協働が実施されることを期待する。」としています。

　厚生労働省は、2019年度に学童保育の待機児童解消のための代替えの事業といえる「放課後居場所緊急対策事業」を創設し、主に4年生以上を対象にしていたものを2023年度からは全学年に拡大していること、こども家庭庁において学童保育は、児童館、こども食堂、学習支援の場、青少年センター等と同様に「こどもの居場所」に位置付けられていることから、

学童保育がもつ固有の役割・目的を果たすことができなくなるのではないかと危惧しています。

　学童保育は、保護者の就労などにより保育を必要とする小学生の放課後および土曜日や春・夏・冬休みなどの長期休業日の安心・安全な生活を継続的に保障することと保護者が安心して働きつづける等を保障し、その家庭を守る役割を担っています。

　コロナ禍において、学童保育は学童保育を必要とする家庭にとって不可欠な公的な事業であり、社会活動を支え、経済活動に必要な社会基盤であるという社会的認知が広がり、深まりました。一方で、学童保育施策の脆弱さが浮き彫りになりました。全国こども政策主管課長会議の資料によると、地方分権一括法により、位置づけが変更された人員配置・資格要件基準については、「引き続き参酌すべき基準とする」と説明されています。

　学童保育がその目的・役割を果たすためには、公的責任によって、必要な地域に必要な数の学童保育を設け、待機児童の解消を目指し、かつ適正規模による保育を行えるようにすること、指導員の常勤・専任・複数体制を確立し、あわせて処遇改善を図ること、保育に必要な施設・設備を整えることが必要です。安全計画の策定が義務づけられたことや指導員の離職率が高い状況にあることを踏まえても、こうした条件整備は急務です。

　こども政策に関する予算については、岸田総理大臣年頭会見において、「本年4月に発足するこども家庭庁の下で、今の社会において必要とされるこども政策を体系的に取りまとめた上で、6月の骨太の方針までに、将来的なこども予算倍増に向けた大枠を提示」していく旨の発言がなされたところです。3月13日の参院予算委員会では、岸田首相は「小1の壁を打破することは喫緊の課題だ」と述べられています。学童保育の整備、とりわけ学童保育指導員の確保は社会的な課題として求められています。

　「こども・子育て政策の強化について（試案）～次元の異なる少子化対策の実現に向けて～（抄）」（令和5年3月31日こども政策担当大臣）では、「新・放課後子ども総合プラン（2019年度～2023年度）による受け皿の拡大を着実に進めるとともに、職員配置の改善などを図る」と述べられています。

　全国学童保育連絡協議会は、子どもの権利を保障し、子どもの命を守り、安全に安心して過ごせる継続的な「生活の場」を保障するために、学童保育指導員の資格と人員配置を「従うべき基準」に戻し、その他の「参酌基準」も順次「従うべき基準」に位置づけるなど「学童保育の『全国的な一定水準の質』」を確保し、早期に拡充させる具体的な方策を求めます。

　つきましては、学童保育の目的に沿った制度の見直しと整備、それに伴う抜本的な財政措置の拡充を要望します。

要望項目

1．学童保育の国の制度の拡充を図ってください。

(1)　現在の児童福祉事業（第6条の3）としての位置づけを見直し、学童保育を児童福祉施設（第7条）に位置づけてください。国および地方自治体の「公的責任」を明確にし、そのために必要な財政措置を図ってください。

(2)　実施主体である市町村（特別区含む。以下同じ）の責任を「利用の促進の努力義務」にとどめることなく、市町村に実施責任があることを明確にする児童福祉法の改定を行ってください。

(3)　都道府県が児童福祉法第2条③および第21条の17に示されている役割を果たし、学童保育の質の向上および量の拡充を図るための手立てを講じるよう、都道府県の役割を強めてく

ください。

2．子どもの命と安全を守る上で欠かせない「放課後児童健全育成事業の設備及び運営に関する基準」や「放課後児童クラブ運営指針」に基づく「学童保育の『全国的な一定水準の質』」を確保してください。

(1)　「第9次地方分権一括法」の附則および附帯決議ならびに全国学童保育連絡協議会が取り組んだ「学童保育の拡充を求める請願書」が衆参ともに採択されたことを受け止め、「全国的な一定水準の質」を確保するための方策を図ってください。

(2)　児童福祉法において、放課後児童健全育成事業は、「児童の身体的、精神的及び社会的な発達のために必要な水準を確保するものでなければならない」（第34条8の2）と定められています。この水準を確保するために、少なくとも、学童保育指導員の資格及び人員配置を「従うべき基準」に戻し、その他の「参酌基準」も順次「従うべき基準」に位置づけてください。

(3)　学童保育の「質の確保」を図る責任が市町村にもあることの理解と、「放課後児童健全育成事業の設備および運営に関する基準」（以下、「設備運営基準」）と「放課後児童クラブ運営指針」（以下、「運営指針」）をもとに学童保育を実施するよう、市町村に働きかけてください。そのために、学童保育指導員の資格及び人員配置をはじめとした条例の内容を変更し、基準を後退させた市町村については、質の確保および向上の方策についても引き続き調査をし、公表してください。

(4)　運営主体の変更など施策の変更を市町村が行う場合には、「利用者の保護者や関係者、関係団体等から広く意見を求めるとともに、その内容について、十分説明責任を果たすことが必要である」ことを、市町村に周知してください。

3．学童保育の設備運営基準の改善・拡充を図ってください。

(1)　子ども集団の規模（支援の単位）は、「30人以下」とし、以下の要件を満たすことを求めます。
　①　生活をおくるうえでの基礎的な単位（生活集団）が、継続的に分けられていること
　②　基礎的な生活をおくる空間、場所、施設・設備が、継続的に分けられていること
　③　子どもの保育に継続的に責任を持つ学童保育指導員が、それぞれの単位ごとに常時2名以上配置されること

(2)　児童数の考え方を「登録児童数」とし、「週のうち数日を利用することを前提に申込みした児童」についても「一人」として数えてください。「支援の単位」を数える際には「登録児童数」をもとにしてください。

(3)　子どもに安全に安心して過ごせる継続的な「生活の場」を保障するためには、学童保育は独自の事業であり、補助金は登録児童数をもとに算定する必要があることを、財務省をはじめ、関係する省庁へ周知してください。

(4)　学童保育の役割を果たすために、「設備運営基準」を以下の内容に沿ったものに改定してください。
　①　生活室およびプレイルームはそれぞれ子ども1人につき1.98㎡以上の面積とし、静養室は8㎡以上を確保すること。
　②　「専用区画」というあいまいな規定ではなく、「支援の単位」ごとに固有の「専用室」を設けることを明記すること。あわせて「専用とする設備」を設けることを明記すること。

(5)　学童保育運営の委託や代行においては、事業の収支、利用者の処遇等について「設備運営基準」第15条の「帳簿を整備」に加え、市町村への報告と公開を義務として定めてください。

(6)　学童保育の質の向上を図るために、第三者評価の実施に際して、学童保育を理解している評価者の育成および保護者や子どもの声を反映させる仕組みをつくり、実施するよう自治体や事業者に対して働きかけてください。

4．学童保育の量的拡大、質の向上が図られるよう、国として十分な財政措置を　はじめ、対策を進めてください。

(1)　学童保育を必要とするすべての子どもが入所できるための学童保育の整備などについて
学童保育を必要とするすべての子どもが入所できるよう、公的責任で、学童保育を整備してください。

その前提として

①　高学年の子どもも含めて、学童保育を必要とするすべての子どもがすべて入所できるための必要量を把握するよう、市町村に周知すること。

②　経済的に厳しい家庭が学童保育に入所できるよう国としての制度を創設すること。

③　児童福祉法第24条に示されている「その他の児童」は小学生を含むことを明確にし、あわせて「学童保育の必要性」および「待機児童」の定義を明確にすること。

④　学童保育の受け皿として放課後子供教室や児童館や放課後等デイサービス事業および「子どもの居場所の確保」など他の放課後の施策に置き換えることなく、学童保育を必要とするすべての子どもが入所できるよう、学童保育を整備すること。

(2)　補助金の大幅な増額について

①　必要な運営費を増額することで保護者負担も増大することから、運営費の2分の1を保護者負担とする考え方を見直してください。

②　「設備運営基準」「運営指針」に基づく運営が保障できるよう、補助額を大幅に増額してください。また、国・都道府県・市町村がそれぞれ3分の1ずつ負担している公費の負担割合について、国の負担割合を少なくとも2分の1に引き上げてください。

③　国の各種補助事業の活用状況について公開してください。

(3)　運営費に関する財政措置について

①　すべての学童保育において、「放課後児童支援員」の資格をもつ学童保育指導員を常時2名以上・常勤・専任配置ができるよう、人件費にかかる財政措置を大幅に改善するとともに、国の負担割合を増やしてください。特に予算措置が乏しい支援の単位を構成する子どもの数が19名以下の学童保育においては、有資格者の常勤2名以上の配置ができる予算措置を講じてください。

②　人件費にかかる財政措置については、保育の引き継ぎが可能であり、かつ子どもの受け入れの準備や打ち合わせの時間の確保のための午前中からの勤務が可能となる予算組みにしてください。

(4)　施設整備に関する財政措置について

①　学童保育の専用施設を公的責任によって、確保するよう、市町村に対して働きかけてください。

②　大規模化解消のために分割を行おうとしても施設の確保が難しい現状があります。運営形態にかかわらず、市町村が施設の確保に責任を持つよう国として働きかけてください。

③　補助単価のさらなる引き上げを図ってください。あわせて、施設整備費の国庫補助額の嵩上げ（国の負担割合は3分の2）を今後も継続してください。

④　賃貸借等により実施する放課後児童クラブの防災対策として予算化されている「放課後児童クラブ設置促進事業（既存施設の改修等）及び放課後児童クラブ環境改善事業（備品購入など）」「放課後児童クラブ運営支援事業（移転関連費用補助）」を今後も継続してください。

⑤　子どもの命と安全に直結する耐震補強のための予算を新規に確保してください。

⑥　「放課後児童クラブ運営支援事業」などの要件になっている「待機児童が存在している地域などにおいて」という条件は撤廃し、すべての学童保育を対象としてください。

⑦　「放課後児童クラブ支援事業（放課後児童クラブ運営支援事業）」の対象に、2014年度以前に開設した施設も加えてください。

⑧ 借地・借家も対象とする、増改築に対する補助制度の新設と財政措置を講じてください。

⑨ 公設の学童保育「専用室」が新設できる財政措置を強化すると共に、自治体が公的施設を増やせる施策を推進してください。

⑩ 「放課後児童クラブICT化推進事業」について、ランニングコストも補助対象とするほか、活用しやすい仕組みにしてください。

(5) 学童保育での事故・ケガなどの賠償対策について

学童保育での保育中(学校から学童保育、学童保育から自宅までの経路を含む)の事故・ケガなどの賠償対策を講じてください。

(6) 障害のある子どもの保育に関する財政措置について

学童保育を必要とする障害のある子どもが全員入所できるために以下の施策と財政措置(加算など)を行ってください。

① 子どもの状況に応じて、常勤・専任の学童保育指導員が加配できる制度にすること。

② 学童期の専門的な知識をもとめられる課題について、学童保育の目的・役割を理解した専門職による巡回指導および相談・助言を受けることができるよう、学童保育独自の財政措置を含めた施策を整備すること。

(7) 特別な配慮が必要な子どもの受入れにかかわる財政措置について

特別な配慮が必要な子どもの受入れのための職員加配の補助単価を引き上げてください。

5．学童保育指導員の処遇の改善、保育内容の向上が図られるよう必要な措置を講じてください。

(1) 「全国的な一定水準の質」を確保した学童保育の整備・運営が可能となるよう、国の緊急課題として放課後児童支援員の確保のための手立てを講じてください。

(2) 「放課後児童支援員等処遇改善等事業」「放課後児童支援員キャリアアップ処遇改善事業」「放課後児童支援員等処遇改善事業(月額9000円相当賃金改善)」について

① 指導員が働き続けられるために予算単価を増額するとともに、これらの事業の積極的な活用を市町村に働きかけてください。

② 確実に学童保育指導員の処遇改善につながる明快な仕組みの事業としてください。

③ 事務的な負担を減らせるような仕組みとしてください。

(3) 「会計年度任用職員制度」について

「会計年度任用職員制度」の創設に伴い、市町村で働く学童保育指導員の処遇改善の状況や運営形態の変更などについて調査し、その結果を公表してください。総務省と連携し、学童保育指導員の処遇改善および学童保育の質の維持・向上が図れるよう手立てを講じてください。

(4) 放課後児童クラブ育成支援体制強化事業について

学童保育指導員がより保育に専念して子どもの最善の利益を保障できるように、放課後児童クラブ育成支援体制強化事業の積極的な活用を市町村に働きかけてください。

(5) 「放課後児童支援員等資質向上研修」の実施について

① 「放課後児童支援員等資質向上研修」をすべての学童保育指導員が受講できるよう、財政措置を行ってください。

② 講師となる学童保育指導員や、勤務日に開催される研修に出席する学童保育指導員の代替要員を確保するための費用などの補助は、運営費に計上するのではなく、別途、「人材確保等研修事業費」としてください。また、実態に見合った額に引き上げてください。

③ すべての都道府県及び市町村が計画的に現任者を対象とした研修を行えるように、予算の増額を図るとともに、国の負担割合を引き上げてください。

④ 「運営指針」の内容をもとに「放課後児童支援員等資質向上研修」の充実を図ってください。研修の実施主体である都道府県等が研修内容を確認し、責任をもって実施してくださ

い。

6．学童保育指導員の公的責任による全国一律の資格制度を検討してください。「認定資格研修」については、「全国的な一定水準の質」が図られるようにしてください。

(1)　学童保育指導員の資格のあり方について

　①　学童保育指導員の資格について、公的責任による全国一律の資格とする方針を明確にし、具体化してください。

　②　文部科学省と連携し、大学などでの放課後児童支援員の養成課程の整備を早急に行ってください。そのために必要な法整備を行ってください。

(2)　「認定資格研修」の実施について

　①　養成課程が整備されるまでの間、「認定資格研修」を継続し、対象となるすべての現任学童保育指導員が受講できるよう、都道府県および市町村への援助と財政措置を図ってください。

　②　補助単価をさらに引き上げ、講師となる学童保育指導員の代替要員を確保するための費用も補助してください。

　③　島嶼部、遠隔地、公共交通機関の状況なども考慮して、受講者への補助を行ってください。

　④　「省令基準」第10号第3項第1号、2号、4号に該当する見込みのある者の受講枠を確保するよう、市町村に周知してください。

(3)　「認定資格研修」の実施状況の調査と検証について

　①　都道府県及び市町村の学童保育担当職員の「認定資格研修」の実施状況を調査し、その結果を公表してください。

　②　上記の実施状況の調査をもとに、必要な改善を行い、「認定資格研修」の質の向上を図ってください。

(4)　「放課後児童支援員」の認定資格の基礎要件などについて

　①　「認定資格研修」の科目の一部免除を行わず、「運営指針」の内容をもとに「認定資格研修」を充実し、学童保育指導員の専門性を保障するための内容にしてください。

　②　「放課後児童支援員」の認定資格研修受講の基礎要件（省令10条3）の要件を切り下げず、「設備運営基準」策定時の内容をもとに、学童保育指導員としての専門性を保障できる条件にしてください。

(5)　「認定資格研修」の実施主体について

　「認定資格研修」には、「全国的な一定水準の質」を確保することが求められており、人材の確保は、都道府県の重要な責務とされています。「認定資格研修」は都道府県に限り実施主体としてください。

(6)　従うべき基準の参酌化に伴う「経過措置」後の資格の取り扱いについて

　大学等での養成課程による資格取得の仕組みができるまでの間、採用後1年以内に「認定資格研修」を修了することを前提として、有資格者としてみなしてください。

(7)　「認定資格研修」の講師の選定について

　研修の運営形態にかかわらず、学童保育の目的・役割を十分理解し、それぞれの科目のねらいに沿った講義ができる講師を都道府県が責任をもって選定するよう、都道府県に働きかけてください。講師の選定については都道府県連絡協議会や学童保育指導員の意見を反映させる仕組みをつくってください。

　また、都道府県は認定資格研修の講義を聴講する等講義内容を把握する責任があることを周知してください。

7.「新・放課後子ども総合プラン」において、学童保育と「放課後子供教室」とはそれぞれの事業として実施する方針を堅持し、都道府県および市町村に周知・徹底してください。

(1)　学童保育と「放課後子供教室」は、それぞれの目的・役割が異なります。それぞれの事業の目的・役割が果たせるよう、引き続き、都道府県および市町村に周知・徹底し、関係する省庁に対しても説明をしてください。

(2)　「一体型」や「連携して実施」などの表現は、市町村や現場でも混乱の原因となっています。学童保育を「全児童対策事業」に一体化するなどの動きを生み出す懸念があるため、両事業の目的・役割の違いが明確になるよう、適切な表現にあらためてください（例えば「一体型」は「学校内両事業設置型」に改めるなど）。

(3)　「新・放課後子ども総合プラン」にある「共通プログラム」の実施にあたっては、子どもが参加を選択できること、学童保育固有の生活を守ることが優先される旨、周知・徹底するとともに、プログラムの内容が学習やスポーツに偏らないようにしてください。

(4)　「新・放課後子ども総合プラン」終了後について
① 「新・放課後子ども総合プラン」に引き続き、予算の嵩上げを継続すること。
② 学童保育の量の拡充につながる内容とすること。
③ 内容の検討については、全国学童保育連絡協議会の意見を反映させること。

8．自然災害で被災した地域の学童保育の復旧・復興、学童保育を必要とする家庭・子どもが安心して利用できるよう、国としての支援を行ってください。

　　被災した地域では、保育を必要とする子どもの増加や「子どもをひとりで家に置く」ことへの不安もあり、学童保育を求める声は高まっています。また時が経つにつれて、「心のケア」への対策があらためて求められています。被災した地域の子ども・家庭を支える学童保育の役割が果たせるよう、特別な手立てを講じるなど、継続的な支援を進めてください。

(1)　学童保育の復旧・復興のために万全の措置を講じてください。

(2)　学童保育に通う子ども、その家庭、学童保育指導員への「心のケア」を行えるように、専門スタッフの巡回や相談、学童保育指導員の研修などが行えるように、財政措置を含めた対応を講じてください。

(3)　原発事故による被害から子どもを守るために、専門家との協力・連携などの特別な対応を行い、必要な財政措置を講じてください。

(4)　被災した地域における、学童保育再建のための財政支援策を策定してください。

(5)　被災に伴う保護者の離職など経済的負担を軽減するために、公的な補助をもとにした保育料の減免措置を講じてください。

(6)　学童保育の防災・安全対策について、国としての指針を定めるとともに、それにもとづいた補助制度を創設してください。

① 国としての指針に盛り込んでいただきたいこと
・　専門家による施設の耐震診断を行うこと。
・　施設が使用できなくなった場合は代替の施設をすぐに確保できるようにすること。
・　学童保育の早急な再開が難しい場合は、子どもの送迎など必要な手立てを講じること。
・　ライフラインが復旧するまでの間、子どもの昼食やおやつを確保すること。
・　被災地域の保育料の減免を実施すること。
・　自然災害による臨時休業については開設日数として計算し、補助金を減らさないこと。
② 防災に関わる設備・物品などの整備を補助してください。

9．「新型コロナウイルス感染症」をはじめとした感染症の感染拡大防止と学童保育がその役割を果たすために必要な制度の改善と財政措置を講じてください。

(1)　これまでの「新型コロナウイルス感染症対策」の予算を継続し、さらなる充実を図ってく

ださい。費用負担については国の10割負担としてください。

① 朝からの「開所」が必要となった場合、学童保育の保護者や運営者の負担とならないよう、追加で生じる運営費、人件費は国が保障すること。

② 保育料(利用料)返金の一日・一人あたりの補助基準額を増額すること。

③ 感染拡大防止のために必要なマスクや消毒薬などの消耗品、空気清浄機・自動水栓などの備品、保管のための倉庫などの設備などを整備するための予算を、令和3年補正予算と同様に確保すること。

④ 学童保育指導員を「新型コロナウイルス感染症対応従事者慰労金交付事業」の支給対象とすること。

⑤ 「新型コロナウイルス」感染症拡大防止の観点から、学童保育の規模の縮小や臨時休所をせざるを得ない場合、保護者の判断で利用を自粛した場合、また保護者の失業・退職による児童数減の場合など、学童保育の運営に支障をきたさず継続できるよう、年度当初登録児童数に基づく財政補償を創設すること。

⑥ 「新型コロナウイルス」感染症拡大防止の観点から、複数の陽性者が発生した際には、対象の小学校が休校とならない場合も臨時休所することを可能とし、保育料(利用料)の返金などの対象とすること。

(2) 「新型コロナウイルス感染症」の拡大防止など感染症対策について、文部科学省と緊密な連携を図ってください。

(3) 学童保育指導員をはじめとした必要とする関係者に対して、必要に応じてPCR検査を行うことができるよう検査体制を抜本的に拡充し、その検査にかかる費用は公費で負担してください。

(4) 学校を含む公共施設を利用できるよう、国や自治体として具体的な方策を図ってください。

(5) 学童保育で子どもが安全に過ごす環境を整えるために、地域や学校などの理解と協力が得られるよう、国や自治体として、具体的な方策を図ってください。子どもや職員の感染が判明した学童保育において、関係者に対して適切な情報開示を行い、子ども、保護者、職員、運営者が風評被害にさらされないような手段を講じるよう市町村に働きかけてください。

(6) 新型コロナウイルス感染症に関連しての臨時休所の保障(保育料免除や特別休暇制度)および休業補償や失業補償など学童保育を必要とする家庭の生活保障をすすめてください。

資料7　学童保育の略史

年	出来事
1948	○大阪市の今川学園で学童保育を開始。
1953	○東京都立保育園園長による学童保育の設置運動。 ○大阪市北田辺保育園で夏休み中の学童保育実施。
1956	○東京都北区、労働者クラブ保育園および神谷保育園で卒園児の保護者が共同保育を開始⇒運営難により中止。 ○大阪市立西淀川児童館で「学童クラブ」を発足。
1958	○東京都北区に町会運営の豊島こどもクラブ発足、単独の学童保育としてはじめて定着。
1960	○大阪市四貫島小学校に教師の努力による「ひまわり教室」誕生。
1962	○東京の学童保育連絡協議会発足。 ○7月に婦人民主新聞より『学童保育の経験から』（パンフレット）発行。
1963	○『学童保育ニュース』発刊。 ○東京母親大会で学童保育をとりあげ運動をすすめることを決議。 ○都民生局、学童保育事業補助費520万円を補正予算で計上。
1964	○東京都学童保育連絡協議会が第1回研究集会を開催（30名）。 ○『よりよい学童保育のために一手びきと問題点の解明』を協議会が発行。
1965	○東京で月1回の学童保育研究会はじまる。
1966	○文部省が留守家庭児童会補助事業を開始（初年度分として5,000万円を予算化）。 ○『よりよい学童保育のために』第2版発行。 ○東京・杉並区学童保育労働組合結成。
1967	○第2回研究集会（106名）。 ○研究集会の席上で東京都以外の参加者から全国的立場での運動が要望され、連絡協議会を全国組織へと発展させることになった。 ○実施状況（留守家庭児童会＝全国で317か所、学童保育＝東京都で198か所）。
1968	○第3回研究集会（126名）。初めて全国的に呼びかけた集会としてもたれ、各地に孤立しながら運動を続けていた人々を結びつけることになった。また、日教組、都職労が代表を送り、区議や自治体職員も参加。
1969	○第4回研究集会（285名）。 ○東京で「東京都学童保育指導員労組」結成。
1970	○第5回研究集会（愛知・450名）。 ○東京や京都などで学童保育の児童館内へ移行がすすむ。
1971	○第6回研究集会（東京・700名）。 ○『保育の友』『子どものしあわせ』『母と子』などの各誌が学童保育特集をくみ、指導内容などを紹介。 ○留守家庭児童会補助事業の廃止（校庭開放事業へ統合）。
1972	○第7回研究集会（京都・900名）。 ○4月より東京都が学童保育指導員を3か年計画で正規職員にすることを決定。
1973	○第8回研究集会（東京・990名）。 ○第1回全国合宿研究会を行ない、・学童保育の原点と運動論・学童保育の制度化について討論。 ○国の制度化実現をめざし、第1回国会請願を行う（署名数8万余・採択）。
1974	○第9回研究集会（大阪・1,400名）。 ○『婦人問題総合調査報告』総理府発表―学童保育の制度化提言。 ○3月衆院予算委、4月衆院文教委で学童保育問題とりあげられる。 ○5月参議院・社労委―沓脱タケ子議員の質問に厚生大臣が制度化を約束。 ○映画「放課後の子どもたち」の制作。 ○6月『日本の学童保育』創刊。 ○厚生省が1975年度予算の概算要求のなかに3億5千万円の補助金を計上した。ただし、大蔵省で切られる。
1975	○第10回研究集会（東京・1,700名）。 ○全国連協事務局の専従体制が確立。 ○国の制度化を要求する50万署名にとりくむ（署名数11万5,021筆・衆のみ採択）。 ○国に対して、地方議会から学童保育の制度化についての意見書が多く出され、全国市議会議長会も、予算の要望にとり上げた。 ○9月、映画「放課後の子どもたち」が完成。文部省の選定、東京都優秀映画鑑賞会の推薦を得る。 ○1976年度予算に厚生省から「都市児童健全育成事業費」4億7百万円、概算要求が行われたが、大蔵省の査定でゼロとなり、復活折衝で、1億1,700万円予算化。
1976	○第11回研究集会（奈良・1,300名）。 ○第1回全国指導員学校（300名）。

年	出　来　事
1977	○第12回研究集会(愛知・1,600名)。 ○『日本の学童ほいく』月刊誌となる。 ○第5回合宿研究会で、・国の「都市児童健全育成事業」の施策、考え方について、・子どもの発達をもとめて我等が目指す学童保育像を討論。 ○第2回全国指導員学校(400名)。 ○全国学童保育研究集会盛岡会場開催(6月4日、5日・600名)。 ○全国市議会議長会は1978年度予算の要望書に「学童保育の制度化」についてとり上げ、全国知事会、全国都道府県議会議長会は「都市児童健全育成事業の拡充」について要望。 ○国の制度化を要求する署名に取り組む(第3回)。
1978	○第13回研究集会(埼玉・2,000名)。 ○第6回合宿研究会で、・学童保育の原点と制度化の内容、・学童保育の指導内容を討論。 ○第3回全国指導員学校(関東・関西2会場で同時開催)1,400名。 ○国の制度化をめざし、国会請願行動、政府交渉、各党懇談100名参加(署名数28万5093筆・84国会採択)。 ○「制度確立を求める」アピールが学者・文化人によって出される。
1979	○第14回研究集会(京都・3,000名)。 ○第4回指導員学校(1,200名)。 ○第7回合宿研究会で「児童館の現状と役割」を討論。 ○第4回国会請願(署名数37万7,908名・採択)。
1980	○第8回合宿研究会で、「行政責任と住民自治=民間委託と学童保育」を討論。 ○第5回全国指導員学校(6月、1,364名参加)。 ○第15回研究集会(10月・神奈川)4,000名。
1981	○第9回合宿研究会で、「学童保育の生活づくり」を討論、学習。 ○第6回全国指導員学校(関東・関西2会場)1,522名参加。 ○第16回全国学童保育研究集会(11月・三重)3,000名。
1982	○第10回全国合宿研究会で「指導員の労働のたしかめと運動の方向」を討論、学習。 ○第7回全国指導員学校(関東・関西2会場)1,650名参加。 ○83年度予算要求、政府交渉。 ○第17回全国学童保育研究集会(10月・東京)4,642名参加。
1983	○第11回全国合宿研究会で「私たちが求める学童保育の制度」を討論、学習。 ○第8回全国指導員学校(関東・関西2会場)1,691名受講。 ○7月、84年度予算要求の政府交渉。 ○第18回全国学童保育研究集会(11月・滋賀・大阪)3,391名参加。
1984	○第12回全国合宿研究会で「学童保育と児童館を考える―「健全育成」とはなにか」を討論、学習。 ○第9回全国指導員学校(関東・関西2会場)1,580名受講。 ○7月、85年度予算要求の政府交渉。 ○第19回全国学童保育研究集会(10月・岐阜)3,000名。
1985	○第13回全国合宿研究会で「学童保育、学童保育運動の到達点と課題―研究集会20年の歴史の成果」を討論、学習。 ○国会請願―5月13日、「国の制度化」要求のため国会請願をおこなう。 ○102国会で請願採択される(署名数108万3,644筆)。 ○第10回全国指導員学校(関東・関西2会場)1,846名受講。 ○6月、86年度予算要求のための政府交渉(厚生・文部・労働・大蔵省へ)。 ○第20回全国学童保育研究集会(10月・埼玉)5,200名。
1986	○4月、衆・参両院の社会労働委員会で(104国会)、「学童保育の制度化」問題をとりあげるよう要請(衆・参両院の社会労働委員を訪問)。 ○第14回全国合宿研究会で「学童保育の役割―役割の追求、内容と要求のたしかめ」をテーマに討論、学習。 ○第11回全国指導員学校(関東・関西2会場)1,668名受講。 ○6月、87年度予算要求のための厚生省交渉。 ○第21回全国学童保育研究集会(10月・兵庫)4,346名。 ○11月、108国会で「学童保育の制度化」問題をとりあげるよう、衆・参両院の社会労働委員会および文教委員会の議員へ要請。
1987	○2月〜3月、第1回学童保育講座を「学童保育の生活づくり」「地域・自治体問題と学童保育運動の課題」のテーマで実施。 ○第15回全国合宿研究会で「指導員の労働条件の確立、その運動と課題」をテーマに討論、学習。 ○第12回全国指導員学校(関東・関西2会場)1,681名受講。 ○7月、88年度政府予算要求のための厚生省交渉。 ○第22回全国学童保育研究集会(11月・愛知)4,590名。
1988	○第2回学童保育講座を「子どもたちの生活と発達の保障をめざして」「児童館を考える」のテーマで実施。 ○第16回全国合宿研究会で「父母会―労働・生活・子育ての権利保障の追求のために」を討論、学習。 ○第13回全国指導員学校(関東・関西2会場)1,617名受講。 ○6月、89年度政府予算要求のための厚生省交渉。 ○第23回全国学童保育研究集会(10月・千葉)4,737名。
1989	○第3回学童保育講座を「学童保育の生活づくり」「指導員の身分、雇用、労働条件を考える」のテーマで実施。 ○第14回全国指導員学校(関東・関西2会場)1,833名受講。 ○第17回全国合宿研究会で「学童保育の公共性」について討論、学習。 ○90年度政府予算要求のための政府交渉(厚生省・大蔵省)。文部・労働省交渉も行う。 ○第24回全国学童保育研究集会(11月・広島)3,749名。

年	出　来　事
1990	○第4回学童保育講座を「実践記録と指導員の成長」「学童保育の行政施策」のテーマで実施。 ○政府（内閣総理大臣、厚生大臣）に「学童保育の制度」を求める要請行動を行う（署名数100万6,768名）。 ○第18回全国合宿研究会で「生涯学習を学ぶ」「学童保育施設の現状と課題」の2つのテーマについて討論、学習。 ○第15回全国指導員学校（関東・関西2会場）1,687名受講。 ○91年度政府予算要求と制度確立のための政府交渉（厚生省）。文部・労働省交渉も行う。 ○第25回全国学童保育研究集会（11月・神奈川）5,340名。
1991	○第5回学童保育講座を「子どものあそびと生活」「豊かな暮らしと民主主義をつくる地方自治と学童保育運動の課題」のテーマで実施。 ○厚生省が「放課後児童対策事業」を開始。 ○第19回全国合宿研究会で「学童保育について基本的なことがらをわかりやすくまとめる」ことをテーマに討論、学習。 ○第16回全国指導員学校（東日本・西日本会場）1,730名受講。 ○92年度政府予算要求と制度確立のための政府交渉（厚生省）。文部・労働省交渉も行う。 ○第26回全国学童保育研究集会（11月・京都）4,711名。
1992	○第6回学童保育講座「放課後児童対策事業–国の施策の動向と運動の課題」のテーマで実施。 ○第20回全国合宿研究会で「都道府県の施策–役割と課題」のテーマについて討論、学習。 ○第17回全国指導員学校（東日本・西日本会場）1,583名受講。 ○93年度政府予算要求と制度確立のための政府交渉（厚生省）。文部・労働省交渉も行う。 ○第27回全国学童保育研究集会（10月・東京）5,146名
1993	○第7回学童保育講座を「子どもの発達」「自治体の非常勤・臨時職員と自治体行政」のテーマで実施。 ○第21回全国合宿研究会で「改良改善の課題と運動」のテーマについて討論、学習。 ○第18回全国指導員学校（東日本・西日本会場）1,734名受講。 ○6月、94年度政府予算要求のための政府交渉（厚生省）。文部、労働省交渉も行う。 ○10月、厚生省が学童保育（児童クラブ）の法制化の検討開始との新聞報道が出る。 ○第28回全国学童保育研究集会（11月・大阪）5,416名。
1994	○学童保育の実施状況調査を実施（1月）。 ○第8回学童保育講座を「学童保育の法制化の動向と運動の課題」「子どもが育つ『今』を創る」のテーマで実施（3月）。 ○第22回全国合宿研究会で「学童保育の実態調査から運動の課題をとらえる」のテーマで討論・学習（5月）。 ○第19回全国指導員学校（東日本・西日本会場）1,834名受講（6月）。 ○95年度政府予算要求のための政府、関係団体への要請行動（厚生省、文部省など）（6月）。 ○第29回全国学童保育研究集会（10月・埼玉）5,754名。 ○「1人ひとりの声を国に届ける」運動に取り組む。 ○政府が緊急保育対策等5か年事業を策定（12月）。
1995	○第23回全国合宿研究会で、「学童保育を確立させるための私たちの要求」のテーマで討論・学習（5月）。 ○第20回全国指導員学校（東日本・西日本会場）1670名受講（6月）。 ○96年度政府予算要求のための政府、関係団体への要請行動（厚生省、文部省など）（6月）。 ○第30回全国学童保育研究集会（10月・滋賀）4,274名。
1996	○学童保育の法制化も検討課題とする中央児童福祉審議会基本問題部会が開催される（3月より）。 ○第24回全国合宿研究会で前年に続き「学童保育を確立させるための私たちの要求」をテーマに研究・学習（5月）。 ○第21回全国指導員学校（東日本・西日本会場）1,811名受講（6月）。 ○第9回学童保育講座を「学童保育指導員の仕事・専門性」のテーマで開催（6月）。 ○97年度政府予算要求のための政府、関係団体への要請行動（厚生省、文部省など）（6月）。 ○『学童保育の制度確立を–私たちの提言』をまとめ、厚生省および審議委員に届ける（7月）。 ○学童保育の法制化に関する要請行動（政党・会派、衆・参両院の厚生委員理事、大蔵省・文部省・労働省・自治省）（8月）。 ○第31回全国学童保育研究集会（11月・愛知）4,485名。
1997	○1月開会の通常国会に、政府は学童保育の法制化を含む児童福祉法改正案を上程。 ○『学童保育の制度確立を–私たちの提言』に基づく法制化を、厚生省、政党・会派、国会議員（厚生委員）に要請（第3次行動まで行う）。 ○児童福祉法改正案が4月12日に参議院で可決、6月3日に衆議院で可決し、成立。学童保育が「放課後児童健全育成事業」として法制化された（施行は1998年4月1日）。 ○第25回全国合宿研究会で「学童保育のふさわしい制度のあり方」をテーマに研究・学習（5月）。 ○法制化の施行および98年予算要求のための政府交渉（厚生省・文部省など）（6月）。 ○第22回全国指導員学校（西日本・東日本会場）1,922名受講（6月）。 ○第32回全国学童保育研究集会（11月・千葉）4,320名。
1998	○改定児童福祉法の4月施行にあたって厚生省および関係省庁などへの要請行動（2月）。 ○4月1日から学童保育が児童福祉法に位置づく事業としてスタート。各地で第2種社会福祉事業の届け出始まる。 ○第26回全国合宿研究会で「指導員の仕事・専門性の確かめと研修内容」をテーマに研究・学習（5月）。 ○99年度政府予算要求のための政府、関係団体への要請行動（厚生省、文部省など）（6月）。 ○第23回全国指導員学校を実施（西日本会場・東日本会場）2,013名受講（6月）。 ○都道府県の単独事業についての調査を実施（41都道府県に広がる）。 ○第33回全国学童保育研究集会（10月・広島）4,247名。

年	出　来　事
1999	○1月、学童保育の詳細な実態調査を実施（7月に「中間報告」を記者会見で発表）。 ○放課後児童健全育成事業に時間延長加算が創設される（4月）。 ○第27回全国合宿研究会で「指導員の仕事と求められる専門性」のテーマを昨年に引き続き研究・学習（5月）。 ○7月、2000年度政府予算要求のための要請行動（厚生省、文部省など）。 ○第24回全国指導員学校を実施（西日本・東日本）2,171名が受講。 ○政府補正予算で「少子化対策臨時特例交付金」がつく（学童保育の施設整備・設備整備に活用）。 ○全国連絡協議会と地域連絡協議会共催の「学童保育講座」を各地で実施（岡山・福岡他）。 ○第34回全国学童保育研究集会（11月・群馬）3,801名。 ○政府が新エンゼルプランを発表（学童保育は5年で2,500増を目標）。
2000	○第28回全国合宿研究会で「すべての児童の健全育成施策と学童保育」のテーマで研究・学習（5月）。 ○第25回全国指導員学校を開催（西日本・東日本）2,100名が参加。 ○指導員の実態アンケート調査を実施（7月）。 ○第35回全国学童保育研究集会（10月・兵庫）4,898名。 ○2001年4月まで学童保育の拡充を求める要望署名運動に取り組む。
2001	○はじめて全国一斉「学童保育テレフォン相談」を開設（2月）。 ○署名に賛同する著名人アピール発表（3月）。 ○放課後児童健全育成事業に障害児加算、小規模加算が創設される（4月）。 ○小泉首相が所信表明演説で「必要とする地域すべてに放課後児童の受入体制を整備」と表明（5月）。 ○第29回全国合宿研究会で「学童保育が固有に保障する内容とは」をテーマに研究・学習（5月）。 ○学童保育の拡充を求める要望署名127万筆を厚生労働省に届ける。政党にも請願行動（6月）。 ○2002年度政府予算要求のための要請行動（厚生労働省、文部科学省など）。 ○男女共同参画会議「仕事と子育ての両立支援について」提言（6月）。この内容が7月に閣議決定される。全国連絡協議会として緊急要望書を厚生労働省に提出（6月）。 ○第26回全国指導員学校を開催。今回から四国・九州・東北会場でも実施（5会場）。受講者総数は3,450名。 ○会編集の月刊『日本の学童ほいく』は、発行も全国学童保育連絡協議会とした（10月）。 ○第36回全国学童保育研究集会（11月・静岡）3,775名。
2002	○4月からスタートする完全学校週5日制を前に、学童保育の土曜日開設状況の調査を実施（1月）。 ○放課後児童健全育成事業に土曜日等開設加算と指導員の健康診断補助が創設され、小規模加算の過疎地要件が撤廃される。社会福祉施設整備費を活用して学童保育専用施設に補助金が出るようになる。（4月）。 ○第30回全国合宿研究会で「学童保育の最低基準」をテーマに研究・学習（5月）。 ○2003年度政府予算要求のための要請行動（厚生労働省、文部科学省など）（6月）。 ○第27回全国指導員学校を5会場で開催。受講者総数は約3,600名。 ○厚生労働省が「少子化対策プラスワン」を発表（9月）。 ○第37回全国学童保育研究集会（10月・京都）4,343名。
2003	○4月に5年ぶりの学童保育の詳細な実態調査を実施（5月1日現在）。 ○放課後児童健全育成事業の障害児受け入れ加算が本格実施となり、「2人以上」から補助対象になる（4月）。 ○第31回全国合宿研究会で「父母会の役割と課題」をテーマに研究・学習（5月）。 ○2004年度政府予算要求のための要請行動（厚生労働省、文部科学省など）（6月、12月）。 ○第28回全国指導員学校を5会場で開催。受講者総数は約3,800名。 ○「少子化社会対策基本法」「次世代育成支援対策推進法」が成立。「児童福祉法一部改正」で「子育て支援事業」が法定化（7月）。 ○次世代育成支援対策で国が「行動計画策定指針」を決定（9月）。 ○第38回全国学童保育研究集会（11月・栃木）4,005名。
2004	○放課後児童健全育成事業に「ボランティア派遣事業」が創設される（4月）。 ○第32回全国合宿研究会で「学童保育の生活づくりと指導員の仕事」をテーマに研究・学習（5月）。 ○2005年度政府予算要求のための要請行動（厚生労働省、文部科学省など）（5月）。 ○第29回全国指導員学校を5会場で開催。受講者総数は約4,000名。 ○第39回全国学童保育研究集会（10月・大阪）5,674名。 ○政府が「子ども・子育て応援プラン」を策定。学童保育は5年間で2,400か所増の目標に（12月）。
2005	○2月の全国児童福祉主管課長会議で補助金の大幅削減につながる組み替え説明がされる。補助金の大幅削減をさせないよう厚生労働省、政党、国会議員が行動。地方自治体からも国に意見・要望をあげる取り組みを展開（3月）。3月末の国会で取り上げられ、障害児加算と時間延長加算が復活（4月）。 ○すべての自治体が次世代育成支援対策の「地域行動計画」策定。 ○学童保育の施設整備費に使える補助金が変更。放課後児童健全育成事業の「ボランティア派遣事業」に障害児の指導が創設される（4月）。 ○第33回全国合宿研究会で「どのように適正規模の学童保育を複数設置させるか」をテーマに研究・学習（5月）。 ○2006年度政府予算要求のための要請行動（厚生労働省、文部科学省など）（5月）。 ○第30回全国指導員学校を7会場に広げて開催。 ○衆議院青少年問題特別委員会で学童保育の問題を集中審議。 ○第40回全国学童保育研究集会（10月・神奈川）4,989名。
2006	○3月、4月に国会で繰り返し学童保育の拡充の必要性が取り上げられる。 ○放課後児童健全育成事業の「障害児受入推進費」で人数要件が撤廃されて一人からでも補助対象となる（4月）。 ○5月9日、少子化対策特命大臣・厚生労働大臣・文部科学大臣が「放課後子どもプラン」（仮称）の創設合意で記者発表。 ○「放課後子どもプラン」が、目的の違う二つの事業の一体化ではなく、学童保育の拡充が図られるよう要請行動を展開（5月）。 ○第34回全国合宿研究会で「自治体の施策の確立と基準づくりをどうすすめるか」をテーマに研究・学習（5月）。 ○2007年度政府予算要求のための要請行動（厚生労働省、文部科学省など）（5月）。 ○第31回全国指導員学校を6会場で開催。 ○第41回全国学童保育研究集会（10月・愛知）4,452名。 ○「放課後子どもプラン」および来年度予算に向けて要請行動（厚生労働省など）（12月）。

年	出　来　事
2007	○「放課後子どもプラン」について、厚生労働省・文部科学省が合同説明会で考え方・方針を説明（2月）。 ○「地域の子育てと放課後子どもプラン」をテーマにシンポジウムを開催（3月）。 ○「放課後子どもプラン」に関する実施要綱、補助金交付要綱等が発表される。放課後児童健全育成事業と「放課後子ども教室推進事業」の実施要項がひとつになる。厚生労働省と文部科学省それぞれに「放課後子どもプラン連携推進室」が設置される（4月）。 ○放課後児童健全育成事業の補助要件に、基準開設日（250日）が設けられ、71人以上の学童保育への補助金の「3年経過後の廃止」「放課後子ども環境整備事業（施設整備費）の創設」が出される（4月）。 ○こども未来財団「放課後児童クラブにおけるガイドラインに関する調査研究」を発表（4月）。 ○第35回全国合宿研究会で「学童保育と『放課後子どもプラン』～今日の情勢のなかで、学童保育の拡充・発展をどう実現するか～」をテーマに研究・学習（5月）。 ○学童保育施策の改善、および来年度予算に向けて要請行動（厚生労働省、文部科学省など）（5月）。 ○厚生労働省が「ガイドライン案」を発表し、意見公募を行う。全国連協として、多くの意見・要望を国に届ける取り組みを展開（7月）。 ○第32回全国学童保育指導員学校を7会場で開催。 ○厚生労働省がガイドライン発表（10月）。 ○第42回全国学童保育研究集会（11月・東京）4,977名。 ○政府が「子どもと家族を応援する日本」重点戦略、「仕事と生活の調和推進のための行動指針」をまとめ、学童保育の利用児童を10年間に3倍に増やす目標を決定（12月）。
2008	○厚生労働省が「新待機児童ゼロ作戦」を発表。学童保育の利用児童を10年間で3倍化、質の高い学童保育の推進が明記される（2月）。 ○国民生活センターから『学童保育の実態と課題に関する調査研究』が発表される（2月）。 ○放課後児童健全育成事業の長時間加算方法の変更、障害児受入補助方法の変更と補助単価が倍額化、施設整備費の対象緩和（4月）。 ○政府の社会保障審議会少子化対策特別部会、地方分権推進委員会、規制改革推進会議、教育再生懇談会、社会保障国民会議などで、「放課後子どもプラン」の全国展開や学童保育の拡大が検討される。 ○第36回全国合宿研究会で「自治体に対する分離・分割の運動をどうすすめていくか」をテーマに研究・学習（5月）。 ○学童保育施策の改善および来年度予算増額を求めて要請行動（厚生労働省・文部科学省など）（6月）。 ○第33回全国学童保育指導員学校を7会場ほかで開催（6月ほか）。 ○厚生労働省が学童保育予算の2009年度概算要求を前年比91億円増で要求（8月）。 ○第43回全国学童保育研究集会（10月、北海道）2,732名。 ○国の学童保育予算の増額、大規模学童保育の分割などを求めて、1万2,000人の保護者・指導員の願い（手紙）を厚生労働省に届ける要請行動（11月）。
2009	○緊急経済対策で創設された「安心こども基金」で学童保育の施設整備活用（3月）。 ○国民生活センターから『学童保育の安全に関する調査研究』が発表される（3月）。 ○厚生労働省の学童保育関係予算で施設整備費の補助単価と総額が大幅増額（4月）。 ○第37回全国合宿研究会で「指導員の常勤配置の必要性と実現のための運動の課題」をテーマに研究・学習。 ○国の学童保育制度の拡充および来年度予算増額を求めて要請行動（厚生労働省・文部科学省など）（5月、12月）。 ○社会保障審議会少子化対策特別部会で学童保育についての審議が始まる（7月）。 ○第34回全国学童保育指導員学校を全国6会場で開催（4,355人が受講）。 ○厚生労働省等に「公的責任で学童保育制度の拡充を求める要望」を提出（9月）。 ○政権交代があり、三党連立政権の政策合意に「学童保育についても拡充を図る」を明記（9月）。 ○第44回全国学童保育研究集会（10月、滋賀）4,619名。 ○社会保障審議会少子化対策特別部会の論議について厚生労働省が「議論のポイント」を発表（12月）。
2010	○政府の新しい子育て支援政策「子ども・子育てビジョン」策定。学童保育の量的・質的拡大を図るための目標を設定（1月）。 ○政府が「子ども・子育て新システム検討会議」を発足。保育所・幼稚園・学童保育・子育て支援についての制度見直しを検討（1月）。 ○国民生活センターが「学童保育サービスの環境整備に関する調査研究」を発表（3月）。 ○第38回全国合宿研究会で「私たちが求める学童保育制度をどう実現するか」をテーマに研究・学習（5月）。 ○国の学童保育制度の抜本的な拡大および来年度予算増額を求めて要請行動（厚生労働省・文部科学省など）（6月、12月）。 ○「子ども・子育て新システム検討会議」が「子ども・子育て新システムの基本制度案要綱」を発表（6月）。 ○第35回全国学童保育指導員学校を全国8会場で開催（約5,500人が受講）。 ○第45回全国学童保育研究集会（10月、千葉）4,259名。
2011	○3月11日、東日本大震災発生。学童保育支援の義援金呼びかけ（3月）、政府に被災した地域への支援を要請（4月）。 ○政府に「子ども・子育て新システムに関する要望書」提出（5月）。 ○第39回全国合宿研究会で「私たちが求める学童保育の設置・運営基準の改定」検討（5月）。 ○国の学童保育制度の拡充および来年度予算の大幅増額を求めて要請行動（内閣府・厚生労働省・文部科学省など）（6月、12月）。 ○第36回全国学童保育指導員学校を全国8会場で開催（6月～10月、5,300名受講）。 ○政府が「子ども・子育て新システムに関する中間とりまとめ」を決定（7月）。 ○第46回全国学童保育研究集会（10月、石川）3,725名。
2012	○政府が「子ども・子育て新システムの基本制度について」決定（3月）。 ○政府「子ども・子育て支援関連3法」国会に上程（3月）。 ○政府提出の法案を取り下げ、民主・自民・公明の3党修正案を国会に上程（6月）。 ○第40回全国合宿研究会を「市町村の設置・運営基準をつくらせていく運動の課題と連絡協議会づくり」をテーマに開催（5月）。 ○全国学童保育連絡協議会の機関誌『月刊『日本の学童ほいく』7月号からデザインを刷新し、グラビアをカラー化（6月発売）。 ○第37回全国学童保育指導員学校を全国8会場で開催（6月～11月）。 ○国の学童保育制度の拡充と予算増額を求めて要請行動（厚生労働省ほか、8月、12月）。 ○3党修正法案「子ども・子育て関連3法案」が国会で可決・成立（8月）。 ○第47回全国学童保育研究集会（10月、埼玉）5,798名。

年	出　来　事
2013	○子ども・子育て支援新制度について、学童保育の制度の拡充を求めて要請行動（内閣府・厚生労働省ほか、3月）。 ○国で「子ども・子育て会議」が発足し、子ども・子育て支援新制度の基本指針等の検討始まる（4月）。 ○第41回全国合宿研究会で「国の新しい制度、市町村の学童保育条例づくりの運動の課題」を検討（5月）。 ○国の学童保育の制度拡充と予算増額を求めて要請行動（厚生労働省ほか、6月、12月）。 ○第38回全国学童保育指導員学校を全国8会場で開催（6月〜11月）。 ○第48回全国学童保育研究集会（10月、岡山）4,262名。 ○「放課後児童クラブの基準に関する専門委員会」報告書が出される（12月）。
2014	○2014年度の学童保育予算に内閣府から指導員の処遇改善のための予算が付く（国費ベースで51億4,800万円）（4月）。 ○厚生労働省令「放課後児童健全育成事業の設備及び運営に関する基準」が公布される（4月）。 ○第42回全国合宿研究会を「子ども・子育て支援新制度の施行までと施行後の運動の課題」をテーマに開催（5月）。 ○「これからの学童保育を問う」をテーマにシンポジウムを開催（5月）。 ○国の学童保育の制度拡充と来年度予算増額を求める要請行動（厚生労働省ほか、5月、12月）。 ○第39回全国学童保育指導員学校を8会場で開催（6月〜9月、5,500名受講）。 ○政府が「放課後子ども総合プラン」を決定。地方自治体に説明（8月）。 ○市町村で、学童保育の基準を定めた条例制定がすすむ（9月頃）。 ○第49回全国学童保育研究集会を開催（10月、岩手）4,037名。
2015	○「放課後児童クラブ運営指針」が公布される（4月）。 ○第43回全国合宿研究会を「子ども・子育て支援新制度導入後の運動と課題」をテーマに開催（5月）。 ○国の学童保育の制度拡充と来年度予算増額を求める要請行動（厚生労働省ほか、5月、12月）。 ○第40回全国学童保育指導員学校を8会場で開催（6月〜11月、4,512名受講）。 ○厚生労働省が都道府県認定資格講師研修を7会場で開催（7月〜11月）。 ○放課後児童支援員認定資格研修が各都道府県で始まる（6月〜）。 ○第50回全国学童保育研究集会を開催（11月、大阪）5,558名。 ○厚労省担当課、都道府県連絡協議会の要請を受け、各地で指導員の処遇改善事業等について説明を実施。
2016	○平成28年熊本地震発生（4月）。学童保育支援の募金呼びかけ（5月）。熊本県学童保育連絡協議会とともに、政府に被災した地域への支援を要請（6月）。 ○第44回全国合宿研究会を「『放課後子ども総合プラン』と子どもが過ごす放課後の居場所」をテーマに開催（5月）。 ○国の学童保育の制度拡充と来年度予算増額を求める要請行動（厚生労働省ほか、6月）。 ○第41回全国学童保育指導員学校を7会場で開催（6月〜7月）。 ○第51回全国学童保育研究集会を開催（10月、愛知）4,707名。 ○国の学童保育の制度拡充と来年度予算増額をもとめる要請行動（厚生労働省ほか、12月）。
2017	○地方分権改革にかかる学童保育の事項について、内閣府地方分権改革推進室へ意見書を提出（3月）。 ○厚生労働省が「放課後児童クラブ運営指針解説書」を提出（3月）。 ○改訂・テキスト学童保育指導員の仕事』を発行（4月）。 ○第45回全国合宿研究会を「『子どもにとって』という視点で考える『集団の規模』の実現」をテーマに開催（5月、兵庫）。 ○改定個人情報保護法が完全実施される（5月）。 ○国の学童保育の制度拡充と来年度予算増額をもとめる要請行動（厚生労働省ほか、6月）。 ○第42回全国学童保育指導員学校を全国8会場で開催（6月〜7月、5,778名受講）。 ○平成29年7月九州北部豪雨」発生。福岡県学童保育連絡協議会と大分県放課後児童クラブ連絡協議会が学童保育支援募金を行い、全国連絡も協力を呼びかける。 ○厚生労働省が組織再編を行い、学童保育の所管課が「子ども家庭局保育課健全育成推進室」（子育て支援課併任）となる（7月）。 ○「放課後子供教室」・学校との連携における学童保育の拡充をもとめる要請行動（文部科学省、7月）。 ○地方分権改革にかかる「放課後児童クラブ」の事項（従うべき基準の廃止または参酌化）についての要請行動（内閣府地方分権改革推進室、8月）。 ○「従うべき基準の廃止または参酌化」を行わないよう、全国知事会地方六団体分権本部、全国市長会社会文教部、全国町村会行政部へ要請行動。 ○第52回全国学童保育研究集会を開催（11月、兵庫）4,030名。 ○国の学童保育制度の拡充と財政措置の増額を求める要請行動（厚生労働省ほか、12月）。 ○「従うべき基準」を参酌化することについて「地方分権の場で検討し、平成30年度中に結論を得る」ことが閣議決定される。
2018	○「基準の一部を改正する省令案」に関するパブリックコメントへの取り組み（1月〜2月）。 ○第5回「放課後児童対策に関する専門委員会」で全国連協がヒアリングを受ける（2月）。 ○厚生労働省「放課後児童対策に関する専門委員会」が、中間とりまとめを発表（7月）。 ○「学童保育の安全対策・危機管理＝『安全対策・危機管理の指針』づくりの手引き」を改訂、冊子発行（6月）。 ○「学童保育（放課後児童健全育成事業）の『従うべき基準』を堅持することを求める」請願署名に取り組み、20万8,993筆を集める。紹介議員は与野党あわせて75名。第196通常国会に提出し、衆議院・参議院ともに厚生労働委員会に付託されたが、結果は「審査未了」（4月〜7月）。 ○第46回全国合宿研究会を「新制度のもとでの指導員の働き方にかかわる課題を考える―子どもによりそう専門職にふさわしい働き方・処遇を」をテーマに開催（5月、神奈川）。 ○国の学童保育制度の拡充と財政措置の増額を求める要請行動（厚生労働省ほか、8月）。 ○第43回全国学童保育指導員学校を全国8会場で開催（6月〜7月、6057名受講）。 ○「大阪北部地震」（6月18日）「平成30年7月豪雨」（7月20日）発生。被害を受けた地域および学童保育の防災等への対応を求める緊急要望書を厚生労働省に提出（7月）。 ○「平成30年7月豪雨 学童保育支援募金」の呼びかけ（7月）。 ○「新・放課後子ども総合プラン」策定（9月）。 ○第53回全国学童保育研究集会を開催（10月、神奈川）4,588名。 ○公的責任による学童保育制度の拡充と財政措置の大幅増額を求める要請行動（厚労省ほか、4省庁12月）。 ○学童保育の「従うべき基準」を参酌化に対する声明」を厚生労働省記者クラブにて発表（12月11日）。 ○「『従うべき基準』については、現行の基準の内容を『参酌すべき基準』とする。なお、施行後3年を目途として、その施行の状況を勘案し、放課後児童健全育成事業の質の確保の観点から検討を加え、その結果に基づいて必要な措置を講ずる」ことが閣議決定される（12月25日）。

年	出　来　事
2019	○「従うべき基準の堅持」を求め、「明日の学童保育を考えるシンポジウム」を開催（2月23日・東京／駅頭での署名活動）。 ○学童保育の「従うべき基準」の参酌化を含む「第9次地方分権一括法」が閣議決定される（3月8日）。 ○提言「高等教育機関における「学童保育士」養成課程について」完成（4月）。 ○「全訂学童保育ハンドブック～適切な運営の判断基準」を発行（5月）。 ○第47回全国合宿研究会を「学童保育への企業参入と評価について考える」をテーマに開催（5月、京都）。 ○「第9次地方分権一括法」が、衆・参両院で審議され2019年5月31日に参議院本会議で可決成立（4点の付帯決議がつく）。 ○「改訂・テキスト学童保育指導員の仕事【増補版】」「「安全対策・危機管理の指針」「学童保育指導員の倫理綱領〔案〕」を収録）を発行（6月）。 ○「学童保育（放課後児童健全育成事業）」を拡充し、子育て支援の充実を求める請願書」（以下「学童保育の拡充を求める署名」、20万8,814筆、紹介議員衆・参62名）、「学童保育（放課後児童健全育成事業）の「従うべき基準」を堅持することが実現できる財政措置を求める請願書」（37万8,581筆、紹介議員衆・参132名）の二つの請願署名に取り組み、第198回通常国会に提出。「学童保育の拡充を求める署名」が衆・参の本会議で採択（6月26日）。 ○厚生労働省が「「地域の自主性及び自立性を高めるための改革の推進を図るための関係法律の整備に関する法律」の交付について（児童福祉法関係）」を発出（6月）。 ○公的責任による学童保育制度の拡充と財政措置の大幅増額を求める要請行動（厚労省ほか、5省庁7月）。 ○第44回全国学童保育指導員学校を全国9会場で開催（6月～7月、5,908名受講）。 ○「放課後児童健全育成事業の設備及び運営に関する基準の一部を改正する省令案」に関するパブリックコメントへの取り組み（6月～7月）。 ○各地域連絡協議会が、地方議会からの意見採択の取り組みを行い、11道県・50市町が国へ意見をあげる（10月1日現在）。 ○第54回全国学童保育研究集会を開催（11月、京都）3,708名。
2020	○2月27日、政府が「新型コロナウイルス感染症」拡大防止のため、学校の一斉休業を要請。 ○「「新型コロナウイルス」感染症　学童保育にかかわる緊急申入書」を厚生労働省に提出（3月、5月、6月、8月、10月、計6回）。 ○4月7日、政府が「緊急事態宣言」を7都府県に発出。4月16日には全都道府県に対象が拡大される。 ○「学童保育における「新型コロナウイルス」感染症拡大防止および必要な保育の確保のための緊急声明」を発表（5月）。 ○感染拡大防止の観点から、全国学童保育連絡協議会主催の各種会議と催しを中止とする。主なものは以下のとおり。 ・4月、5月の全国運営委員会（7月、8月、9月、10月、12月の運営委員会と総会はオンラインにて開催）。 ・5月に山形県で開催を予定していた第48回全国合宿研究会。 ・第45回全国学童保育指導員学校（北海道会場、北関東会場、西日本3会場、九州沖縄2会場）。 ・11月に山形県で開催を予定していた第55回全国学童保育研究会。 ○全国学童保育指導員学校東北会場、南関東会場をオンラインにて開催（11月）。
2021	○「新型コロナウイルス感染症」拡大防止の観点より、会議。 ・集会はオンラインでの開催となる。 ・定例運営委員会（2月、5月、9月、10、12月）、臨時運営委員会（1月、3月、8月）、定期総会。 ・第49回全国合宿研究会を「学童保育の運営と質の確保を考える～第三者評価の制度をきっかけとして」をテーマに開催（5月）。 ・全国学童保育指導員学校を全国10会場で開催（6月～9月、6,043名受講）。 ・第56回全国学童保育研究集会を開催　4,612名。 ○5月から、「施行後3年」の見直しに向け、「「学童保育（放課後児童健全育成事業）の拡充を求める」国会請願署名」「一人ひとりの声を国と自治体に届けよう」の取り組みをはじめる（2022年通常国会へ提出予定）。 ○「学童保育の保護者会ハンドブック」発行（5月）。 ○「「新型コロナウイルス感染症」学童保育にかかわる緊急申入書」を厚生労働省に提出（7月）。 ○「「新型コロナウイルス感染症」感染拡大のなかで、必要な保育を確保するための緊急声明」を発表（9月）。 ○「学童保育の充実で子どもたちに豊かな放課後を～公的責任で学童保育の施策拡充を求める提言」を総会で確認。その後、全ての政党・会派へ提出（10月）。 ○「学童保育の処遇改善を求める緊急申入書」を厚生労働省に提出（11月）。 ○内閣官房に設置された「全世代型社会保障構築会議」の下に開催される公的価格評価検討委員会に「学童保育指導員の賃金引き上げを求める意見書」を提出（11月）。 ○「公的責任による学童保育の制度の拡充と財政措置の大幅増額を求める要請行動」（厚労省ほか、3省庁6担当部署8月、12月）。
2022	○定例運営委員会（2、4、5、9、10、12月）、定期総会（10月）。 ○2月4日、「学童保育の処遇改善にかかわる緊急申入書」を厚生労働省子ども家庭局子育て支援課健全育成推進室と内閣府子ども・子育て本部に提出。 ○第208国会の衆・参両院で、「学童保育（放課後児童健全育成事業）の拡大を求める」国会請願署名が採択される（11万6,303筆）。 ○6月、厚生労働省社会保障審議会児童部会「放課後児童対策に関する専門委員会」（座長・柏女霊峰淑徳大学総合福祉学部教授）が再開。 ○第50回全国合宿研究会「連絡協議会の活動と組織強化／学童保育の質の向上、保育内容・保育環境「現状と将来像」実現への課題」をテーマに開催（6月）。 ○第47回全国学童保育指導員学校を全国10会場で開催（6～7月のべ6,127名受講）。 ○7月公的責任による学童保育の制度の拡充と財政措置の大幅増額を求める要請行動（厚労省ほか、3省庁5担当部署）。 ○第57回全国学童保育研究集会をオンラインで開催（10月29・30日開催。参加者4,575名）。 ○11月17日、内閣官房こども家庭庁設立準備室へ「学童保育を必要とするすべての子どもが入所できるよう　公的責任による学童保育の整備を求める意見書～「居場所」の確保だけでは、子どもの最善の利益は保障されません～」を提出。 ○11月17日、「学童保育の充実で子どもたちに豊かな放課後を～公的責任で学童保育の施策拡充を求める提言～」を公表。

年	出　来　事
2023	○定例運営委員会（2、4、5、9、10、12月）、定期総会（10月）。 ○厚生労働省子ども家庭局子育て支援課より「放課後児童クラブにおける虐待等の不適切な行為に関する対応について」事務連絡が発出（1月）。 ○厚生労働大臣宛「開所日・開所時間、職員配置にかかわる緊急申入書」を提出し、厚生労働省と懇談（2月）。 ○厚生労働省社会保障審議会児童部会「放課後児童対策に関する専門委員会」がとりまとめ（報告書）を公表。厚生労働大臣宛「厚生労働省社会保障審議会児童部会放課後児童対策に関する専門委員会とりまとめを受けて、こども家庭庁において今後の施策を検討するにあたっての緊急申入書」を提出（3月）。 ○厚生労働省子ども家庭局子育て支援課が「放課後児童クラブにおける開所時間の考え方について(Q&A)」を発出（3月）。 ○こども家庭庁発足（学童保育の所管が、厚生労働省子ども家庭局子育て支援課全育成推進室からこども家庭庁成育局成育環境課健全育成係へ移る）（4月）。 ○4月1日、こども基本法施行。 ○第51回全国合宿研究会を「子どもの権利と障害児施策」をテーマに開催（5月、ハイブリッド）。 ○新型コロナウィルス感染症（COVID-19）の感染症法上の位置付けが2類から5類感染症に移行（5月）。 ○「公的責任による学童保育制度の拡充と財政措置の大幅増額を求める要望書」を基に、要請行動（こども家庭庁、文部科学省、自民党議連・超党派議連、6月）。 ○こども家庭審議会こどもの居場所部会からのヒアリングを受ける（6月）。 ○「こども未来戦略方針」が閣議決定（6月）。 ○第48回全国学童保育指導員学校を全国10会場で開催（オンライン、一部会場は現地開催講座も併用。6〜7月のべ5,669名受講）。 ○全国知事会が「子ども・子育て政策推進本部」を設置（7月）。 ○第54回地方分権改革有識者会議・第148回提案募集検討専門部会合同会議に提案された事項について、内閣府特命担当大臣へ『放課後児童支援員認定資格研修の免除』と『基礎資格のさらなる緩和』に反対する緊急申入書」を提出（8月）。 ○全国知事会と懇談（9月）。 ○第58回全国学童保育研究集会を会場・オンライン併用で開催（11月、参加者4,045名）。 ○12月22日、「こども大綱」「こども未来戦略」「こどもの居場所づくりに関する指針」を閣議決定。

各地の学童保育連絡協議会の連絡先一覧

連絡協議会名	〒	住　　　所	電話番号
北海道学童保育連絡協議会	060-0806	札幌市北区北6条西6丁目2-12 第1山崎ビル	011-756-2800
札幌市学童保育連絡協議会	060-0806	札幌市北区北6条西6丁目2-12 第1山崎ビル	011-738-7764
岩手県学童保育連絡協議会	020-0122	盛岡市みたけ3-38-20 岩手県青少年会館	019-681-0651
宮城県学童保育連絡協議会	983-0851	仙台市宮城野区榴ヶ岡5 みやぎNPOプラザ	-
山形県学童保育連絡協議会	990-0036	山形市三日町2丁目1-17 アパートメントFlat-C	023-674-9782
福島県学童クラブ連絡協議会	960-8062	福島市清明町9-31 学童クラブ「清明っ子」内	024-522-0605
茨城県学童保育連絡協議会	312-0058	ひたちなか市西光地1-4-1 はなのわ学童クラブ内	029-274-9910
栃木県学童保育連絡協議会	326-0143	足利市葉鹿町367-1　葉鹿学童内	080-5503-2105
群馬県学童保育連絡協議会	370-0884	高崎市八幡町179-1　八幡小学校内　第2八幡学童クラブ内	027-321-4532
埼玉県学童保育連絡協議会	330-0854	さいたま市大宮区桜木町4-147-1 藤本ビル3F	048-644-1571
千葉県学童保育連絡協議会	273-0005	船橋市本町3-4-3 千葉保育センター内	047-424-8102
東京都学童保育連絡協議会	170-0004	豊島区北大塚3-25-11 はまやビル2F	03-5907-6101
三多摩学童保育連絡協議会	188-0004	西東京市西原町1-5-13-101	042-469-0711
神奈川県学童保育連絡協議会	231-0027	横浜市中区扇町3-8-7　三平ビル201	045-662-9647
横浜学童保育連絡協議会	231-0027	横浜市中区扇町3-8-7　三平ビル201	045-662-7244
川崎市学童保育連絡協議会	213-0022	川崎市高津区千年946　砂子ビル2F　学童ほいくオカリナ内	044-755-8843
富山県学童保育連絡協議会	931-8304	富山市米田町42-1 とよた学童クラブそらの家内	076-438-3221
石川県学童保育連絡協議会	921-8062	金沢市新保本4-66-4	076-259-0620
長野県学童保育連絡協議会	386-0011	上田市中央北3-1-45	0268-24-6265
岐阜県学童保育連絡協議会	509-7201	恵那市大井町1058-11 恵那教育会館内	0573-22-9722
静岡県学童保育連絡協議会	420-0852	静岡市葵区紺屋町4-14 ガーデンスクエア第9ビル4F	054-252-7115

連絡協議会名	〒	住　　所	電話番号
愛知学童保育連絡協議会	456-0006	名古屋市熱田区沢下町9-7 労働会館東館	052-872-1972
三重県学童保育連絡協議会	514-0805	津市下弁財町津興1350　育生小学校内　学童保育くるみ会内	059-226-6260
滋賀県学童保育連絡協議会	525-0028	草津市上笠5丁目5-37 グリーンハイツＢ103	077-535-5519
京都学童保育連絡協議会	617-0833	長岡京市神足2丁目7-12 ハイツ中村101	075-754-7401
大阪学童保育連絡協議会	542-0012	大阪市中央区谷町7-2-2-202	06-6763-4381
兵庫県学童保育連絡協議会	650-0022	神戸市中央区元町通6丁目7-9 秋毎ビル3Ｆ	078-360-2728
奈良県学童保育連絡協議会	630-0123	生駒市真弓南1-2-43　畑方	-
和歌山県学童保育連絡協議会	649-0143	海南市下津町小松原32-1 加茂川幼稚園2階	073-493-2423
鳥取県学童保育連絡協議会	680-0872	鳥取市宮長200-1　あおぞらクラブ	0857-53-7712
岡山県学童保育連絡協議会	710-0803	倉敷市中島760-1	070-8684-1975
広島県学童保育連絡協議会	730-0051	広島市中区大手町5-16-18 パルビル3階	080-3050-4335
山口県学童保育連絡協議会	742-0424	岩国市周東町差川803　世良方	0827-84-1316
徳島県学童保育連絡協議会	779-3403	吉野川市山川町堤外11-1 山瀬学童保育所のびのびクラブ内	0883-42-2040
香川県学童保育連絡協議会	761-8076	高松市多肥上町1-3　山崎方	087-888-3832
愛媛県学童保育連絡協議会	797-0046	西予市宇和町上松葉191-1 樋口方	-
こうち学童保育ネットワーク	783-0001	南国市日吉町1-1-41 南国市学童保育連絡協議会内	088-803-5228
福岡県学童保育連絡協議会	805-0067	北九州市八幡東区祇園2-4-22	093-662-6000
佐賀県放課後児童クラブ連絡会	845-0022	小城市三日月町久米2120-2 学童保育支援センターさが	0952-37-8553
長崎県学童保育連絡協議会	851-2104	西彼杵郡時津町野田郷243-1-104　小山方	095-879-3836
熊本県学童保育連絡協議会	861-8083	熊本市北区楡木5丁目2-1-201	096-200-6197
大分県放課後児童クラブ連絡協議会	874-0939	別府市立田町4-30 南子育て仲よしクラブ内	090-6636-2037
宮崎県放課後児童クラブ連絡協議会	885-0086	都城市久保原町29-4 五十市放課後児童クラブ内	0986-22-2110
鹿児島県児童クラブ連絡協議会	899-4301	霧島市国分重久2105-1 青葉児童クラブ内	0995-45-7800
沖縄県学童保育連絡協議会	903-0804	那覇市首里石嶺町4丁目373-1 沖縄県総合福祉センター西棟2F 小規模団体室内	098-885-3941

全国学童保育連絡協議会の紹介

　全国学童保育連絡協議会は、学童保育の普及・発展を積極的にはかり、学童保育の内容充実のための研究、国や自治体の施策の充実、制度化の運動を推進することを目的として、保護者と指導員が1967年に結成した民間の学童保育専門団体です。

　月刊『日本の学童ほいく』の発行、全国学童保育研究集会や全国学童保育指導員学校の開催、学童保育に関する調査研究、『学童保育ハンドブック』などの刊行物の発行、『テキスト 学童保育指導員の仕事』の発行などを通じて指導員の研修活動にも積極的に取り組んでいます。

　基本的な会員は都道府県の学童保育連絡協議会です。現在、42都道府県にあります。都道府県の連絡協議会は、市区町村の連絡協議会を会員とし、また、市区町村の連絡協議会は、公営や民営を問わず各学童保育や父母会・保護者会、指導員などから構成されています。各県単位でも指導員研修会や研究集会などに取り組んでいます。

【連絡先】　〒113-0033 東京都文京区本郷３-26-１ 本郷宮田ビル４階
　　　　　　TEL 03（3813）0477　FAX 03（3813）0765
　　　　　　Eメール　zghrk@xui.biglobe.ne.jp
　　　　　　HP http://www2s.biglobe.ne.jp/~Gakudou

＜主な活動＞

◆全国学童保育指導員学校の開催（2023年）

	日　程	開催方法	受講者数
北海道会場	７月９日（日）	オンライン開催	342名
東北会場	７月２日（日）	宮城県仙台市・東北大学萩ホールほか（オンライン配信あり）	934名
北関東会場	６月25日（日）	オンライン開催	819名
南関東会場	６月４日（日）	オンライン開催（11講座のうち1講座は対面）	465名
西日本（愛知）会場	６月４日（日）	愛知県名古屋市・労働会館（オンライン配信あり）	539名
西日本（石川）会場	６月11日（日）	オンライン開催	720名
西日本（大阪）会場	６月11日（日）	オンライン開催	537名
四国会場	６月18日（日）	オンライン開催（6講座のうち1講座は対面）	340名
九州会場（福岡）	６月11日（日）	オンライン開催	555名
九州会場（熊本）	６月25日（日）	オンライン開催	419名

◆第58回全国学童保育研究集会の開催

　2023年11月４日（土）、５日（日）パルテノン多摩（東京都多摩市）、桜美林大学プラネット淵野辺キャンパス（神奈川県相模原市）、オンライン併用開催　4,045名参加

◆月刊『日本の学童ほいく』の編集・発行（1974年創刊、年間定期購読者約３万3,000人）

◆実態調査活動

　①学童保育数調査（毎年実施）、②学童保育の詳細な実態調査（最新調査は2018年）、③指導員の実態調査（最新調査は2014年実施、2015年報告）、④都道府県の単独事業の実施状況調査ほか

◆単行本・資料の発行 ＜最近の刊行物＞

2019年『全訂　学童保育ハンドブック』（（株）ぎょうせい）

『改訂・テキスト 学童保育指導員の仕事【増補版】』『学童保育情報2019-2020』

2020年『学童保育情報2020-2021』

2021年『学童保育の保護者会ハンドブック』『学童保育情報2021-2022』

2022年『学童保育情報2022-2023』

2024年『学童保育情報2023-2024』

◆政府や国会、関係団体への陳情など

◆その他

　学童保育の情報の収集・発信、相談活動、各種研修会の開催、研究活動、提言「私たちが求める学童保育の設置・運営基準」「学童保育の保育指針（案）」「指導員の研修課目（試案）」などをまとめ、発表しています。

新版 学童保育ハンドブック
～これだけは知っておきたい！ 学童保育の基礎知識と運営～

令和 6 年 7 月15日　第 1 刷発行

編　集　全国学童保育連絡協議会

発　行　株式会社**ぎょうせい**

〒136-8575　東京都江東区新木場 1 - 18 - 11
URL：https://gyosei.jp

フリーコール　0120-953-431

ぎょうせい　お問い合わせ　検索 https://gyosei.jp/inquiry/

〈検印省略〉

印刷　ぎょうせいデジタル株式会社　　　　　　　　ⓒ2024　Printed in Japan
※乱丁・落丁本はお取り替えいたします。
ISBN978-4-324-11409-4
(5108948-00-000)
〔略号：学童ブック（新版）〕